细读三国一百年

南门太守 著

华文出版社
SINO-CULTURE PRESS

图书在版编目（CIP）数据

细读三国一百年 / 南门太守著. -- 北京：华文出版社，2020.9

ISBN 978-7-5075-5331-4

Ⅰ.①细… Ⅱ.①南… Ⅲ.①中国历史—三国时代—通俗读物 Ⅳ.①K236.09

中国版本图书馆CIP数据核字（2020）第133800号

细读三国一百年

XIDU SANGUO YIBAI NIAN

著　　　者：	南门太守
出版策划：	品　雅
责任编辑：	魏姗姗
出版发行：	华文出版社
社　　　址：	北京市西城区广安门外大街305号8区2号楼
邮政编码：	100055
网　　　址：	http://www.hwcbs.com.cn
电　　　话：	总 编 室 010-58336239　　发 行 部 010-58336267　58336230
	责任编辑 010-58336195
经　　　销：	新华书店
印　　　刷：	水印书香（唐山）印刷有限公司
开　　　本：	710×960　1/16
印　　　张：	20
字　　　数：	313千字
版　　　次：	2020年9月第1版
印　　　次：	2020年9月第1次印刷
书　　　号：	ISBN 978-7-5075-5331-4
定　　　价：	52.80元

版权所有　侵权必究

目录

第一篇　日薄西山

"造反者"头上裹着黄头巾　　　　　　　　003
刻意挑选的日子成败笔　　　　　　　　　007
外戚何进与汉灵帝的恩与怨　　　　　　　009
袁绍是导致局势失控的罪魁祸首　　　　　011
董卓成功策反吕布靠的不是一匹马　　　　014
在这件事上董卓和袁绍都没有退路　　　　016
"十八路诸侯"为什么打不过董卓　　　　018
真正的实力派们集体缺席　　　　　　　　021

第二篇　群雄混战

曹操与袁绍：不得不说的秘密　　　　　　025
一对亲兄弟何以势不两立？　　　　　　　027
扑朔迷离的曹操杀吕伯奢案　　　　　　　031
屡有曹操屠城的记载但不是真相　　　　　032
陈宫"捉放曹"的故事没有发生过　　　　035
"拥曹"的人变成了"反曹"急先锋　　　037
危难时刻袁绍帮曹操渡过难关　　　　　　039
刘备是汉室宗亲却不是"刘皇叔"　　　　041

陶谦"让徐州"是明智选择	044
吕布再次反水杀董卓的深层原因	045
王允杀大学者蔡邕的隐秘动机	049
貂蝉、赤兔马和方天画戟的史实与传说	050
曹操"奉天子以令不臣"的利与弊	055

第三篇　大浪淘沙

孙策得高人指点到江东谋发展	063
袁术迷信"代汉者当涂高"的预言	069
公孙瓒突然间从巅峰跌落	074
公孙瓒构筑的"易京"颠覆传统	075
因一个原因刘备等人离公孙瓒而去	077
吕布为何"辕门射戟"救刘备	079
曹操白门楼上杀吕布并不犹豫	081
袁绍败于世故，吕布败于人情	082
吕布是三国时代有名的"妻管严"	084
陈宫宁死也不愿再与曹操合作	086
曹操杀声望更高的高顺留下张辽	087

第四篇　官渡之战

"衣带诏"事件让刘备左右为难	091
青梅煮酒曹操为何不动手	094
表面顺从的孙策突然要偷袭许县	096
孙策之死背后有多少种可能	097
孙策横扫江东留下的深深隐忧	099
孙策临终前做出的反思很重要	101

张绣放弃袁绍投奔欠有血债的曹操　　102
刘表内心深处不愿告人的秘密　　104
一篇信息量很大的战斗檄文　　105
官渡之战其实算不上兵力很悬殊　　107
斩颜良、诛文丑与"过五关、斩六将"　　109
为什么许攸一句话能扭转乾坤　　112
历史给的很多机会都让袁绍浪费了　　114
曹操杀许攸却没人说过河拆桥　　117

第五篇　统一北方

袁氏集团受打击后内斗更激烈　　121
曹操着力经营邺城不再去许县　　123
司马懿为何装病回绝曹操征召　　124
不顾多数人反对曹操决意征乌桓　　126
大胜后曹操奖赏持反对意见的人　　128
郭嘉之死对曹操造成沉重打击　　130
华佗被曹操杀了到底冤不冤　　131
曹操的"头风"究竟是一种什么病　　133
为关羽"刮骨疗毒"的人不是华佗　　135
曹操促成"文姬归汉"的真实目的　　136

第六篇　天下三分

没有三顾茅庐诸葛亮还会不会出山　　143
刘表临终前以荆州相托但刘备不敢接　　147
刘备在长坂坡脱险有隐情　　149
曹操真打算率八十万大军灭孙权吗　　151

赤壁之战中双方兵力相差不算太大　　　　　　　153
赤壁之战未能立即促成天下三分局面　　　　　　154
刘备"借荆州"其实只借来半个郡　　　　　　　156
孙权把妹妹嫁给刘备还有其他动机　　　　　　　160
刘璋请刘备带兵去益州的真正原因　　　　　　　161
张松究竟有没有给刘备"献地图"　　　　　　　164
葭萌关起兵才是三国鼎立的开始　　　　　　　　166
刘备刚进成都时发生了一场经济危机　　　　　　170
三国争霸中也有一场激烈的"金融战"　　　　　173

第七篇　孙刘联盟

马超全家被杀自己反受世人指责　　　　　　　　177
张鲁是割据群雄中结局最好的人　　　　　　　　179
曹操得陇不望蜀并非过于保守　　　　　　　　　181
益阳城外真实的"单刀会"　　　　　　　　　　182
刘备甘愿吃亏实为迫不得已　　　　　　　　　　184
刘备汉中称王时劝进名单上的排名　　　　　　　186
刘备任命的"四方将军"中没有赵云　　　　　　187
刘备出人意料提拔魏延守汉中　　　　　　　　　189
曹操知人善任造就了"八百破十万"　　　　　　191
鲁肃为何临终前不推荐吕蒙接班　　　　　　　　195
关羽突然北伐事先没有请示过　　　　　　　　　196
孙权为什么突然从背后袭杀关羽　　　　　　　　202
刘封不救关羽有难言之隐　　　　　　　　　　　204
诸葛亮借孙权之手除掉关羽的说法可信吗？　　　206
关羽被尊为武圣与战绩无关　　　　　　　　　　208

第八篇　王者之路

曹操颁布《求贤令》的背景与深意　　　213
曹操亲自撰写的一篇"自传"　　　215
曹操花大力气修建铜雀台的用意　　　216
选曹植做接班人的结果只会更差　　　218
曹操一生征战未能统一天下　　　220
站在历史角度评价曹操这个人　　　222
围绕魏明帝曹叡的一些传说　　　224
夺嫡失败后的曹植处境尴尬　　　226
刘备急于称帝其实有很现实的原因　　　228
诸葛亮为何不劝阻刘备东征？　　　230
刘备东征为何不带诸葛亮和赵云？　　　235
夷陵之战没有摆下"七百里连营"　　　236
托孤堂帷帐后不可能埋伏刀斧手　　　238

第九篇　鞠躬尽瘁

"七擒孟获"是历史真实还是传说？　　　243
诸葛亮多策并举保证南中长治久安　　　248
诸葛亮发动的北伐究竟有几次　　　249
诸葛亮派马谡守街亭的理由　　　251
马谡不听嘱托带兵上山并非出于弱智　　　253
诸葛亮没有给司马懿上演过"空城计"　　　257
诸葛亮斩马谡不是找人"背黑锅"　　　259
诸葛亮为什么格外器重姜维？　　　261
魏延的"子午谷计划"可行吗？　　　263
诸葛亮率十万大军为何攻不下陈仓？　　　265

司马懿"借刀杀张郃"的疑案分析　　　　　　267
诸葛亮弹劾李严不是推卸失利责任　　　　　　271
木牛流马到底是什么东西？　　　　　　　　　273
诸葛弩和八阵图是传说还是真有其事？　　　　275
魏延为何没有参加"五丈原会议"？　　　　　277
司马懿是不是很忌惮诸葛亮？　　　　　　　　281
诸葛亮北伐不是为保住权力地位　　　　　　　283

第十篇　三国归晋

曹爽为何斗不过司马懿？　　　　　　　　　　287
曹爽为何轻信司马懿不杀他？　　　　　　　　289
司马懿政变成功后不称帝并非虚伪　　　　　　291
"暨艳事件"的幕后推手是孙权　　　　　　　293
孙权纵容校事弄权的真实意图　　　　　　　　295
孙权晚年亲自挑起了"南鲁之争"　　　　　　298
姜维为何没能挽救蜀汉的国运？　　　　　　　299
蜀汉大臣们为何多为投降派？　　　　　　　　301
对后主刘禅"乐不思蜀"的两种解读　　　　　303
三国开创者们各有什么优长与不足？　　　　　305
"合久必分、分久必合"的历史逻辑　　　　　307
怎样评价三国归晋的历史意义？　　　　　　　309

第一篇 日薄西山

"造反者"头上裹着黄头巾

1

读三国，通常要从东汉末年黄巾大起义开始读起。狭义的三国，指的是魏、蜀、吴三个政权，曹魏建立的时间最早，是在公元220年，而黄巾大起义爆发于公元184年，中间相差了三十六年。读三国为什么要从三十多年前就开始呢？这是因为，人们通常所熟悉的许多人物，如曹操、袁绍、袁术、吕布、公孙瓒、董卓等，都活跃在这三十多年里，真正意义上的三国开始时，这些人已经离开了人世。广义上三国的时间范围大约有一百年，所以，要读完整的三国，必须将时间的坐标往前移，加上东汉末年这一段。东汉末年发生了许多大事，其中黄巾大起义就是一个重要节点，上面提到的那些著名人物，他们多多少少都与这场大起义有关，正是有了这场农民大起义他们才登上了历史的舞台。

说起这场著名的农民起义，有令人扼腕叹息的地方。陈胜、吴广在大泽乡起义，最早跟着他们干的不到一千人；刘邦斩蛇起义，当时只有两千人；西汉末年的绿林军起义，努力了数月，队伍还不到一万人，而张角等人所筹划的汉末黄巾大起义"阔气"得多，准备了十几年，仅正式成员就有数十万人。起义军建立了严密的内部组织，北方主要州郡都有他们的分支和眼线，对百姓的发动工作也做得十分充分。按理说，这场起义成功的概率应该是百分之百，不成功真没有地方说理去，但这场起义却失败了，而且失败得十分迅速。

2

东汉末年政治黑暗、经济困顿，朝廷里宦官专权，他们的爪牙在各州郡为非作歹、欺压百姓，皇帝被宦官、外戚轮流操控，朝中即使有正直的清流官员也被打压或禁锢，东汉王朝发展到这时，已经到了日薄西山的状态。一部分人看到了眼前的现实，心里有了想法，打起了推翻朝廷的主意，出身于冀州的农民张角就是其中之一。张角有两个弟弟，一个叫张梁，一个叫张宝，张角领着他们，手持一根九节杖，经常在冀州一带活动，用符水、咒语等给人治病，深得穷人的拥戴。张角名气一大，就有人跑来给他当学生，于是张角开始吸收徒众。来的人越来越多，多得让张角都感到吃惊。不过张角不害怕，因为他与普通的农民不太一样，他有文化，而且有胆识。

受当时流行的一本神秘书籍《太平清领书》的影响，张角创建了太平道。当时社会上有大量失去土地、无家可归的流民，这些人都是土地兼并的受害者，没有人关心他们，他们也看不到未来的希望，太平道的出现至少给了这些人温暖和希望，不用动员，这些人都追着赶着来入道。还有一些人虽不是流民，但看到太平道挺厉害，也主动加入进来，这些人里有基层官吏，也有地方的豪族，甚至还有宫里的宦官。为了入道，有的人甚至变卖家财远道来投，以至于道路堵塞，《资治通鉴》上说："未至病死者亦以万数。"

张角自称大贤良师，是太平道的总首领，张梁、张宝自称大医，是太平道核心领导成员。张角派出八个弟子到四面八方宣传教义、发展徒众。经过多年发展，太平道的势力遍布了东汉全部十三个州中的八个州，徒众达数十万人。张角把这些徒众划分为三十六个"方"，大的万余人，小的六七千人，每个"方"都设一名渠帅作为首领。

3

太平道大张旗鼓地做着这些事，朝廷难道没有丝毫察觉吗？其实朝廷是察觉到了的，最早关注这件事的是一个叫杨赐的大臣，他是汉灵帝刘宏的老师，时任三公之一的司徒。杨赐了解情况后深感问题严重，立即向汉灵帝上疏，还提出了解决办法。他建议不要用武力去清剿，而是请汉灵帝下诏给各州的刺史、各郡的太守，对他们提出严厉要求，让他们一一清查各自辖区内的太平道信徒，把他们遣送回原籍，从而削弱太平道的力量，之后再诛杀太平道的少数首领，不用大动干戈，就能化解危局。

应该说杨司徒的这一招是管用的，真要这样做了效果也会不差。但不知为何，如此紧急和重要的报告到了汉灵帝那里竟没了下文，后来证实，汉灵帝居然没有看到这份报告，当他看到这份报告时已经是太平道起事以后了，汉灵帝还是在皇家档案室即兰台看到的。为什么会是这样？史书没有说，可能是汉灵帝太贪玩了，没有时间看，也可能是宦官有意压着，没让汉灵帝看。分析起来，后一种可能性更大，太平道起事后朝廷进行过追查，宦官封谞和徐奉都是太平道信徒，其中封谞不是一般宦官，他是著名的"十常侍"之一，有他做卧底，杨赐的秘密报告很可能被有意压了起来。

如果汉灵帝及时看到了这份报告，会怎样呢？从各种迹象看，也不会怎么样，太平道闹出的动静越来越大，汉灵帝不可能不会通过其他渠道得知这些消息，但汉灵帝本人不会把太平道当回事，甚至会觉得有人把流民组织起来，教人向善做好事，还挺好。这不是妄加揣测，汉灵帝的这种心理可以从他思想变化的蛛丝马迹里找到答案，汉灵帝刘宏对传统的经学一向不感兴趣，他崇信黄老之学，对老子的思想充满敬仰，汉灵帝可能认为，这个同样视老子为先师的太平道，与他的思想还有些吻合呢。

太平道真要起事，汉灵帝也不怕。东汉自汉安帝以来，各地大小不等的农民起义频繁爆发：汉安帝在位十九年，发生农民起义四次；汉顺帝在位十九年，发生农民起义十三次；汉冲帝、汉质帝在位时间都很短，也有农民起义四次；汉桓帝在位二十一年，发生农民起义十四次。从汉安帝到汉桓帝，六十来年的光景，各地的农民起义多达三十五次，这些起义来势都很迅猛，轰轰烈烈，动辄数万人甚至数十万人参加，但朝廷一旦出兵镇压，起义很快就会沉寂下去。汉灵帝早已习以为常，他不怕有人闹事。

4

朝廷没有什么太大反应，这让太平道势力发展得更快，前来投奔他们的人数呈几何级数增长。张角意识到，事情已经闹大了，想收手都不可能，摆在面前的路只有两条：要么消灭东汉朝廷，要么被东汉朝廷消灭。张角于是召集几个大弟子以及弟弟张宝、张梁商议，大家的意见很一致，那就是发动武装暴动，推翻汉政权，建立他们心中的太平盛世。具体行动方案是，以冀州刺史部邺县一带为暴动核心区，由张角全面负责。由于前期准备工作十分充分，已经有了相当的基础，太平道做了很多历史上其他起义者做不到的事：建立了起义总指挥部，由大方首领马元义任总指挥；制定并发布了起义口号，内容是："苍天已死，黄天当立；岁在甲子，天下大吉。"意思是：苍天已经死了，黄天要替代它，时间就在甲子年，届时天下将焕然一新！

苍天是什么？黄天又是什么？这涉及天干地支轮回的概念。根据五行相生学说，天下万物皆由五类元素组成，分别是金、木、水、火、土，它们彼此之间存在相生相克的关系，如金生木、木生水、火克金、土克水等。自然界中的一切现象均可以找到五行去对应，比如颜色，金对应的是白色，木对应的是青色，水对应的是黑色，火对应的是红色，土对应的是黄色。

不仅自然界，政治领域也如此，比如周朝是火德，秦朝取代它，秦朝就是水德，对应的颜色是黑色，所以秦朝的官服一律是黑色的。汉取代秦，按说汉是木德，青色应该是"国色"，但从汉高祖刘邦到汉武帝刘彻、"新莽皇帝"王莽、汉光武帝刘秀，汉朝政权不断发生变化，基于各种政治需要，统治者对德运和"国色"也不断进行调整，刘邦承秦制，尊水德，尚黑色；刘彻尊土德，尚黄色；王莽尊火德，尚红色；刘秀继续王莽的做法，尊火德，尚红色。也就是说，太平道准备起事的时候，官方所明确的，汉是火德，"国色"是红色，取代它的就应该是土德，对应的颜色是黄色。

现代品牌视觉识别理论认为，一个品牌的基本色其实很重要，从公司商标到产品外包装，再到职场装修以及凡能看到、摸到的东西，都要以这个颜色或与它相近的颜色作为设计的主体色调。太平道不懂视觉识别理论，但他们明白类似的道理，所以他们也推出了自己的"视觉识别符号"，那就是给每个人发了一条黄色头巾，让大家裹在头上，后来这支起义队伍便被称为黄巾军，这场起义被称为黄巾大起义。

刻意挑选的日子成败笔

太平道不仅制定了起义口号，还把起义口号编成歌谣，通过百姓传唱的方式四处传播，这一招很管用，不久后京城洛阳的儿童们都会唱这首歌谣了。太平道还嫌不够，又派人秘密潜入洛阳，在朝廷各办事机构的大门上用白土写下"甲子"两个字。如此声势浩大、不加掩饰地准备起事，生怕别人不知道，这恐怕是史上最高调的起义了。

张角等人确定起义是在汉灵帝光和六年（183）的下半年，而他们所定的起义日子是次年三月的甲子日。来年的光和七年（184）是甲子年，甲子年的甲子日是所谓"双甲子"，一个有些特别的日子。然而，起义不是婚丧嫁娶，要讲究良辰吉日，为什么非要选这样一个特别的日子呢？这主要是因为，张角对神秘文化很有兴趣，他不仅相信上面提到的五行相生学说，而且对干支纪年学说也很有研究。

人们现在熟悉的干支纪年法作为理论由来已久，但在当时作为官方正式确认的制度其实才颁布不久，下令颁布它的人是汉安帝刘祜，东汉第六位皇帝。刘祜在驾崩的前一年即公元124年下诏正式启用干支纪年法，以当年作为六十年一甲子的开始。从公元124年算起，经过一个甲子正好是公元184年，在太平道看来，即将到来的光和七年不仅是天干地支的一次轮回，还是有史以来的第一次轮回，是新朝代的开始，是不容拒绝的诱惑！为强化"甲子"的概念，张角等人不仅选了甲子年，还选定了甲子日。这个日子两个月才轮一次，大概觉得正月里大家都比较忙或天气太冷，所以他们最终选的是当年第二个甲子日，一来二去就到了农历的三月份。

正是如此耽误了太平道的大事，让这场酝酿已久的起义功亏一篑。发动起义，保密工作是最重要的环节，所谓夜长梦多，但起事的日子在几个月以后。太平道已有几十万人，其中什么样的人都有，包括负责人和骨干分子在内，成分很复杂，每个人参加太平道的动机也不尽相同。这是一场规模盛大的集体活动，参与的人数众多，涉及的区域广泛，在没有现代化通信手段的情况下，沟通信息、协调行动、保证命令畅通本来就已经很困难了，还要做到完全保密，几乎不可能。事后证明，保密工作没做好的确是黄巾大起义失败的主要原因，起义还没有发动就出了叛徒泄密事件，这个叛徒的名字很多人都知道——唐周，张角的弟子之一，在起义军内部应该是一名中高级负责人。

刚过了光和七年的新年，朝廷突然接到唐周的密报，太平道的起义计划暴露了。汉灵帝被吓醒了，太平道的这些人敢情不只是传传道、治治病，是想要他的命。汉灵帝从唐周的密报中得知，太平道的起义计划相当具体和详尽。刀已经架到脖子上，汉灵帝紧急下诏，对已潜入洛阳的起义军前敌总指挥马元义等太平道骨干分子实施抓捕。由于有唐周的情报，马元义等人很快被抓获，汉灵帝下诏将他们处以车裂之刑。汉灵帝同时下诏各州郡，要他们抓捕各地的太平道徒众。由于时间紧急，来不及一一下诏，汉灵帝采取了下达通令的方式，还派钩盾令周斌负责清查在宫省直卫、朝廷各办事机构以及京城百姓中的太平道信徒，很快查出来一千多人，全部予以诛杀。

情况万分紧急，张角等人只得提前起义。前面的基础工作做得都不错，但"临门一脚"踢得不怎么样，由于起事仓促，各地方的配合、协调就打了折扣，整体合力没能发挥出来。很快，朝廷找到了破绽，给予各个击破，张角失败被杀，轰轰烈烈的黄巾大起义在爆发的当年就被镇压下去了。

外戚何进与汉灵帝的恩与怨

黄巾大起义失败了,对东汉王朝来说算是躲过了一劫。一切又回到了过去,宦官继续专权,皇帝依然昏庸、好折腾。日子又这样过了十几年,其间要说有什么变化,大概有两个:一个是一些不甘平庸、不甘寂寞的人慢慢崛起,像曹操、刘备、孙坚、公孙瓒、陶谦、刘表等,他们都直接参加了朝廷镇压黄巾大起义的行动,事后因功被任命了大小不同的官职,有了一些政治资本,只是时机还不成熟,还没有到他们大显身手的时候。另一个变化是外戚的崛起。

外戚即皇帝的母亲和妻子的家族。两汉都有外戚专权的历史,著名的如西汉元帝时的王氏,东汉的跋扈将军梁冀。黄巾大起义后崛起了一个新外戚,姓何,哥哥名叫何进,是朝廷的大将军,相当于武装部队总司令,妹妹何氏是汉灵帝的皇后。何进、何皇后兄妹是荆州刺史部南阳郡人,"家本屠者",即出身于屠户家庭,在当时地位较低,但何进的妹妹何氏有一个优长,那就是长得漂亮,史书说何氏个子很高,有"七尺一寸",汉代1尺约合今23.5厘米,何皇后的身高约合1.67米,放到现在也许没什么特别的,但古人平均身高普遍低于现在,何氏在当时的女孩里算是个子高的了。

何氏不仅长得漂亮,而且运气也不错。她入宫的那年,负责采选事务的宦官名叫郭胜,也是南阳郡人。何家人拿出钱来打点了郭胜这个老乡,让他帮忙说话,最后何氏顺利入宫,一开始地位比较低,但她的命运很快再次出现转机——因为她给汉灵帝生下了一个儿子。虽然后宫佳丽如云,但汉灵帝一直没有儿子,汉灵帝的前任汉桓帝刘志就是因为没有儿子,才不得不把皇位传给了汉灵帝,所以汉灵帝常为此事发愁。何氏为汉灵帝生下儿子刘辩,汉灵帝惊喜万分,这让何氏一跃成为贵人。

后宫里不缺大家闺秀、名门千金,缺的是会说话、能来事、跟任何人都能打成一片的市井女子,这又是何贵人的另一项特长。通过观察,何贵人发现,要保住地位,姿色靠不住,儿子也未必管用,能保她圣宠在握、家族永固的只有掌握实权的宦官。为获得宦官们的力挺，何贵人果断地把亲妹妹嫁给了宦官首领张让的儿子——宦官没有后人，这个儿子是张让的养子。何贵人通过联姻，让自己变成了张让的晚辈，也顺便找到了靠山，后来正是张让等宦官帮忙说话，何贵人才再上一步，成为皇后。

自从妹妹进宫得宠，原来不名一文的何进也开始了自己的仕途，先在禁卫军中担任了武官，后来下派到豫州刺史部颍川郡当太守。再后来，黄巾起义爆发，朝廷组建讨伐部队，汉灵帝又任命何进为大将军，统率各路人马，麾下包括卢植、皇甫嵩、朱俊这样的名将，也包括曹操、孙坚、刘表、陶谦、公孙瓒、刘备这些中下级军官。

黄巾起义被镇压后，何氏兄妹的地位进一步巩固，他们与宦官之间关系处得很好，不过这也引起了汉灵帝的警惕。因为宦官、外戚虽然都很显贵，但通常他们是互相斗争的，皇权就是在这样的斗争中寻求着平衡，哪一方势力弱了，皇帝还会故意扶一把，目的就是让他们接着斗，现在这两拨人不斗了，团结成了一家人，皇帝就有了危机感，所以汉灵帝对何氏兄妹开始了防范。

让汉灵帝下决心与何氏兄妹决裂的是王美人事件。王美人长得也很漂亮，也得到了汉灵帝的宠爱，巧合的是，她也怀上了汉灵帝的孩子。何皇后为汉灵帝生下刘辩后，汉灵帝便没有其他儿子再出生，不是别的妃嫔怀不上，而是何皇后做了手脚。在宦官们的帮助下，哪个妃嫔如果怀了孕一定会发生意外，要么孩子不保，要么大人孩子都神秘死亡。王美人怀孕后吓坏了，她偷偷隐瞒下来，想了各种办法想把孩子打掉，但这个孩子生命力太顽强，最后仍然来到了人世，这就是刘协，后来的汉献帝。刘协意外降生，汉灵帝大喜，但何皇后很气愤，不久王美人突然暴病身亡，追查下来，死因与一碗小米粥有关，而事情正是何皇后指使的。汉灵帝大怒，当场要废皇后，宦官们苦苦哀求，最终这件事才算过去，但汉灵帝心里彻底与何氏兄妹拉开了距离。

袁绍是导致局势失控的罪魁祸首

1

汉灵帝对何家不满，这个信号大将军何进也收到了。何进思考着如何化解危局，他认为只跟宦官联合还不够，还要跟党人联合。一般认为东汉末年的主要政治势力有三股，即皇帝、宦官和外戚，其实还有一股，那就是党人，也就是士人出身的大臣们，只是由于之前被宦官屡次打击，他们中的许多人遭到了禁锢，大部分人被边缘化了。何进觉得，应该拉拢和扶持党人，使之成为自己的政治盟友。当时党人的领袖是袁氏一族，袁氏号称"四世三公"，也就是前面连续四代人里都有人做到三公的高位，何进觉得，要跟党人联合就得联合袁氏，何进于是向正赋闲在家的袁绍发出了邀请，请袁绍到自己的大将军府里任职，袁绍接受了邀请，来到何进身边。

汉灵帝为限制何进的势力再发展下去，在宦官蹇硕参谋下，给何进下达了一道命令，让他率兵去平定"羌乱"。羌族主要生活在西北的凉州一带，他们在东汉末年多次起兵反抗朝廷，朝廷在凉州打了无数的仗、花了无数的钱，仍然没有起色。平定"羌乱"，那可不是一朝一夕的事，多少名将穷其一生都未能建功，这显然是要废掉何进的"武功"，但皇帝的命令不执行也不行，何进愁坏了。

难住了何进，却难不住袁绍，袁绍建议何进答应下来就行，但是报告天子，说自己手里的兵马不够，得到下面去募兵。何进照着袁绍说的报告了，汉灵帝只得同意何进派人去各地募兵。何进派了王匡、鲍信、张邈、刘岱等人分赴各地，这些人其实都是袁绍的死党，他们分别奔赴泰山郡、并州、丹阳郡、陈留郡等地招募人马，日后都成了关东联军讨伐董卓的主力。

2

袁绍用缓兵之计解了何进的燃眉之急，但根本问题仍未解决，下一步怎么办呢？正在何进愁眉不展的时候，发生了一件事让他得以稍稍缓了口气：中平六年（189）四月十一日，年仅三十二岁的汉灵帝刘宏驾崩于洛阳。汉灵帝死了，有些事也就好办了，何进在袁绍等人的帮助下迅速铲除了宦官中的反对势力，之后扶持外甥刘辩当了皇帝，何皇后晋升为何太后，何进仍任大将军。

皇帝、太后、大将军都是自家人，何进兄妹可以说志得意满，但袁绍并不满足，因为他的目的还没有达到。袁绍之所以帮助何进，是想借何进之手铲除党人的死敌宦官，现在何进却跟张让等大宦官成了亲戚和政治同盟，袁绍哪能心甘？如果没有袁绍，东汉王朝大概又会复制上一轮的循环：小皇帝在位，外戚掌权，外戚和宦官明争暗斗。这样的局面不会带来王朝的中兴，但表面上天下仍然一统，至于这辆越开越笨重的破车什么时候彻底停下来，谁也说不好。但现在有了不甘心的袁绍，一切便不好说了。

袁绍整天找何进，要他下决心铲除宦官。何进找了很多理由拖延，其间何进也动摇过，曾找到妹妹何太后，说干脆就按袁绍说的办算了，但遭到何太后的断然拒绝。何太后拒绝跟党人合作以彻底铲除宦官，其实站在她的角度看这并不错，因为党人瞧不起宦官，同样也瞧不起外戚，收拾完宦官，下一个打击的就是外戚。但何进是个缺乏雄才大略的人，关键时刻犹犹豫豫，夹在中间左右为难，不知怎么办好。

这种僵局总得打破，于是袁绍出了个主意，说不如引外兵入京，向太后施压。过去朝廷有制度，以洛阳为中心，四周设了八个关隘，关隘以内只有朝廷直属的南军和北军，各州郡的兵马一律不得进入关隘之内。袁绍建议放州郡的兵进来，这个提议很大胆，但何进没有太好的办法，竟然同意了。对于这项建议，袁绍阵营内部其实有不同的意见。曹操、陈琳等人当时都属袁绍阵营，他们都反对引外兵入京，认为那样是小题大做，因为只是为解决宦官的话，根本不必费这么大的劲，冒这么大的险。他们都劝袁绍不要冒险，但袁绍不听，执意引外兵入京。曹操、陈琳其实是没有看到袁绍的真正意图，解决宦官的确不用费那么大的力气,但袁绍这时的目标可能更宏大,他大概是想把宦官、外戚给一块解决了。

袁绍有这样的想法其实这一点儿都不让人吃惊,因为党人和外戚之间虽然也有合作,但双方更多的时候是在斗争,既然眼前的这个外戚不愿意跟宦官决裂,那就索性连他们一块消灭。当然,事后来看这是袁绍的一招败笔,这次引外兵入京并不成功,直接导致了时局的失控,但从袁绍当时的想法看,他其实也是经过深思熟虑的。他不是脑子不够用,只是看错了人。

3

袁绍看错的人,就是董卓。引外兵入京,当时最有实力也最现成的有两支人马,分别是丁原的并州军和董卓的凉州军,并州军离洛阳最近,政治立场与何进、袁绍一致,呼之即来,召之能战,对于他们袁绍阵营内部争论不大。对于要不要引董卓的凉州军来,这个争议很大,大多数人反对,但袁绍坚持召董卓来,因为董卓早年曾在袁绍叔父袁隗手下做过事,在当时这一类人被认为是"袁氏故吏",相当于一种政治标签,"袁氏故吏"可以沾袁家的光,但也必须效忠袁家。

袁绍的问题在于他了解"袁氏故吏",却不了解董卓的为人。董卓青年时代虽然也曾生活在中原地区,但并没有接受过严格的经学教育,不受儒学那一套的约束,根本没把"袁氏故吏"当回事,而袁绍把董卓当成了自己人。结果大家都知道了:在袁绍的坚持下,董卓率领凉州军一路开向洛阳,宦官们彻底绝望,个个如惊弓之鸟,绝望之际他们把何进骗进了皇宫,当场诛杀,袁绍、袁术则趁机率兵攻入皇宫,一天之内将宦官和外戚这两股最重要的政治势力彻底消灭了。按理说,现在该轮到袁绍志得意满了,他在极短时间内完成了前辈们想做又没做成的事,他将成为士人们崇拜的对象,青史留名、光耀门楣。可惜的是,袁绍的理想与董卓的想法发生了矛盾,东汉王朝随即陷入更大的动荡之中。

董卓成功策反吕布靠的不是一匹马

汉灵帝中平六年（189）发生了很多大事，先是汉灵帝驾崩，紧接着少帝刘辩继位，但随后大将军何进被杀，袁绍等人趁机诛杀宦官。作为东汉王朝的两大毒瘤——外戚、宦官，在很短时间里同时被消灭了，东汉王朝中兴迎来了转机，然而让人意想不到的是，接下来时局并没有向稳定的方向发展，而是更混乱、更复杂。

袁绍、袁术等人指挥大将军何进的旧部在洛阳城里剪除宦官及其同党时，少帝刘辩和他的弟弟刘协却不见了，两位少年在混乱中被宦官挟持到黄河边，后来宦官们跳进黄河自杀了，而两位少年落入及时率兵赶来的董卓之手。这时候，袁绍最不想见的人大概就是董卓了，袁绍已经消灭了宦官和外戚，接着就是他大显身手的时候，他不希望董卓这个武人来搅局，但"请神容易送神难"，董卓既然到了洛阳，就根本不想走。

董卓知道，把持朝廷最关键的一步是瓦解对手。汉灵帝刚死，新皇帝年纪还小，各派力量都向洛阳涌来，都想借机控制朝廷，董卓的凉州军力量最强，却不是唯一的强者，前并州刺史丁原的并州军也不可小视。结果董卓策反了丁原的部下吕布，吕布杀了丁原，并州军在吕布带领下转投董卓，这是促成董卓长期把控朝廷的关键一步。

在此之前董卓与吕布并无交往，怎么能在很短时间里把吕布策反了呢？一般来说，董卓应该给吕布开出了充满诱惑的条件，有人认为最关键的是一匹名叫赤兔的马，董卓送赤兔马给吕布，吕布"见马眼开"，就把丁原杀了。赤兔马确实见诸史书，不过它第一次出现是多年以后的事，董卓有没有这匹马存在很大的疑问。即使有，要办那么大的事，一匹马做礼物显然太轻。吕布杀了丁原，事后被提拔为骑都尉，相当于骑兵旅旅长，不久又升中郎将，相当于师长，并被封为都亭侯，加官晋爵，这或许是董卓事先开出的条件。

但是，杀害顶头上司反水，这样的事不仅冒险而且必然留下骂名，在汉代重名节的社会氛围下，吕布的头脑再简单，也得考虑这一层，升官封侯顶多是这桩幕后交易的条件之一，似乎还不能构成绝对诱惑力。那么董卓究竟给了什么从而让吕布无法拒绝这个诱惑呢？我们可以从史书里的其他记载去看。《三国志》说吕布投靠董卓后，董卓十分喜欢他，董卓跟吕布"誓为父子"。董卓不仅收吕布为义子，而且为此还专门立了誓约，这个细节非常关键，史书里从来没有记录过关于董卓儿子的事，但说过董卓有一个名叫牛辅的女婿，推测起来董卓应该没有儿子，如此一来在他死后继承权就成为问题。不说董卓将来会做到什么样的官，单就凉州军来说也需要有人继承。按常理，董卓可以从董氏家族中选一个人立为后嗣，也可以把女婿牛辅确定为事业的继承人，甚至在手下将领里指定一个人来领导凉州军，但当董卓收吕布为义子并向大家正式宣告后，上述的可能性就不存在了，因为这意味着董卓把继承权交给了吕布。

汉代很注重法律上的继承关系，袁绍曾过继给叔父家，叔父的爵位、家产等就将由他来继承，这种法律关系是谁都不能剥夺的。董卓为保证成功瓦解并州军，不惜指定吕布为自己的继承人，为了取得吕布的信任，还举行了盟誓。这是一件很郑重的事，至少吕布对这种关系深信不疑，后来王允策反吕布去杀董卓，吕布为难地表示："奈如父子何？"我们已经是父子关系了，怎么办呢？言下之意，吕布自己仍然深信董卓的允诺，他还在幻想将来可以继承董卓的事业。

所以，我们可以说吕布政治眼光短浅，站得不高、看得不远，但不能说吕布是个完全没脑子的人，他不是一匹马就能随便收买的，也不是那种一言不合就杀自己领导的人，吕布的叛杀行为其实也是经过认真思考的。

在这件事上董卓和袁绍都没有退路

击败了主要竞争对手并州军,董卓控制住了朝廷,紧接着他干了一件事,也是一件有争议的事,那就是废掉了在位的皇帝刘辩,另立刘辩的弟弟刘协为新帝。有人认为这是董卓的败笔,让他在政治上陷入了被动,使他由强势走向了失败。董卓是个武人,但从史书记载的情况看他做事却很精明,尤其政治斗争方面的手段也相当娴熟,那么董卓为什么要行废立之事呢?

这件事在《后汉书》里说得比较简单,《三国志》也说得不多,相对而言,王粲的《汉末英雄记》记载得较多些,一条记载说,董卓当面告诉袁绍,当今天子刘辩为人"冲暗",不是"万机之主",而陈留王刘协比他强,应该废黜刘辩另立刘协。"冲"的意思是幼小,"暗"的意思是不明、蒙昧,董卓说刘辩蒙昧可以,但说他"幼小"则刚好说反了,因为刘辩十四岁,刘协只有九岁。另一条记载,说董卓当着袁绍和众臣的面扬言"刘氏之种,不足复遗","遗"是给予的意思,董卓的意思好像说,不能再把皇位交给刘氏宗族了。那应该交给谁呢?《汉末英雄记》没说,其他史书也没说,有一种可能是董卓想自己当皇帝,但这只是猜测。

废立皇帝在当时绝对是惊天动地的大事,纵观两汉近四百年的历史,能做成这种事的没有几个,尽管刘氏已形同傀儡,尽管董卓自信地认为"天下之事,岂不在我",但要打破人们心中牢不可破的正统观念,绝对不是那么容易的事,即使袁绍这些人不敢反对,也不能保证天下人都会响应。董卓要做的这件事最终还是做成了,但他也为此付出了极大代价。不过,仔细分析一下会发现,不是董卓在这个事上不够明智,而是他面对这个问题其实没有其他更多的选择,因为他想进一步巩固权力的话,就必须废掉少帝刘辩。

少帝刘辩是汉灵帝刘宏的儿子,也是大将军何进的外甥。何进被杀,凶手是宦官;何进有个弟弟叫何苗,后来也被杀了,凶手是何进的部下吴匡,而吴匡是董旻策动的。董旻是谁?他是董卓的亲弟弟。原来,何进虽然被杀,但他也有不少旧部，毕竟干了这么多年的大将军，嫡系还是有一些的，这些人以何苗为中心，董卓也想吞并他们，就让董旻怂恿吴匡杀了何苗，于是何进的旧部像丁原的并州军一样也投靠了董卓。董卓占了何家的便宜，但也成了何家的仇人，而何家的外甥还在皇帝的宝座上，这让董卓不放心，这是董卓急于换皇帝的一个原因。

另外还有一个原因，涉及董卓与刘协之间的特殊关系。刘协跟刘辩都是汉灵帝刘宏的儿子，但他们不是一个生母，刘协的母亲王美人死得早，汉灵帝把刘协交给自己的母亲抚养。汉灵帝刘宏的母亲恰好也姓董，跟董卓同姓，只是他们的祖籍一个在西北，一个在华北，八竿子打不着，不过董卓很会来事，董卓的弟弟董旻当时在朝廷任职，在董卓授意下董旻主动跟董太后一家接近，后来攀上了亲戚。不管是西边的董还是东边的董，反正五百年前都是一家，由于这层关系，董卓对刘协更另眼相待了。

为了断绝忠于何氏的势力将来聚拢在刘辩身边反对自己，董卓当机立断，一定要废掉刘辩，另立与自己有一定渊源且自己也有不少好感的刘协为帝。只是，董卓想另立新皇帝，而袁绍坚决反对，这一下把董卓激怒了。

董卓进入洛阳后，袁绍发现此人不按常理出牌，道德水准极为低下，手段极为残忍，跟这样的人作对是一件危险的事，站在袁绍的角度，即便不为自己着想，也要为父亲、叔父以及袁氏家族的几十口人着想。董卓彻底掌握局面后，下一个打击的对象也较为明确，一定是袁家，对袁绍来说不设法脱身反而去激怒董卓，是不是不够明智呢？从事后结果看，袁绍因为反对董卓废立皇帝，最终与董卓翻脸。袁绍带着少数人勉强逃出了洛阳，袁绍的叔父袁隗等几十口人留在洛阳，成为董卓的人质，最后全被董卓杀害。

在废立这件事上袁绍也显得异常执着，根本不与董卓妥协，也不计后果，跟董卓来了个"硬碰硬"。董卓没想到袁绍会干脆利索地不给他面子，就放出了狠话："天下的事都取决于我，我想做什么，谁敢不从？"董卓再次耍起了流氓，但袁绍不是吓大的，在二人一次见面时，袁绍对董卓说："天下有势力的也不光你董卓，咱们走着瞧！"袁绍说完"横刀长揖而去"。

董卓刚到洛阳时，袁绍的好友鲍信劝袁绍除掉董卓，袁绍不敢，后来董卓收降了何氏旧部，瓦解了并州军，得到吕布、张辽等并州军猛将，加上自己的凉州军源源不断地开来，实力大增。董卓还不算强大的时候袁绍都不敢跟他翻脸，现在的袁绍哪来这么大的勇气呢？其实袁绍心里也有苦衷，因为天下人都知道他是何进的属下，当时洛阳有一帮人，像张邈、鲍信、丁原、曹操等，这些人与其说支持袁绍，不如说他们是因为何进而支持袁绍的，何进虽然算不上一代枭雄，但他很早就开始了权力布局，除了上面说的这几个人，像王粲的父亲王谦、"建安七子"之一的陈琳以及刘表等都曾是何进的部下，何进在政治上有着相当深的根基。

袁绍加盟何进集团后，通过一系列隐秘的操作，借宦官之手除掉了何进，这些事一般人是看不出来的。袁绍平时嘴上说的还是对何进的忠诚，其实何进只是袁绍利用的工具，也是袁绍扛在肩头的一面大旗。何进虽然死了，但他的外甥、当今天子刘辩成为一个象征——也就是说，刘辩当天子对袁绍是有利的，反之，如果看着刘辩被废掉而不敢旗帜鲜明地反对，将使袁绍的政治声誉严重受损。所以，对董卓来说必须换皇帝，对袁绍来说也必须坚决反对。

"十八路诸侯"为什么打不过董卓

袁绍跟董卓终于闹翻，之后袁绍在洛阳待不下去，逃出了洛阳，跟他一块出逃的还有袁术和曹操，他们是分头行动的：袁绍往北，去了冀州，也就是河北一带；袁术往南，去了南阳；曹操往东，去了陈留郡，也就是开封一带。经过一番曲折，他们各自到达了目的地，之后一些反董力量在这三个地方开始集结，于汉献帝初平元年（190）初同时起兵，当时人们习惯以函谷关为界，函谷关以西称为关西，函谷关以东称为关东，反董的各路人马基本都在关东，所以统称为关东联军。

《三国演义》第五回讲到曹操"发矫诏诸镇"号召天下兴义师讨伐董卓，"檄文去后，各镇诸侯皆起兵相应"，呼啦啦就来了十七支人马："第一镇，后将军、南阳太守袁术；第二镇，冀州刺史韩馥；第三镇，豫州刺史孔伷；第四镇，兖州刺史刘岱；第五镇，河内郡太守王匡；第六镇，陈留太守张邈；第七镇，东郡太守乔瑁；第八镇，山阳太守袁遗；第九镇，济北相鲍信；第十镇，北海太守孔融；第十一镇，广陵太守张超；第十二镇，徐州刺史陶谦；第十三镇，西凉太守马腾；第十四镇，北平太守公孙瓒；第十五镇，上党太守张杨；第十六镇，乌程侯、长沙太守孙坚；第十七镇，祁乡侯、渤海太守袁绍。"加上曹操自己，一共是十八路，大家兵力"多少不等，有三万者，至有一二万者"，"各领文官武将，投洛阳来"，如果按这个推算，其总兵力应该在三十万人左右了。

三十万大军，里面既有曹操、袁绍、公孙瓒、孙坚、马腾、陶谦这些猛人，还有在他们手下效力的刘备、关羽、张飞、赵云、马超这些虎将，看似几乎囊括了当时所有突出的风云人物。但是，根据《三国志》等史书的记载，所谓"十八路诸侯"其实没有那么多，算起来大概只有十一路，分别是后将军袁术、冀州牧韩馥、豫州刺史孔伷、兖州刺史刘岱、河内太守王匡、渤海郡太守袁绍、陈留郡太守张邈、东郡太守桥瑁、山阳郡太守袁遗、济北相鲍信、代理奋武将军曹操。

上面这几路人马，主要集中在三个方向：冀州方向，韩馥屯兵邺县，王匡屯兵河内郡；酸枣方向，刘岱、张邈、张超、桥瑁、袁遗、鲍信、曹操各部屯兵酸枣；豫州方向，孔伷屯兵颍川郡，袁术屯兵南阳郡鲁阳县。如果在地图上看的话，关东联军的这十一路人马都围绕着洛阳展开，由北到南，在洛阳的右翼形成了一个"C型包围圈"。

这不是巧合，而是事先设计好的，十一路人马的首领都是之前专门安排到这些地方的，袁绍、袁术、曹操后来从洛阳逃亡，分别到达三个核心地区，都是整个计划中的一部分，而这个计划的策划者就是袁绍。袁绍大概早就想到与董卓刀兵相见的这一步，所以提前做了周密规划，也正因为如此，关东联军在举行酸枣会盟时袁绍虽然不在场，但大家仍然共推袁绍为盟主。

袁绍也不客气，他当时已逃到了冀州，还有一个合法的职务，就是渤海郡太守，但这个职务太低了，领导关东联军有困难，袁绍于是"表奏"自己为车骑将军——这一职务在军中的地位仅次于大将军和骠骑将军，相当于全国武装部队的副总司令。所谓"表奏"，就是自己给自己下一份"任命书"，选个日子，摆个案子，向着朝廷和天子所在的方位跪下，把"任命书"念一遍就算完成了任职手续，当时朝廷和天子控制在董卓手里，不可能给这些所谓的"叛军"任命职务，所以袁绍就搞了这项发明。这个发明很好使，以后各个割据势力都用这个办法来任命自己以及手下职务。

关东联军刚起事时气势很足，搞了一个会盟仪式，宣读了誓词，慷慨激昂，但随后就没有太大动静了，各位首领们每天在那里"置酒高会"，天天大吃大喝，就是不进兵。有人认为，这是各路首领们保存实力，不真心讨董，才酿成了后来的失败，因为按照实力来看，董卓的凉州军主力大概只有十万人左右，而关东联军有三十万人，又得到民意的支持，如果"心往一处想、劲往一处使"，打败董卓不在话下。

其实这是一种错觉，关东联军的人马并没有那么多，战斗力更没有那么强。关东联军里的那些州刺史、郡太守，大多数人是不久前何进、袁绍任命的官员，任职时间稍长些的也只有一年多，其他人多是几个月，他们虽然有朝廷颁发的委任诏书，但在豪强大族左右地方政局的汉末，他们在地方上的影响力较为有限。

这些州刺史、郡太守为参加会盟都带来了一些人马，《三国志》说"众各数万"，这个说法比《三国演义》还夸张，像张超、袁遗、孔伷这些人，手里如果真有"数万"人马，他们就不一定来参加关东联军了，什么原因？这个下面会讲。他们这些人，手里充其量只有几千人，曹操在陈留郡己吾县募兵，手下人马算是比较多的，也只有五千来人，"众各数万"一句应作"众数万"理解，指的是酸枣诸军的总数。史书还提到，曹操在酸枣看到"诸军兵十余万"，虽然不是三十万，但也略有夸张，可能是把负责后勤运输的人数都计算进去了。综合起来，十一路关东联军加在一起也就十万人上下，面对凉州军并不占人数上的优势。更要命的是，关东联军的这些人马都是临时招募的新兵，缺乏训练。曹操在己吾募兵，两三个月里募到数千人，根本来不及训练，让这些人上战场与强悍的凉州军正面交锋，只能是送死。另外还一点，关东联军会盟的时间是初平元年（190）正月，正是青黄不接的时候，突然有许多人马聚集到一起，军粮供应就是个难题，由于联军首领大多缺乏自身积累，大部分人只能靠作为东道主的冀州刺史韩馥、陈留郡太守张邈提供后勤供应，而他们二人也没有这么大的能力。

总之，面对总兵力十万左右、以骑兵为主且久经战阵的凉州军，关东联军在数量上并不占优势，在士兵素质、装备和后勤等方面更没法跟凉州军相比，而且凉州军是防守方，关东联军是进攻方，这种攻守之势也更有利于前者。正是因为以上种种原因，刘岱、张邈、张超、乔瑁等关东联军首领才每天"置酒高会""莫肯先进"，不是他们成心耍滑头，而是他们知道根本打不过。曹操在《蒿里行》中写"关东有义士，兴兵讨群凶。初期会盟津，乃心在咸阳。军合力不齐，踌躇而雁行"，但当曹操联合鲍信率先出击汴水时，却被凉州军将领徐荣杀得一败涂地，上万人马几乎全军覆没，从某种意义上说，此时的曹操没有张邈等人清醒和明智。

真正的实力派们集体缺席

实力不如人，当然会失败，这是关东联军最后"无功而散"的主要原因，但还有一条原因也十分重要，那就是当时真正的实力派们都置身事外，坐山观虎斗，他们没有参加关东联军，这也是导致"讨董大业"功败垂成的原因之一。当时，除了董卓和关东联军两大阵营，天下还有许多实力派：一个是幽州牧刘虞，他在幽州主政多年，还负责安抚北方少数部族，名义上归他指挥的公孙瓒也有不小的实力；另一个是徐州刺史陶谦，黄巾军起事时他就来到徐州，在此发展自己的势力，时间已长达五六年；还有一个是益州牧刘焉，刺史改州牧的始作俑者，他去益州后加紧扩充实力，关东联军讨董时已形成了规模。

除了上面这三个方面的四位实力人物，还有两个人，他们虽然发迹时间比较短，但实力上升的速度很快，一个人是公孙度，一个是刘表。公孙度是董卓派到辽东担任辽东郡太守的，后来成了"辽东王"，三代人先后统治东北；刘表也是董卓派下去的，担任荆州刺史，他到任以后迅速平定了荆州的各路势力，基本控制了荆州全境，成为割据军阀中的后起之秀。

以上这六位强势人物，手里都有数万甚至十余万人马，他们如果也参加了关东联军，那董卓就必然会失败，问题是他们都没有来，也没有公开对关东联军给予支持。他们这些人，仍然尊崇洛阳的朝廷和天子，按过去的制度派人去纳贡，接受朝廷的诏令。他们虽然没有强调自己拥护董卓，但言下之意也不反对董卓。

这些人的情况比较复杂，他们有的是朝廷一贯的忠诚拥护者，从来没想过造反，比如幽州牧刘虞；有的虽然对朝廷的感情一般，但从自己的利益出发，也认为坐山观虎斗更有利，比如益州牧刘焉、徐州刺史陶谦；有的是董卓任命的，让他们参加关东联军缺少感情基础，比如辽东郡太守公孙度和荆州刺史刘表。不管怎样的心态，有一条大概是一样的，那就是他们都已经拥有了一定的实力，事业正蒸蒸日上，是既得利益者，对他们来说保住已得到的利益比冒险起兵更明智。

当然，在当时讨伐董卓是民心所向，董卓已经成了过街老鼠，人人都在喊打，这些实力派也不会把董卓这块又脏又臭的抹布从地上拾起来当旗子打，所以他们虽然没参加关东联军，但也不会公开与关东联军为敌，而是在政治上持中立态度。但正是由于真正的实力派们没来参加，声势浩大的关东联军最后才走向了失败，而董卓也逃过了这一劫。

第二篇 群雄混战

曹操与袁绍：不得不说的秘密

都知道袁绍和曹操是死对头，但从历史上看，曹操与袁绍早年的关系却是很紧密的。在这方面史书有很多记载，年轻时，他们二人有一些共同的朋友，比如张邈、许攸、陈琳，这些人都是他们很早的时候就认识的。有一年，袁绍的母亲在老家去世了，曹操曾专程跑去吊丧。袁绍的老家在豫州刺史部汝南郡的汝阳县，即今河南省周口市商水县，当时曹操在洛阳求学，要去汝阳少说得走上好几天。作为朋友，曹操写封信慰问一下就可以了，大不了派个家人送上丧仪也算是很给面子了，而曹操此种举动说明他们的关系很铁。但是，这一趟远行似乎没给曹操留下多少好印象，他一路风尘仆仆，受尽颠簸，到了地方却发现根本没人招待，只能混到乌泱乌泱的人群里，吃、住恐怕都成了问题，严重地被冷落了。其实袁绍倒不是故意怠慢曹操，而是因为来吊丧的人实在太多太多，袁绍想跟每位来宾握一下手都做不到。

这不是夸张，因为袁家办丧事，"会者三万人"，这当然是很大的排场，那时没有飞机、高铁，不通高速公路，出一趟远门多么不容易，像汝阳这样的县，总人口通常也只有几万人。袁绍和他的弟弟袁术虽然沉浸在丧母的悲痛中，但看到这么多人来捧场，心里还是难掩激动和骄傲。曹操是个高度敏感的人，爱热闹，怕被别人冷落，但现在只能站在人群中看热闹了。

跟曹操结伴而来的还有一个人，是曹操的朋友王俊，比曹操大几岁，与曹操、袁绍相比他后来基本上默默无闻。曹操和王俊挤在人群里，曹操个子本来就不高，要看清楚还得跷起脚跟，他越看越生气，突然对身边的王俊冒出了一句：

"为乱魁者必此二人也！"王俊听了有些吃惊，谁知道曹操的话还没完："不先诛此二子，乱今作矣！""二子"当然指的是袁绍和袁术。王俊这才认真地盯着曹操看了看，忽然明白了曹操话里的含义，王俊悄悄地对曹操说："如果真是那样的话，能济天下于危亡的，恐怕除了你再没有别人了！"二人相视而笑。

曹操和王俊的对话被皇甫谧记载到《逸士传》中，不过这多半是玩笑话。曹操与袁绍相差十岁左右，说是一代人，年龄差得有些多，算成两代人又比较勉强，曹操和袁绍的关系有些不太好定位。后来曹操的儿子娶了袁绍的儿媳妇，看来曹操自认为跟袁绍还算是一代人；但再后来曹操又让另一个儿子娶了袁绍的孙女，又差了辈分。曹操少年时代不好好学习，喜欢东游西逛，"任侠放荡，不治行业"。作为当时洛阳城两位知名的"富二代"，曹操与袁绍很早就打成了一片，袁绍是"带头大哥"，曹操是"跟班小弟"。

有一次，曹操跟着袁绍去看人家结婚，看到新娘漂亮，就动了歪念头。到了晚上，他们二人偷偷潜入人家园中，瞅准时机，大喊道："有小偷，有小偷——"这家人赶紧都跑出来看，趁这个机会，袁绍让曹操到新房里去劫新娘，为了效果更加逼真，还给了他一把匕首。曹操一向都执行袁绍的命令，还真去了，并且顺利得手，把新娘劫了出来，但出来时却迷路了，袁绍不慎跌到一堆枳棘里，动不了。眼看人家追过来了，曹操急中生智，喊了一声："偷儿今在此！"袁绍急了，噌的一下子从枳棘堆里蹿了起来。有人怀疑这件事是假的，袁绍和曹操再无赖，作为两个"高干子弟"，也不可能直接去干抢人的事吧。其实，他们所谓的抢新娘只能理解为恶作剧，把人抢去，让人家受受惊吓，之后讨点儿喜酒喝，以此取乐而已。

还有一次，曹操和袁绍玩崩了，袁绍派了一名刺客要杀曹操。刺客到了曹操的卧室外，隔着窗户玩了把飞剑，但是低了点，没有刺中。曹操估计下一次刺客会调整高度，所以剑来得会高一点，于是把身子尽量往下贴，结果剑果然又飞高了。后面这件事就有点悬乎了，要么也是恶作剧，是想吓一吓曹操，要么兄弟二人后来又合好了。

上面说的这两个故事，在真实性方面有些可疑，这是因为，曹操和袁绍虽然相识很早，但二人年龄相差较大。曹操出生于汉桓帝永寿元年（155），袁绍生年不详，一般认为他生于汉质帝本初元年（146）。袁绍和曹操的家世都很显赫，一个是"四世三公"之家，一个是炙手可热的大宦官之家，他们倒是能玩到一块儿，只是由于年龄上差异较大，所以早年袁绍带着曹操玩的情况不大可能出现。曹操与袁绍的交往应该是他们都长大成人以后的事，至于具体是什么时间，史书没有进一步记载。

一对亲兄弟何以势不两立？

1

说完袁绍与曹操，再来说说袁绍与袁术。他们本是一对亲兄弟，都出身于汉末汝南郡袁氏家族。东汉汝南郡袁氏家族兴起于一个叫袁安的人，他本是一名为人敦厚的基层官吏，他的祖父袁良是一名学者，以研习《孟氏易》而出名。书香门第令人羡慕，但那个时候做学问并不吃香，袁良很有才，也很勤奋，却只做到县令。袁安从小跟着爷爷学习经学，不仅学问好，而且"为人严重有威，见敬于州里"。

袁安的官运也不行，只担任了县里的功曹，这个职务负责官吏考核工作，相当于县人事局局长。有一年冬天，袁安家乡一带发生了严重雪灾，"大雪积地丈余"，很多人没有吃的。手里有些权力的官吏都会想办法收取贿赂以求活命。一天，县令冒雪出来巡察，走到袁安家门口，发现屋外的雪地上没有一点儿脚印。县令叹了口气，以为这个老实的书呆子已经饿死了，就吩咐人去收尸。进屋一看，发现袁安还没死，剩下一口气。县令问袁安为什么宁死也要困于家中，袁安回答："大雪人皆饿，不宜干人。"宁可饿死也不肯麻烦别人，这种精神感动了袁安身边的人，袁安的事迹传开了。

袁安被树为官员的典型，朝廷号召全国各级官吏都向他学习，"袁安困雪"也成为一个典故。袁安因此被举荐为孝廉，走上新的仕途。袁安先后担任过阴平县长和任城县令，所任职的地方，官吏百姓既敬畏又爱戴他。永平十二年（69）楚郡发生谋反案，朝廷认为袁安很有能力，就任命他为楚郡太守，前去审理此案。袁安到任后，不搞严刑逼供，而是平反冤假错案，前后释放了四百多人，受到社会上的好评。

2

汉明帝永平十四年（71），袁安被征召担任河南尹，在任10年，其间政令严明，廉洁奉公，袁安因此名重于朝廷。汉章帝建初八年（83），袁安升任太仆，成为部长级高官。汉章帝元和三年（86），袁安接替告老还乡的第五伦担任司空，次年又接替桓虞担任司徒，司空、司徒都是三公之一，袁安成为袁氏家族的第一位三公。

关于袁氏为何能突然发迹，另一个解释是他们家祖坟的"风水"好，这件事记录在《后汉书》里。据《后汉书》记载，袁安的父亲去世时，母亲让袁安去访求安葬地。袁安在寻找墓地的过程中，在路上碰见了三个书生。书生问袁安去哪里，袁安把找墓地的事告诉了他们，书生于是指了一处地方，对袁安说："把你的父亲葬在那里，你们家族将会世代担任上公。"袁安正诧异间，三个书生不见了。袁安更感到奇异，于是把父亲就葬在了那个地方，结果其家族从此兴盛起来。《后汉书》还记载，袁安的妻子死得比较早，葬在了家乡。到袁安临终时，给儿子们留下遗言："我担任朝廷重臣，按制度当陪葬于帝陵，不能归葬家乡。你们的母亲已先葬于家乡祖坟，我死后就不要再麻烦给她迁坟了，就让她葬在家乡吧！"袁安的儿子们不敢违背父亲的意愿，没有迁移母亲的墓。以上两件事有点玄奥，被认为是袁氏能发迹的重要原因，虽然它们都记录在史书里，但这些都属于迷信，是袁氏发达后人们附会出来的。

3

在东汉，如果能做到三公的高位，就拥有了开府的特权。开府，指古代少数高级官员有权建立府署并自选僚属，汉朝时三公、大将军可以开府，汉末局势混乱，一些将军也获得了开府资格，一般称为"开府仪同三司"，也就是按照三公的标准组建办事机构。以司空为例，其分管九卿中的宗正、少府、司农三卿，司空府的属吏包括"长史一人、掾属二十九人、令史及御属四十二人"。也就是说，在司空府，有一个七十二人组成的庞大办事机构，而这些人均由司空本人自行聘任。

三公可以自行聘任属吏，相当于本职行政权力外还拥有一项重要权力：人事权。通过这项权力，三公可以大量培植自己的势力，那些被招揽来的人就称为三公的"门生故吏"。在"门生故吏"眼中，聘用自己的人不仅是长官，还是政治上的启蒙人和领路人，聘任者与被聘任者会结成一种特殊的政治血缘关系。袁氏连续四代人都当过三公，在位时间加在一起近百年，他们所开的"府"一个接一个，聘用过的人不计其数。这些人互相勾连，相互关照、提携，形成特别的政治团体，他们中的许多人得到关照后转任朝廷或地方高官，从而织成一个庞大的政坛关系网。

袁绍的父亲袁逢、叔父袁隗都担任过三公，那时袁家同时有两个"府"。袁绍的继父袁成虽然没有担任过三公，但也非常有能力，跋扈将军梁冀把持朝政期间对袁成都礼让三分。袁成的名声很大，当时社会上流传"事不谐，诣文开"的顺口溜，袁成字文开，这句顺口溜的意思是"事情摆不平，就去找袁成"。袁氏出来的高官一个接一个，他们聘用的属吏一茬接一茬，这些人就是前面提到过的"袁氏故吏"，在当时他们是一股重要的政治势力，很多人都以能成为"袁氏故吏"为荣。

4

袁绍与袁术本是亲兄弟，他们的父亲名叫袁逢，跟袁成是兄弟关系。袁成死得早，袁逢就把袁绍过继给了袁成，以继承家业。古人更注重亲属之间的法律关系，袁绍一旦过继给叔父，袁成就成为袁绍法律上的父亲，袁逢是袁绍血缘上的父亲。袁术本是袁绍的亲弟弟，但袁绍过继给袁成后，袁绍就成了袁术的堂哥。

这兄弟俩关系一直不好，原因是袁绍的生母不是袁逢的正妻而是妾，袁术的母亲则是正妻，一个是庶出，一个是嫡出，二者差别很大。古人认为，正妻为嫡，正妻所生的儿子谓嫡生、嫡子，即正宗之意；妾所生的儿子谓庶子、庶出，庶是旁支的意思。古代有立嫡、立长的规矩，一般来说嫡出的子嗣才有继承家业的资格。史书上还有一种说法，说袁绍的生母起初连妾都不是，只是一个丫鬟，因为跟主人发生关系，有了孩子，这才被收为妾。可能袁术的母亲对袁绍的母亲很不友好，这直接影响到袁术对袁绍的态度。

但袁绍能力比袁术强，始终压着他，名气比袁术大，交的朋友比袁术多，官做得也比袁术大，袁术对此一直不服气。总之，袁绍、袁术兄弟二人关系不是很好，《汉末英雄记》记载，袁绍被提拔为侍御史的时候袁术担任尚书，袁绍不愿意比袁术职位低，就以生病为由求退。袁术也经常拿袁绍的出身说事，甚至在给公孙瓒的信里公开宣称袁绍不是袁家的后代，这些事情导致了兄弟二人日后决裂。

关东联军起事后袁绍被推为盟主，袁术也只得在大哥的旗帜下发展，但从内心里说，兄弟二人早年间形成的心理阴影仍然存在。进入群雄逐鹿阶段后袁绍的发展速度更快，他占有关东联军盟主的优势，通过连哄带骗，夺取了冀州牧韩馥的地盘。在此过程中，袁绍与公孙瓒有过合作，袁绍表示只要公孙瓒肯帮忙，夺下冀州以后就给公孙瓒分好处，但袁绍事后食言，公孙瓒不满，就与袁术联起手来暗中对付袁绍。公孙瓒在幽州发展，与幽州牧刘虞有不可调和的矛盾，袁绍为了反制，也与刘虞联手对付公孙瓒。袁术本来也想联合刘虞，结果公孙瓒在中间挑拨使坏，刘虞与公孙瓒又成了对头。这样一来，分别以袁绍和袁术为核心的两大阵营就形成了，双方又分别加入了曹操和陶谦的阵营。

关东联军解散后，董卓见好就收，主动退往长安。讨董原来是一面旗帜，大家虽然各怀目的，但好歹还有一个共同的目标，现在目标没有了，只剩下内讧。袁绍、袁术两大集团形成后，你攻我、我攻你，袁绍与公孙瓒之间的界桥之战、曹操两次南征徐州之战都是在这种背景下发生的。

扑朔迷离的曹操杀吕伯奢案

在关东联军起事前夕，围绕曹操还有一些故事，其中一个是杀吕伯奢全家案。与董卓决裂后，曹操与袁绍、袁术同时逃出了洛阳，他们逃亡的方向不一样，袁绍往北面的冀州，袁术往南面的南阳郡，曹操往东边的陈留郡。陈留郡的郡治在今河南省开封市，袁绍、曹操的老朋友张邈在陈留郡当太守，曹操去投靠他。曹操走得急，没有带上夫人卞氏和曹丕，甚至连个招呼都没有来得及打。曹操不知道家里人会不会遭到董卓的报复，所以离开洛阳时心情差到了极点。曹操是一个人跑出来的，身边没有人，遇到事情不能照应，也没人商量，不过这还在其次，关键是遇到事情身边没有证人，因此才闹出了杀害吕伯奢全家这一桩说不清楚的公案。

从洛阳往陈留郡，交通十分便利，曹操走的是当时的东方大道，中途路过成皋、荥阳、中牟等地。路过成皋附近时，曹操突然想起这里有一个老朋友叫吕伯奢，于是就到他家串了个门。吕伯奢不在家，他的儿子和几个朋友想抢曹操的马匹和财物，结果被曹操发觉，亲手把吕伯奢的儿子等人杀了。但这件事还有一个版本，说曹操到了吕伯奢家，吕伯奢不在家，他家的五个儿子热情地接待了曹操，但曹操因为是逃命出来的，疑心很重，怀疑吕伯奢的儿子要杀他，于是先下手为强，亲手杀了包括吕伯奢儿子在内的八个人。一件事，有了两个版本，不过它们都还不是流传最广的版本，最具知名度的版本是：曹操到了吕伯奢家，吕伯奢不在家，吕伯奢的儿子热情地接待了曹操，曹操听到食器相撞发生的声音，以为是兵器相击，此时他正在跑路，疑心很重，以为吕伯奢的儿子要杀自己，于是把他们全杀死了。事后还说了一句曹氏名言："宁我负人，毋人负我。"

上面这三个版本一个比一个具体，让人仿佛身临其境。但问题是，曹操如果真干了这件事，而当事人又全部被他灭口的话，又是谁把这件事记下来的呢？答案只能是曹操，这也有可能，有人喝高了，会说"想当初兄弟我怎么怎么样……"曹操喝高了，也许会把这事说出来，但是像后两个版本那样生动鲜活，除非曹操是二百五，否则即便喝高了他也不会说出来的。所以，正确答案只能是：第一个版本或许存在，且转述者是曹操本人；后两个版本压根不可能存在。第一个版本出自王沈的《魏书》，第二个版本出自郭颁的《魏晋世语》，第三个版本出自孙盛的《杂记》。这三本书的成书顺序是：《魏书》最早，《世语》稍晚，《杂记》最晚。最晚出的《杂记》对细节记录得反而最详细和生动，这是奇怪的事。

屡有曹操屠城的记载但不是真相

关于曹操喜欢杀人，历来非议比较多，其实曹操并不是一个像董卓那样喜欢滥杀无辜的人。人们印象中的曹操是一个冷血和残酷的人，其中的原因，除了吕伯奢这件事外，还与史书里屡次提到曹操屠城有关。

第一次记载曹操屠城是在汉献帝兴平元年（194），当时曹操的父亲曹嵩等在徐州境内遇害，"阖门皆死"，徐州牧陶谦有重大嫌疑，身为兖州牧的曹操立即决定发兵攻打徐州，以报父仇。可还没等他动手，也不知是不是做贼心虚，陶谦先出了兵，来攻打曹操。面对敌人的多路进攻，曹操以偏师对抗陶谦主力，而将主力向敌人之侧翼发动进攻。战事从这年秋天拉开，曹军一路顺风，势如破竹。曹操亲自率领的这一路一口气拿下兖州境内十几座被陶谦占领的城池，直逼徐州境内的战略要地彭城，逼着陶谦从右路撤军。陶谦亲自来战曹操，双方在彭城进行了激战。

古代称中国为"九州"，这"九州"里就有徐州，徐州是一个大的行政区划概念，东汉末年的徐州是全国十三个州之一，包括今天江苏省大部、山东省南部以及安徽省、河南省的一部分地区，而今天的徐州市在当时称为彭城。彭城是座古城，城池四周虽然被大小不等的丘陵、高地所环绕，但交通却十分发达。东汉时有一条起自洛阳的东方大道，其基本走向在前半段大约沿着现在的陇海铁路，后半段大约沿着现在的京沪铁路，彭城就是这条大道上的交通枢纽。

彭城周边还有泗水、汳水在此交汇，自古以来便是兵家必争之地，也是大兵团交战的理想战场。在曹操兵临彭城的四百年前，刘邦和项羽曾在此有一场大战，结果刘邦完败，项羽险些把刘邦生擒。但是，曹操与陶谦的彭城之战没有楚汉相争时打得那么惨烈，战事也呈现一边倒态势，曹军大胜，陶谦所部有近万人被杀，陶谦撤军，向东退到郯县。对于这场大战，《三国志·武帝纪》里只有十六个字："秋，太祖征陶谦，下十余城，谦守城不敢出。"同书的陶谦传与此大体相同，只是多了十个字："死者万数，泗水为之不流。"后面这一句翻译过来，大意是：被杀死的有上万人，尸体使泗水都要断流了。

翻遍早期的正史，关于这场战争的记载也只有这二十多个字。可是后来，不知道哪位史家把"万数"有意或者无意地改为了"数万"，事情就有点儿不一样了。到了司马光的笔下，这件事已经演变成了下面的模样："遇操至，坑杀男女数十万口于泗水，水为之不流……鸡犬亦尽，墟邑无复行人。"一次活埋了几十万人，简直是骇人听闻，但这并不是真相。由于史料缺乏，还不太清楚这件事是如何从陈寿版演变到司马光版的。在较早一些的汉桓帝时期，彭城国（公元88年，汉和帝以楚郡置彭城国）全部人口是四十九万人，当时全国人口是五千多万。经过黄巾起义、自然灾害、战争屠杀，到再晚一些时候全国人口已锐减到一千多万，此时彭城国的人口想必也已大为下降。曹操一边打仗，一边派人四处出击，把彭城国全国的人都抓到一块，然后全部活埋？真的匪夷所思。

曹操远程奔袭，此时曹军参加彭城战役的充其量也就两三万人。现在，攻破彭城后，曹操下令大家先不要打扫战场，也不忙追击敌人，交代大家干一件更重要的事：每个人分给十多个从敌占区抓来的士兵和老百姓，请大家把他们领到泗水河谷里活埋了，干不完活不给吃饭！即使被抓来的人已提前捆好、绑牢，即使将要被活埋的这些人也愿意配合，完成这项任务所涉及的工程量也是巨大的。现在经常组织集体植树劳动，种树先要挖坑，一般挖成一米长、一米宽、一米深，这个工作量，每个人一次也只能挖一两个树坑，没有半天时间都干不完，累得腰酸腿疼手起泡。坑杀男女数十万口，这得是多大的工程量？但由于司马光的权威，很少有人动脑筋想想，使得这样的说法在后世很流行。

曹操没有屠过彭城，但有人会不信，因为史书关于曹操屠城的记载并不止这一处，还有其他的屠城，比如屠柳城，这该怎么解释呢？屠柳城的事是这样的：建安十二年（207），曹操力排众议率主力北征乌桓。这是曹操打得最悬的一仗，但他的运气特别好，在白狼山取得大捷，斩乌桓传奇首领蹋顿，随后率军直捣乌桓大本营柳城，这个地方在现在的辽宁省朝阳市境内，曹操在此未遇到大的抵抗，将柳城占领。

曹操占领柳城后，《三国志·武帝纪》里有一句话："斩蹋顿及名王以下胡汉降者二十余万口。"古人写文章是没有标点符号的，问题于是出现，这句话联起来读的意思是："斩杀蹋顿以及有名号的乌桓各王以下投降的胡人、汉人共计二十多万人。"对于北方草原上生活的民族来讲，二十万绝对是一个极大数字，意味着数座乃至数十座聚居地的毁灭或一个部族的灭绝。但是这句话也有另一解，就是在中间加一个标点符号："斩蹋顿及名王以下，胡汉降者二十余万口。"意思是："斩杀蹋顿以及有名号的乌桓各王以下，投降的胡人、汉人共计二十多万人。"只杀了一小部分部族首领而已，二十多万胡人、汉人投降了。胡人，是对当时乌桓、鲜卑、匈奴等北方各族的统称。

有没有这个逗号看来差别很大，意味着二十多万条生命是死还是活，也意味着曹操有没有屠柳城。翻开现在出版的大部分版本的《三国志》，中间都有这个逗号，也就是说大部分学者倾向于曹操没有在这里干屠城的事。但也有人认为中间不该有这个逗号，曹操在柳城又杀了二十多万人。在各种史论中，"屠柳城"的记载仍然经常可见。曹操手下有个文人叫缪袭，出生较晚，因此没有列入"建安七子"之列，但与七子齐名。曹丕称帝后，缪袭用汉代短箫铙歌之乐旧曲十二支，改成新名字重新填词谱曲，其中有《楚之平》《战荥阳》《获吕布》《克官渡》《定武功》《屠柳城》《平南荆》等，以记曹魏之功。《屠柳城》一曲唱道："屠柳城，功诚难，度越陇塞路漫漫。北逾平冈，但闻北风正酸。蹋顿授首，遂登白狼山。神武慹海外，永无北顾患。"连自己人都不避讳屠过柳城，更增加了屠柳城的真实性。

其实这是误解，对曹操而言，利用乌桓人比灭绝乌桓人更符合自身战略利益。《三国志》乌桓传记载得很清楚，白狼山之战后，曹操命在乌桓人中有一定影响的阎柔整合乌桓各部，阎柔将幽州、并州一带的乌桓部落统领起来，多达一万多个部落，曹操命阎柔逐步把他们内迁，并抽调青壮年组成少数民族兵团，仍由乌桓各级部族首领统率，随同曹操南征北战，乌桓军队打出了名气，"由是三郡乌桓为天下名骑"。

假如曹操下令屠柳城，与他后来的政策就严重不符。而且，假如他平白无故欠下了乌桓二十多万条人命，即使阎柔再能干，想把一万多个乌桓部落整合起来，还心甘情愿地跟随曹操打仗，那也是不可能的事。至于缪袭的曲子，除非他脑子进了水，敢拿大屠杀当丰功伟绩歌颂，否则不可能取名叫作《屠柳城》。看他写的这首诗，主要内容也是表达北征的艰难，以及取得的功业，没有渲染屠杀的意思。所以只有一种可能，那就是这首曲子被人篡改过。在这次回师的路上，当曹操率大军行进到易水时，代郡乌桓单于普富卢、上郡乌桓单于那楼等人亲率部族首领前来祝贺曹军大捷，并表示愿意归降，这又一次证明了曹操屠柳城的不可能。

陈宫"捉放曹"的故事没有发生过

京剧里有个传统剧目叫《捉放曹》，说的是汉末时期曹操被董卓控制的朝廷通缉而逃出洛阳，在中牟县被守关军士所擒，县令陈宫认出这是通缉犯曹操，但没有声张，而是有感于曹操的忠义将其释放，并与曹操一同逃走。二人走到成皋，发生了上面提到的曹操杀吕伯奢事件，在小说和戏剧里，曹操杀害吕伯奢全家时陈宫也在场，根据戏剧化的描写，曹操不仅杀了吕氏全家，还放火把村子也烧了，以毁灭证据。陈宫见曹操心毒手狠、枉杀无辜，十分懊悔，于是乘曹操熟睡之际离开了他。

史书记载的情况却与此大相径庭，曹操当年的确当过朝廷的通缉犯，逃亡的路上也的确路过了中牟县且被人抓住了，但这些事都与陈宫无关。史书上说抓住曹操的是一个不知名的亭长，大概这位亭长工作责任心比较强，来往的可疑人物都要认真盘问，结果撞上了曹操，于是把曹操带到了县里，交给县令。这时候通缉曹操的文书已经到了，县里的功曹一眼认出眼前这个人就是通缉犯曹操，但没有声张，而是悄悄向县令说情，县令把曹操放了，曹操躲过一劫，最后逃到了陈留郡，在陈留郡太守张邈的帮助下起兵反抗董卓。中牟县功曹和县令可能没有想到，他们无意间处理了一件事关历史发展进程的大事，如果他们不放过曹操而是交给朝廷，曹操的生命估计就要结束了，但是这两位东汉末年的基层官吏并没有留下姓名。

虽然没有陈宫版的"捉放曹"，但陈宫的确与曹操有很深的渊源。在曹操早年事业起步过程中，陈宫发挥过重要作用。历史上的陈宫字公台，是汉末兖州刺史部东郡东武阳县人，关于他早年的事迹，史书记载不多，只说他"刚直壮烈，少与海内知名之士皆相连接"，也就是在少年时期就广交朋友，在地方上有一定影响力，属于兖州的地方实力派。汉献帝初平三年（192），兖州刺史刘岱在与青州黄巾军交战时战死了，兖州群龙无首，为了让家乡少受战火涂炭，陈宫出面联络了一些地方知名人士，物色新的州政府长官，最后把目标锁定在曹操身上。

曹操那时事业刚刚起步，自从参加讨伐董卓的活动后，曹操遇到了很多挫折，后来在袁绍的支持下就任东郡太守。东郡是陈宫家乡所在的郡，也归兖州刺史部管辖。陈宫亲自去东郡拜见了曹操，对他说："兖州现在没有首领，我自告奋勇说服州中的众人，迎接阁下到州中，将来凭借这里夺取天下，成就霸王之业。"陈宫回去后又游说州中的官吏和士绅，在他的推动下大家也纷纷表示同意，就这样曹操就任了兖州牧，正式跻身割据群雄的行列。所以，尽管没有陈宫"捉放曹"的故事，陈宫在曹操事业起步阶段仍然立下了特殊功劳。

"拥曹"的人变成了"反曹"急先锋

陈宫是兖州本土派代表,他力推曹操为兖州牧,主要想法是引进一个强人来保卫自己的家乡,在他的眼里曹操就是一个强人,袁术被曹操打败了,陶谦也不是曹操的对手。但曹操在兖州站住脚后,陈宫逐渐不怎么喜欢曹操了,因为曹操不仅是强人,而且太爱"惹事"。曹操就任兖州牧以后,兖州的战事仍然不断,跟袁术打,跟陶谦打,跟黑山军、青州黄巾军打,有人打上门来,当然要自卫还击,这是应该的,但在陈宫这些本土派看来,把敌人打跑就行了,不必追击,而且有些仗可以不打,比如南征徐州。在兖州本土派看来,这种出击毫无意义,而且存在极大风险。

前方的仗一旦打起来,后方就要供人、供粮,而这些工作曹操通常都会交给陈宫等人去办。陈宫感到给家乡人民造成了负担,思想压力很大。曹操打仗为的是自己的事业,为什么让兖州人为他付出代价呢?陈宫想不明白,有些后悔了,后悔不该拥立曹操做兖州牧,于是暗暗下定了决心,一定要把曹操赶走,他的这个想法与陈留郡太守张邈不谋而合。

张邈是曹操的老朋友,曹操起兵还得到了他的大力支持,曹操入主兖州,张邈同样给予了支持,二人的关系挺不错。曹操征徐州,出发前专门叮嘱夫人卞氏,如果自己出事,就带着孩子们去投靠张邈,这种以家室相托的情谊说明张邈在曹操心中很有分量。曹操对张邈以诚相待,但张邈的心态却有些复杂。过去曹操在张邈的帮助下才有了立足之地,在张邈眼里曹操不说是下属,最少也是平级,但曹操现在出任兖州牧,反而成了张邈的上级,张邈心里多少有些不是滋味。

更重要的是,张邈与曹操之间还有一个袁绍。张邈、曹操与袁绍都是早年的好朋友,但张邈性情耿直,逐渐对心高气傲的袁绍产生了反感,而袁绍也对张邈有所不满,二人的矛盾越来越尖锐。在张邈眼里曹操和袁绍的关系一直很亲密,有不少风言风语甚至传到了张邈耳朵里,说袁绍秘密给曹操下达了指令,让曹操收拾张邈,张邈担心曹操顶不住袁绍的压力迟早会向自己动手,于是为了自保,产生了先向曹操下手的念头。张邈是陈留郡太守，这是兖州下面的一个大郡，陈宫是兖州的地方实力派，在兖州深耕多年，人脉广、影响大，这两个人都想把曹操从兖州赶走，而曹操对此却浑然不知。曹操第二次南征徐州时，张邈、陈宫突然在背后动手，兖州全境叛乱，八十多个县里只有三个县还在曹操手中，曹操差一点儿就彻底翻船了。

陈宫、张邈发动叛乱，还拉上了吕布。吕布不是跟董卓跑到长安去了吗，怎么会出现在兖州呢？这个事放在后面再去说。陈宫、张邈、吕布联手，的确给曹操带来很大麻烦，但曹操很顽强，迅速回师，跟对手展开艰苦较量，用了一年多时间，一点儿一点儿扳回了局势，最后消灭了张邈。吕布、陈宫无法在兖州立足，只得率残部南下徐州。这时，徐州牧陶谦去世，刘备接掌徐州，吕布、陈宫投靠刘备，之后又反客为主，将徐州占领，吕布自任徐州刺史，陈宫成为吕布身边最重要的谋士。

吕布夺取徐州，从自身角度看是很成功的，也是不容易办到的，陈宫在此过程中一定贡献了不少计谋，只是史书没做详细交代，反倒有一场针对吕布的叛乱活动被史书详细记载了下来。这场叛乱发生在建安元年（196）六月，一天深夜，吕布手下的将领郝萌突然反叛，当时吕布住在下邳城内的刺史府，经过一番激战，郝萌不敌，逃回自己的军营，负责留守的曹性发现异常，与郝萌对战，被郝萌砍掉了一只胳膊，但郝萌随后被吕布派来的援军斩首。

有人抬着负了重伤的曹性来见吕布，吕布问曹性："郝萌为何突然反叛？"曹性回答："这是袁术背后指使的！"吕布又问："还有哪些人被袁术收买了？"曹性回答："还有陈宫！"吕布听了万分吃惊，当时陈宫也在场，听到了曹性的话，陈宫的脸一下子红了，这个反应，连旁边的人都看到了眼里。但吕布没有发作，也没有追问陈宫，只当没听见，安慰曹性一番，让他下去养伤。曹性的话不可全信，但也不能不信，吕布这时应该对郝萌反叛事件做一次彻底调查，如果真的涉及陈宫，那就要果断处置。我们经常说"用人不疑"，但一定要记住后面还有一句"疑人不用"，受到怀疑的人，一定不能再重用，否则就会吃大亏，但吕布采取了息事宁人的办法，把这件事压了下来。

有人认为上面这个记载不可靠，或者认为这是曹性故意栽赃给陈宫的，事后吕布对这件事再未提起过，让这件事变得有些神秘。其实这件事是有可能的，陈宫追随吕布，但不是一个人来的。从兖州出来时陈宫还带着不少人，这些人都是兖州子弟，陈宫是他们的一面旗帜，兖州就在徐州的北面，但他们却回不去了。推测一下，陈宫也许向吕布提出过"打回家乡去"的建议，但吕布对曹操占领下的兖州已毫无兴趣，更不会为此冒险。此时陈宫的心迹也许正与当年决定背叛曹操时一样，他考虑的不是个人，而是如何把这些家乡子弟带回去，所以为此不惜铤而走险。

危难时刻袁绍帮曹操渡过难关

张邈、陈宫、吕布等人在兖州发起叛乱，使曹操腹背受敌，情况十分危急。曹操最后还是挺过了这一关，其中的原因，除了曹操沉着冷静的应对外，袁绍的支持也是很重要的方面。

曹操参加关东联军时，别人都有官职、头衔，曹操却被朝廷通缉，什么都没有，还是袁绍以车骑将军身份"表奏"朝廷，给了曹操一个奋武将军的头衔。那时候，曹操也可以像其他人那样独立发展，彻底摆脱袁绍的控制，比如像袁术那样，但曹操这一时期运气不怎么好，接连遭受挫折。先是在汴水之战中失利，关东联军其他各路人马消极避战，但曹操积极性很高，带着自己招募来的几千人就去打董卓，结果惨败，曹操自己差点儿死在战场上。接着，曹操想东山再起，跑到南方去募兵，到了扬州刺史部的丹阳郡，好不容易募来几千人，但半路上遇到了兵变，几千人跑了大半，只剩下几百人。这时关东联军已经解散了，酸枣那里已经没有什么人，曹操手里只有这几百人，生存都是问题，迫不得已，曹操只好跑到袁绍那里。袁绍接纳了曹操，在袁绍的心里，曹操过去是小兄弟，现在依然是，袁绍把曹操当成手下来看。

曹操在袁绍身边待了至少一年多，袁绍后来表奏曹操为东郡太守。东郡属于兖州刺史部，在冀州的南面，袁绍的势力范围主要集中在黄河以北，而东郡以及兖州的大部分地区在黄河以南，袁绍让曹操当东郡太守，其实是让曹操帮自己抢地盘。这是一个艰巨且危险的工作，但曹操接受了东郡太守的职务，离开袁绍南下。曹操这时的身份仍然是袁绍的下属，不仅袁绍这样看，当时的很多人也都这样看。

不过曹操这时突然时来运转，先是荀彧脱离袁绍来到曹操身边，让曹操如虎添翼，接着兖州刺史刘岱在与青州农民起义军交战中战死，兖州群龙无首，众人推举曹操当了兖州牧，曹操逐步占有兖州，跻身割据群雄的行列。但在此之后，曹操仍然听命于袁绍，二人不分彼此，这从一件事就能看出来：荀彧从袁绍那里转投曹操，但袁绍事后并没有追究；荀彧有个哥哥叫荀谌，在袁绍手下效力，袁绍也没有为难他，这就是因为在袁绍眼里曹操是他的手下，辅佐自己跟辅佐曹操都是一回事。还有一点也可以说明袁绍与曹操之间的这种关系：曹操首次南征徐州遇挫，第二次再征时，曹操觉得自己力量不够，于是向袁绍求援，袁绍二话不说，当即派将领朱灵率三营人马助战，三营不是现在的三个营，当时每营约有5 000人，三营就是1.5万人，支持的力度不小。

后来曹操和袁绍翻脸，袁绍讨伐曹操时让陈琳写了一份著名的檄文，里面透露了不少有关曹操的信息，一条说曹操几次陷入危机，都是袁绍出手相助，曹操才得以躲过灭亡；另一条说汉献帝后来从长安东归时，袁绍自己正受制于公孙瓒无法脱身，所以派人前往曹操那里传达自己的命令，让曹操去保护銮驾。按照这里的说法，就连曹操"挟天子以令诸侯"都是袁绍下的命令，这件事应该不完全是虚构的，袁绍把派到曹操那里传达命令人的名字都写在了檄文里，意思是说，不信可以去查证。

这些情况都说明，在曹操与袁绍决裂之前，很长时间里曹操是以袁绍属下的身份出现的，曹操打的是袁绍的旗号，接受袁绍的任命和援助，这些都是事实。只是曹操后来发展得越来越快，实力逐渐上升，慢慢地已经可以和袁绍并驾齐驱了，尤其是"奉天子以令不臣"后，曹操在政治上更加有利和主动，这才与袁绍彻底决裂。

刘备是汉室宗亲却不是"刘皇叔"

张邈、陈宫、吕布起兵反对曹操，失败以后，张邈被杀，吕布、陈宫在兖州待不下去了，只好南下投奔徐州，徐州本是陶谦的地盘，但此时徐州牧换成了刘备。刘备是汉高祖刘邦的后人，属于"汉室宗亲"，追溯刘备家的族谱，可以推到西汉初年的中山王刘胜。汉朝由高祖刘邦所建，刘邦的第四个儿子刘恒是汉文帝，汉文帝死后，第五子刘启继位，是为汉景帝，接汉景帝班的是他的儿子刘彻，也就是汉武帝，刘胜就是汉武帝的异母兄，被封为中山王，封地是中山国，相当于一个郡，属冀州刺史部。

刘胜的日子本过得很自在，但弟弟刘彻继位后情况发生了改变。刘彻推行中央集权，不容各封国分治坐大，颁行推恩令削其势，也就是将各封国分为若干小国，由诸侯王的子孙依次分享封土，地尽为止，封土广大而子孙少的则"虚建国号"，仅保留一个名义。推恩令强制实行，各诸侯王不服但也无奈。这项政策到了中山王刘胜这里却遇上了麻烦，不是他不肯分国，而是无法操作，什么原因呢？刘胜的儿子太多，分不过来。根据史书记载，刘胜有一百二十多个儿子，中山国再大也无法分成一百二十多个小国来，最后只有五个儿子被封为侯国，刘备的先祖倒还算幸运，是这五个人里的一个，名字叫刘贞，被封为陆城侯。但刘贞在陆城侯的位子上并没有待太久，后来因罪被夺了位，之后以平民身份到涿郡居住，这是刘备祖籍地在涿州的由来。

通过以上回顾，可以看出刘备的先祖自刘贞起就不再显赫了，那还是在西汉，是两百多年前的事。现在是东汉，天子虽然也姓"刘"，但前朝的"刘"分量自然不足，刘备一家与普通百姓没有两样。东汉末年这样的人很多，他们虽然姓"刘"，却享受不到任何特权福利，有的人日子过得还不如普通人家。当然，他们中间也有出类拔萃或较高知名度者，如刘表、刘焉、刘虞、刘馥、刘繇、刘岱等人，刘备后来靠着自己的努力，也成为其中一员。

刘备的爷爷名叫刘雄，还算是个有能力的人，曾在外地当过县令。刘备的父亲叫刘弘，在刘雄活着的时候家境还好，但到了刘弘家境就衰落了，而且刘弘在刘备很小的时候就生病死了。刘弘只有刘备这一个儿子，他和母亲一起生活，日子过得相当拮据，母子俩靠"贩履织席为业"，也就是做小生意贩卖个鞋子或者织席子挣点儿钱。汉代普遍瞧不起商人，有的商人家资巨亿社会地位一样不高，像刘备母子这样的小商贩、小手工业者在当时地位更为低下，所以从家世上说刘备没有任何显赫之处，甚至不如平常人家。

都知道刘备是"刘皇叔"，但史书里其实从来没有这个提法，这个说法最早来自《三国演义》。《三国演义》说，刘备来到许县，见到汉献帝，把自己家世一说，大家都是一个大家族的，彼此都感到亲切，汉献帝马上跟刘备叙起了家谱。双方共同的谱系可以从汉景帝开始算起，《三国演义》的这一段写得很细，大概为了增加可信度，几乎把双方每一代人的名字都提了一下，最后发现刘备比汉献帝长一辈，"帝排世谱，则玄德乃帝之叔也。帝大喜，请入偏殿叙叔侄之礼"，但"刘皇叔"是小说虚构的，真实的是情况是，如果从汉景帝开始往下数，汉献帝刘协是他的第十四世孙，而刘备是汉景帝的第十九世孙，刘备比汉献帝低了五辈，所以任何一部严肃史书都不敢说刘备是"皇叔"，这只是小说为强化戏剧冲突而设置的一个情节。

刘备十五岁左右到著名学者卢植那里求学，卢植不仅是学者，还是名将，是东汉镇压黄巾起义的三位主将之一。刘备的这次求学经历虽然只有两三年，却非常重要，开阔了他的视野，奠定了他的做事格局和知识基础，也让他结识了同在卢老师那里求学的公孙瓒。

刘备结束这段学业后回到涿县家里，没有什么具体事可干，既不能像曹操那样有条件去洛阳太学继续深造，也不能像同学公孙瓒那样有门路能在本地官府中谋取一官半职。当时宦官专政，政治一片黑暗，像刘备这样的人没有太多的发展机会。在刘备履历中这段日子并不短，大概有五六年，史书对刘备这一段经历只记载了三个字："合徒众。"也就是聚集了一帮人，非官非商，整天在一起，既不打家劫舍，也不效命官府，能挣钱的时候就挣点儿，没事时就喝酒，反正就那么混着，说得好听点儿叫自由职业者，说得难听点儿就叫混混。天下承平时代有可能成为社会不安定因素，但在乱世里他们就可能成为强人，他们不差体力，也不差胆量，只差机会。

在这帮人里刘备和两个人最情投意合，一个是关羽，一个是张飞，他们都跟刘备一样，生活在社会的底层，在讲出身、门第的汉末时代，他们没有太多的晋升机会，而原有的社会秩序正一点点被打破，他们可能已经预感到机会的来临，所以主动走到一起，等待机会的到来。

至于"桃园三结义"，这个情节在史书里没有记载，最早出现于元朝《全相平话三国志》。虽然也叫《三国志》，但它是说书艺人的讲话底本，是《三国演义》的源头。"结义"这个情节虽然是民间艺人创造的，但从史书的记载看，刘备和关羽、张飞的关系的确相当密切，他们很合脾性，《三国志》说他们"恩若兄弟"，平时他们三人寸步不离，"寝则同床，食则同器"。还有一本叫《华阳国志》的书，说刘备让关羽、张飞做他的"御侮"，类似警卫员或保镖。关羽、张飞和刘备私下里是兄弟，不分彼此，但在公开场合二人就以警卫员或保镖的身份跟随左右，刘备坐着，他们就站着，十分恭敬，有时一站就是一天。所以，尽管"桃园三结义"在史书里没有记载，但这种事是可能发生的，或者说，即使没有结义这样的形式，他们三个人的关系也同于异姓兄弟。

刘备事业起步阶段不算太顺利。他参加过朝廷讨伐黄巾军的军事行动，因功被任命为县尉、县丞一类的小官，后来又去投奔了老同学公孙瓒，被任命为平原国相，相当于一名郡太守，在群雄逐鹿时代，刘备还只能算一个三四流的角色，与他心中的远大志向相比差了很远。刘备真正走到历史的前台，成为与袁绍、袁术、曹操这些人并驾齐驱的一线人物，始于陶谦让徐州。

陶谦"让徐州"是明智选择

徐州牧陶谦是汉末群雄之一，他小时候是个"问题少年"，但有一天突然悔悟，专心向学，并学有所成，逐渐成长为朝廷高级官员。借助黄巾起义造就的机会，陶谦长期割据于徐州，成为群雄中实力较强的一个。正在向外扩张实力的兖州牧曹操视陶谦为对手，曹操借父亲曹嵩等家人死于徐州境内这件事向陶谦兴兵讨伐。

汉献帝兴平元年（194）春天，曹操再次南征徐州，陶谦拼死抵抗，在刘备帮助下终于躲过了一劫。曹操虽然撤了兵，但陶谦却受到惊吓，一病不起。陶谦此时六十多岁了，自知来日无多，所以开始安排后事。陶谦有两个儿子，一个叫陶高，一个叫陶应，但陶谦不想让他们接班，这两个儿子也没有当官。陶谦并非淡泊名利，只是他经历得多也看得多了，深知权力是诱惑也是陷阱，如果自己的儿子能力平平，把权力交给他们等于害了他们。陶谦是明智的。徐州经过两次战火，已经遭受了严重破坏，曹操的大军注定还会再来，陶谦更不会把这样的烂摊子交给儿子，他在寻找更合适的接班人。

陶谦手下倒是人才济济，但他把所有的人都打量了一番，觉得都不满意，有的人名气很大但实际能力不足，有的人有一定的雄才，但人品方面又不放心，最后陶谦想到了刘备。陶谦跟刘备交往倒不深，刘备来徐州也很晚，但据陶谦观察，刘备这个人雄才大略，手下人马虽然不多但战斗力很强，让刘备主持徐州事务，陶谦觉得比交给其他那些人更放心。想好以后，陶谦把别驾糜竺叫来，告诉他自己可能不行了，徐州今后的大事，只能交给刘备了。做完这番交代陶谦就死了，时年六十二岁。

《三国演义》里有一段"三让徐州"的故事，是说陶谦向刘备让贤的："一让"是说刘备率军驰援徐州，与曹军的于禁所部打了一仗，小试锋芒，徐州危机暂缓。陶谦接刘备入城，盛宴款待，在席间主动提出把徐州让给刘备，刘备闻言愕然，坚决推辞。刘备写信给曹操，希望他以国家大义为重撤走围困徐州的人马，恰好这时吕布攻打兖州，曹操便顺水推舟，接受刘备的退兵建议；"二让"

是说陶谦见曹军撤走，徐州转危为安，又设宴庆祝。饮宴结束后陶谦再向刘备让徐州，刘备仍坚决不受。陶谦推让再三，见刘备仍坚决不受，于是安排刘备驻扎小沛，众人也都劝刘备留下，刘备这才同意；"三让"是说不久陶谦染病，越来越重，派人以商议军务为名把刘备从小沛请来，躺在病榻上当面又让徐州。刘备说可以让陶谦的二位公子接班，陶谦说他们的才能皆不能胜任，刘备还是辞让，陶谦便以手指心而死，丧礼结束后，徐州军民极力拥戴刘备执掌徐州，关羽、张飞也再三相劝，刘备这才接受。

"三让徐州"的描写虽有大量虚构，但基本事实却是有的，那就是割据一方的陶谦临终前不想自己的子孙再陷入纷争，宁愿他们做一个普通的人，过普普通通的生活。权力虽然是众人追逐的目标，尤其是乱世，但实力不仅意味着荣华富贵，也意味着自己和家族的安全，所以很多人不惜一切手段争权、夺势，有的刀兵相向，有的用尽机心，人性的残暴、贪婪和无耻都在这个过程中充分暴露。权力也容易让人膨胀，容易让人误入歧途，对于那些没有雄才也没有大略的人来说，手握重权反而会招来灾祸，陶谦不计能力平平的儿子接班，这一点比其他那些割据者更明智。

吕布再次反水杀董卓的深层原因

1

群雄混战的焦点逐渐集中于冀州、兖州、徐州等"关东"地区，除袁绍、袁术、曹操、公孙瓒、刘备这些人，吕布也加入进来，成为举足轻重的角色。吕布原来随董卓去了长安,他是怎么"重返内地"的呢?这要回溯一下历史,之前关东联军讨伐董卓,董卓发现打不过关东联军,所以退到了长安,继续挟持汉献帝和朝廷,过起了逍遥自在的日子。忠于汉室的大臣们不愿意董卓逍遥自在,发动了几次暗杀行动,但都失败了,最后在司徒王允的策动下,吕布杀了董卓,天子和朝廷暂时摆脱了军阀的控制。

说到吕布再次反水杀董卓,人们马上会联想到王允的"连环计"以及"凤仪亭""吕布戏貂蝉"等故事。"连环计"是"三十六计"中的第三十五计,大意是说"一计累敌,一计攻敌,两计扣用",也就是计中有计,让敌人防不胜防。三国时代,为人所熟知的、最经典的"连环计"有两个,一个是庞统在赤壁之战时向曹操所上的"连环计",导致曹操大败,另一个就是司徒王允对董卓、吕布所使的"连环计",导致董卓被杀。后面的这个"连环计"出自《三国演义》第八回,大意是:王允将貂蝉私下许配给吕布,又派人接待董卓,将貂蝉送给董卓,并且告知吕布是董卓接貂蝉回府,择日将与董卓完婚。后貂蝉在董卓和吕布之间离间,使两人相互猜忌并且结下怨仇,吕布最后杀掉了董卓。

上面这段情节在史书中并没有记载,甚至也没有提到过貂蝉这个人。貂蝉在历史上知名度很高,是古代"四大美女"之一,但这个人物是虚构出来的。具体到王允,史书里也没有关于他策划"连环计"的内容。至于另一个"连环计",也就是庞统给曹操所上的"连环计",史书同样没有记载。

2

尽管王允没有上演"连环计",但他密谋除掉董卓的行动仍然是惊心动魄的。在策反吕布之前,王允等一批忠于汉室的大臣曾多次发起了针对董卓的刺杀行动,除了王允,这些人还包括杨瓒、荀攸、郑泰、何颙、种辑、伍孚、士孙瑞、华歆等,他们的秘密行动至少有过三次,虽然没有"连环计"有名,但斗智斗勇以及紧张激烈的程度也都值得一提。

王允等人一开始想先抓兵权,由王允出面向董卓提出一项建议,任命杨瓒为左将军,尚书仆射士孙瑞为南阳郡太守,让他们领兵由武关道攻击袁术。王允等人的想法是，如果董卓同意，他们就假装讨伐袁术，趁机控制武关道，然后放袁术由此道进入关中。但董卓这时的战略是防守，能守住就行，对主动出击没兴趣，这个计划泡汤了。

抓兵权不成，有人等不及了，伍孚决定铤而走险。一天，伍孚内穿小铠，外套朝服，怀里藏把刀来见董卓。谈完事，趁着跟董卓并行之机，伍孚突然拔刀直刺董卓。董卓是行伍出身，身手也不错，躲过了这一刺，伍孚随后被董卓的卫士拿下。董卓气愤地说："你小子想造反不成？"伍孚道："你我不是君臣，何来造反之说？你这个乱国贼子，我恨不得诛杀你，将你车裂于市以谢天下！"伍孚随后被杀。

伍孚死后，大家没有退缩，很快又制订了新的刺杀计划，王允以及另外两名三公黄琬、荀爽在暗处，何颙、郑泰、种辑、荀攸、华歆等人都参加了。这个计划是什么，史书没有记载，只说这个计划提前暴露了，郑泰、华歆侥幸逃脱，何颙、荀攸等人被捕，何颙在狱中不堪酷刑，最后自杀。何颙是汉末一个了不起的人，跟袁绍、曹操、荀彧都是好朋友。

上述三次计划均告失败，从伍孚到何颙，士人们付出了惨重代价，却对董卓无可奈何，尤其是第三次计划的失败，使士人们的有生力量几乎全部丧失，现在只剩下王允、荀爽和黄琬这几位了，他们最年轻的也在五十岁以上了，再靠暗杀、兵变已经无法达成目标，在这种情况下，王允才冒险接近和策反吕布。

3

王允等士人秘密谋除董卓，一开始并没有想到吕布，在大家眼里吕布是董卓的嫡系，深得董卓信任，不可能反对董卓。同时，对于吕布之前杀丁原投靠董卓的行为大家也比较反感，认为彼此不是一路人，所以王允等前面三次计划谋杀董卓，都没有吕布的参与。

计划一再失败，王允实在没办法了，这才想到了吕布。一个原因是，王允和吕布都是并州人，王允的老家是并州刺史部太原郡，吕布的老家是并州刺史部五原郡，有同乡之谊，那时候身在异地的人家乡观念非常强，更容易接近。另一个原因是，王允大概也观察到吕布到长安后思想上有一些微妙变化。吕布投靠董卓后，曾经死心塌地为董卓卖命，吕布率兵与反对董卓的孙坚作战，董卓携朝廷西去长安，吕布负责断后，在董卓授意下把洛阳一把大火给烧了，应该说，吕布投奔董卓初期，是打算跟着董卓好好干的，因为吕布还等着董卓死了自己能接掌权力。

但到长安后吕布的心态发生了变化，与董卓之间渐渐产生了隔阂。史书没有提到貂蝉和"连环计"，但说了两件事，认为这两件事促成了吕布与董卓的最终翻脸：一件事情是，董卓曾经为某件小事和吕布闹翻，情急之下拔出手戟朝吕布扔去，幸亏吕布身手好，躲过了，事后吕布主动承认错误，董卓的气也消了些，吕布则在心有余悸之下对董卓增添了许多不满心理；另一件事情是，董卓让吕布负责自己的保卫工作，吕布可以经常出入董卓的内室，时间长了，吕布跟董卓的一个侍婢有了私情，吕布很担心这件事最终会被董卓发现，心里很紧张。

上面这两件事都记录在史书里，真实性问题应该不大，但问题是，吕布下了那么大的决心、付出了那么多的牺牲投奔董卓，因为这两件小事就放弃之前的努力，这说服力似乎并不足。这两件事只是诱因，但不是吕布再次"反水"的主因，什么是主因呢？

主要原因，其实是形势的变化。吕布到了长安，这里更靠近凉州，完全是凉州军的天下，并州军实力本来就弱，到长安后他们的作用和地位都下降了，凉州军有许多将领实际上看不起吕布，有个叫胡轸的凉州军将领甚至曾对外扬言要杀吕布。凉州军内部实行的是"扁平化"管理，胡轸这样的将领有一大把，他们只对董卓负责，吕布根本不能驾驭他们，现在不能，将来更不能，吕布之前大概幻想过董卓会帮自己一步步树立威信，但现在看来那只能是空想。吕布的理想破灭了，这是他下决心与董卓决裂的根本原因，恰在这时一些反董力量也在悄悄拉拢吕布，双方一拍即合，于是促成了吕布第二次向自己的顶头上司反戈一击。

吕布对董卓起了杀心，但董卓还毫无觉察，对吕布仍然很信任，这种信任表现在，董卓仍然让吕布负责自己的安全保卫工作。从这一点上看，董卓这个人做事有些粗糙，对身边的人观察不细，连事关生死的事都马马虎虎。吕布既然负责董卓的贴身保卫工作，那下手的机会就不难找了，汉献帝初平三年四月二十三日，在王允、吕布等人密谋下，董卓被吕布亲手刺杀于长安未央宫。史书记载，那一天本来是阴天，董卓被杀后瞬间变得晴朗，"日月清净，微风不起"。

王允杀大学者蔡邕的隐秘动机

董卓死了，消息传出后，压抑已久的人们终于扬眉吐气，长安城里到处是载歌载舞的人群，人们举行了盛大的狂欢活动，有人卖掉了珠宝首饰和漂亮衣服，换来酒肉进行庆贺。但是，也有人内心较为复杂，著名学者蔡邕听到董卓被杀的消息时，情不自禁地当众叹息了一声。

当时王允正好也在场，当即呵斥蔡邕："董卓是国之大贼，几乎使汉室倾覆。你身为汉臣，理应同仇敌忾，怎么能因个人受到董卓际遇而忘记了大节！今天诛杀有罪的人，你反而感到难受，是不是跟他们是一伙的？"王允命令把蔡邕抓起来押在廷尉处审理，蔡邕在狱中写信向王允认罪，愿意像司马迁一样承受黥首刖足之刑以求保全一命，让自己能够完成正在写作的当朝国史《后汉纪》，但王允坚决不答应，最后，东汉末年最知名的大学者之一、与宦官集团坚持不懈斗争数十年的蔡邕就这样死在了长安，死时六十一岁。

董卓这个人向来飞扬跋扈，不把人放在眼里，整天说杀就杀，但对蔡邕尚且礼遇有加，王允为什么不容蔡邕呢？史书里有个说法，王允也是在冲动之下做出的决定，不久就后悔了，马上派人去制止，但没有来得及，蔡邕已经被杀了。这个记载大概是想为王允开脱，或者也觉得王允杀蔡邕这件事不好理解，找个说法。其实，王允对杀蔡邕的决定是不会后悔的，他的意志十分坚决。有人认为蔡邕一向受到董卓的厚遇，王允早就看不惯了，或者出于内心的正直，或者出于一些嫉妒心理，总之这是王允执意杀害蔡邕的根本原因，一声叹息只是借口。但这个说法也较为勉强，董卓也厚待王允，相比蔡邕，董卓更加信任和重用王允。

　　王允坚决杀蔡邕其实另有原因，这个原因还是蔡邕自己提醒王允的。蔡邕提到写史赎罪，这让王允下意识想到了司马迁，王允大概会想到，当朝的历史如果由蔡邕来写，会写成什么样？最近一两年来，王允之所以深得董卓信任，自然说过不少违心的话，干过不少违心的事，这些事史书没有记载，但一定有不少，当然这些事一般人是不太清楚的，可蔡邕和王允一样，都是董卓身边的红人，知道的应该不少，如果让蔡邕写史，王允的形象算是彻底毁了。所以，在王允看来蔡邕必须死，冠冕堂皇的理由是蔡邕的一声叹息，这只能算虚晃一枪，真正的理由没法说出口。

貂蝉、赤兔马和方天画戟的史实与传说

1

　　吕布是三国时代一流猛将，他本身也是参与逐鹿的群雄之一，吕布虽然是一位失败的英雄，但在后世他的知名度很高，围绕吕布有一些标志性的东西，如貂蝉、赤兔马和方天画戟。

　　貂蝉这个人物在史书里没有记载，最早始见于元代的《三国志平话》，在《三国演义》里被进一步渲染。在这些作品里，貂蝉是司徒王允府里的丫鬟，目睹奸臣董卓篡权，月下焚香祷告上天，希望为主人分忧，恰巧被王允撞见，于是收为义女，定下"连环计"。王允先把貂蝉许给吕布为妻，又献予董卓为妾。貂蝉嫁给董卓后，又对吕布保持暧昧，周旋于二人之间，吕布不乐。一次，吕布和貂蝉在凤仪亭相会，貂蝉哭诉被董卓霸占之苦，吕布愤怒，却被董卓撞见，董卓抢过吕布的方天画戟要刺吕布，吕布逃走，从此二人生疑。王允趁机说服吕布，铲除了董卓，随后貂蝉成为吕布之妻。吕布败亡前貂蝉再次出场，吕布白门楼被杀后貂蝉不知所终。

才貌双全、能歌善舞、舍生取义，这是貂蝉留给大家的印象，所以她深受人们的喜爱，于是有人对她的身世进行了许多"考证"。关于貂蝉的出生地，至少有四种说法：一是永年，来源于当地民间传说；二是临洮，来源于《三国志平话》；三是米脂，来源于陕北民谣和传说；四是忻州木耳村，来源于元杂剧。但是，传说、平话、民谣、杂剧都属文艺作品范畴，不能作为严格意义上的史料，所以这些说法不足为信。

据史书记载，董卓确实有过一个奴婢，吕布跟她有过私情，但并没有说这个婢女就是貂蝉。董卓死后，婢女后来是否成了吕布的妻子，也不太好说。也有人坚持认为这个婢女就是貂蝉，她后来正式成为董卓的小妾，现在甘肃临洮有个貂蝉墓，有人推测说貂蝉作为董卓的小妾，死后就葬在了董卓老家。这看起来有一定合理性，但仔细推敲也就能发现其中的错误，董卓的老家确实是临洮，但汉末的临洮是今甘肃省岷县而不是现在的临洮县。

在古代姓氏中也没有姓"貂"的。貂是一种动物，蝉是一种昆虫，汉代皇帝的侍从官员们帽上经常装饰这两种东西，所以"貂蝉"合称，当时，貂蝉一般借指达官贵人，有的说是宫女中的一种女官，总之它不像人的名字。迄今为止，唯一和貂蝉接近的史料来自一本叫《汉书通志》的史书。这部书是给《汉书》作注疏的，作者是谁、成书何时均不详，该书已散佚，只在其他典籍的引用中才能看到。《汉书通志》有一条记载："曹操未得志，先诱董卓，进刁蝉以惑其君。"曹操在尚未成事时想诱惑董卓，让他丧失斗志，给他献上了美女刁蝉。

曹操献的这个刁蝉，姓的是"刁"，这条记载虽突兀，也没有其他史料为佐证，但毕竟出现在史书而不是文艺作品里，可信度相对高一些。董卓到洛阳后，曹操改任骑都尉，曹操在董卓手下做过事，有过接触，在政治上曹操是反董卓的，史书记载过曹操以前曾秘密行刺大宦官张让，说明曹操曾是一名激进青年。投董卓所好，给董卓献上美女来迷惑他，并以此接近董卓，这种事曹操有可能干出来。

中国古代"四大美女"有多个版本，最流行的版本是西施、王昭君、貂蝉和杨玉环，除貂蝉外其他三个人都是真实的历史人物，而貂蝉是虚构的。

2

说完貂蝉，再来说说赤兔马。

在吕布杀董卓之前，赤兔马还没有出现在史籍里，这一点与小说及民间故事不一样。吕布杀董卓不久，董卓旧部反攻长安，吕布于汉献帝初平三年（192）夏天从长安突围，只带着一支数百人的队伍由武关道前往南阳郡，投奔在此驻扎的后将军袁术。袁术收留了吕布，但时间一长双方发生了矛盾。当年董卓杀了袁氏全家，吕布认为自己为袁家报了仇，是袁术的恩人，理所应当接受袁术的感谢，但袁术不这样认为，慢慢地，吕布要粮要钱，袁术都不给了。吕布不高兴了，纵容部下在袁术的地盘上闹事，袁术则暗中策反吕布的人。吕布不敢在南阳郡待下去，只好离开。

河内郡太守张杨也是并州军出身，吕布早年与他有交情，于是去投张杨。张杨是念旧情的人，尽管自己也有困难，但还是收留了吕布一行。只是，河东郡离长安较近，吕布到达后，在长安控制着朝廷的凉州军旧部听到风声，马上给张杨发来公文，要他捉拿吕布，张杨的手下看到长安那边开出了很高的赏金，也想把吕布杀了换赏钱。吕布提前知道了消息，主动找到张杨，对他说："我跟你是老乡，你把我杀了其实不划算，不如把我押到长安，可以得到李傕、郭汜的封赏。"张杨本人其实并不想为难吕布，听他这样一说，就放他走了，吕布只得另谋出路。

吕布最后跑到冀州投奔袁绍，袁绍内心里也不太喜欢吕布，但当时袁绍正缺人手，所以对吕布的到来给予热情欢迎。冀州的西侧是活跃在这一带的张燕领导的黑山军，他们公开支持袁绍的对手公孙瓒。黑山军擅长游击战，又占据着绝佳地理位置，频频对袁绍进行袭扰。袁绍给吕布增加了一部分人马，让吕布专门对付黑山军。黑山军的主力是一支数千人的骑兵，战斗力很强。针对他们的作战特点，吕布让部将成廉、魏越等挑了几十个身手好的人，由自己亲自率领，骑上快马组成一支突击队，专门冲击敌人的核心区，拿现在的话说就是一会儿"闪电战"，一会儿"斩首行动"，他们来如疾风、去如迅雷，无人能挡，打得黑山军大败。吕布和他骑的一匹赤兔马都在此战中出了名，《曹瞒传》记载说，当时流传着一句话："人中有吕布，马中有赤兔。"打仗最厉害的人是吕布，最好的战马是赤兔马，这句话迅速传开了。

三国有几匹名马，曹操的绝影、刘备的的卢，都很知名，但名气最大的，就是吕布的这匹赤兔马，它的名字除出现在《曹瞒传》里，《后汉书》《三国志》也都提到过，《三国志》称它为"赤兔"，红色的兔子；《后汉书》称它为"赤菟"，这个"菟"字上面有个草字头，指的是一种淡红色的花，古人也把老虎称为"于菟"，《后汉书》里说的"赤菟马"就是红色的、像老虎一样威猛的马，这个说法比"红色的兔子"看起来更贴切。

赤兔马虽然曾在史书里出现过，但后来的下落没有再被提及。至于说吕布死后曹操把它送给了关羽，直到关羽死时仍然骑着它，这个说法不仅没有史料依据，而且不符合常识。战马出生一个多月后就可以觅食，一年后称为"一岁驹"，两岁多发育成熟、骨头封闭，达到最佳骑乘年龄，这种状态一般只能保持十年左右，之后循环系统变差、关节开始肿胀，进入暮年期。如果这匹马是吕布杀丁原前夕董卓送给吕布的，它当时至少两三岁了，吕布骑着它到被杀整整十年，假如后来又到了关羽手里，关羽死时赤兔马就已经三十岁左右，即使还活着也驮不动关羽了。

3

既然貂蝉是传说，赤兔马也与大家的印象有很大不同，那么与吕布有关的另一件物品——方天画戟怎么样呢？它是虚构的还是真实的呢？

在人们的印象中，吕布平时使用的兵器就是方天画戟，与之相关的还有一个著名的"辕门射戟"的故事，这件事发生在汉献帝建安元年（196）。当时吕布已经到了徐州，袁术派纪灵带领步骑共三万多征讨驻扎在小沛的刘备，刘备向吕布求援，吕布手下多数人认为不能管，因为刘备始终是个隐患，关羽、张飞和赵云都是一流猛将，现在名为朋友，日后定是对手，不如借袁术之手将刘备除掉。

吕布不同意这种看法，"严步兵千、骑二百，驰往赴备"。由于所带人马比纪灵少得多，所以不能来硬的，吕布于是"屯沛城外，遣人招备，并请灵等与共殽饮"。在这次宴会上，吕布"令军候植戟于营门"，然后向大家宣布："诸君观布谢戟小支，中者当各解兵，不中可留决斗。"结果吕布一发"正中戟支"，纪灵等皆惊，说"将军天威也"，于是罢兵。

有人据此认为，吕布此次所射的就是"方天画戟"，并认为它是吕布平时使用的兵器，但这是不对的。戟是一种长杆兵器，头部有月牙形弯刀，可刺可砍，两边都有月牙刀的叫方天戟，只有一边有的叫青龙戟。从杠杆原理上说，戟的重量在头部，是一种费力杠杆，只有力气大的人才使得动，因为这个原因，戟慢慢变成了一种仪仗用兵器，有时在戟杆上还装饰各种花纹，称画戟。

也就是说，所谓"方天画戟"就是戟杆有装饰花纹、前部左右都有月牙形弯刀的武器，这种武器非常不实用，平时只是营中用来作摆设的。比"方天画戟"更实用的兵器是矛，这才是吕布常用的兵器，《后汉书》中有一段这样的记载："卓将至，马惊不行，怪惧欲还。吕布劝令进，遂入门。肃以戟刺之，卓裹甲不入，伤臂堕车，顾大呼曰：'吕布何在？'布曰：'有诏讨贼臣。'卓大骂曰：'庸狗敢如是邪！'布应声持矛刺卓，趣兵斩之。"

在这段记载里，有矛也有戟，吕布使的兵器是矛，但李肃却先以戟刺董卓，为什么李肃用的是戟呢？这正是由于戟不是实战兵器，多用作仪仗、摆设，董卓的卫队里平时就有戟，李肃属"就地取材"。既然只是仪仗用的，那平时就不会经常保养，实战中戟就有些不好用，所以李肃用戟没有杀死董卓，最后吕布用矛将董卓刺死。作为董卓的"卫队长"，吕布平时拿着的应该是他最趁手的兵器，由此推断，吕布平常使用的兵器应该是矛。

曹操"奉天子以令不臣"的利与弊

1

王允、吕布在长安除掉了董卓，但随后董卓旧部展开反攻，王允被杀，吕布逃出了长安，汉献帝以及朝廷继续被凉州军阀控制，这种情况又过了一年多。到兴平二年（195），凉州军阀发生严重内讧，互相攻伐，汉献帝在忠于汉室的一些大臣的保护下东归，一路上历尽了艰险，最后于这一年十二月底到达一个叫大阳的地方，即现在山西省平陆县境内。虽然甩掉了凉州军阀的追击，但汉献帝和朝廷依然面临生存危机，中原地区已经陷入群雄混战的局面，今后何去何从仍然是未知数。

过了年，次年的正月初七，汉献帝下诏改年号为建安，开启了建安时代。汉献帝给各地有实力的人写诏书，让他们到大阳来迎驾，这些人包括刘表、陶谦、刘虞、刘焉、袁绍、袁术、吕布等，但没有人肯来，袁绍派人来看了看，也没了下文。其实这都是意料之中的事，首要的原因，就是当时的形势和汉献帝所处的位置。

汉献帝当时待的大阳属于河内郡，在群雄逐鹿局面中这里属于"三不管"地带，虽然有一个河内郡太守张杨，是当年并州刺史丁原的部下、吕布的老战友，但他能控制的地方只在河内郡郡治怀县一带，河内郡以及相邻的河东郡分布着大大小小的武装力量，大部分是黄巾军余部，互不隶属，互相征伐，一片乱局。各地比较有实力的人，包括刘璋、刘表、刘虞，离这里都太远，贸然派兵去大阳，并没有多少胜算。

吕布这时已取代刘备占有了徐州，董卓是吕布杀的，汉献帝对吕布最有期待，所以也给吕布写了诏书，但吕布回复汉献帝，说如果自己有实力倒是愿意去，但现在打了败仗，自身难保，"军无畜积，不能自致"，长途远行需后勤保障，他没有，所以去不了。汉献帝理解吕布，虽然吕布没来，但汉献帝仍晋升吕布为平东将军,其爵位晋升为平陶侯。汉献帝还专门派使臣去给吕布颁印绶,但使臣路过山阳国境内时把任命书弄丢了。

除客观条件上的困难,各地实力派们心里也有其他一些考虑,主要是利弊方面的权衡。有利的地方,当然是控制了天子和朝廷既落了护驾有功的名,也掌握了一定权力,但不利的地方也有很多,比如:把天子接来,但又无法和谐相处的话,就会事事掣肘,反受其累;朝廷现在也是一个包袱,单就后勤保障就是个大问题,现在粮食比什么都紧缺,已经有价无市;天子的身边还有一些有实力的武装,如韩暹、杨奉、董承、张杨等几股势力,他们护驾的积极性不高,但要把天子从他们控制下接走,这些人也未必甘心,到时候又是麻烦事。正是基于以上主客观方面的考虑,这些实力派们对迎驾这件事表现得很冷淡。

从史书记载的情况看,汉献帝没有给刘备和曹操专门写诏书,为什么呢?因为曹操当时虽是兖州牧,但在世人眼里曹操并不是独立的,他是袁绍的手下,汉献帝觉得给袁绍打了招呼就等于通知曹操了,不必专门再发一道诏书。后来曹操"挟天子"成功,袁绍反而过来抢功,说曹操的行动是他下的命令,其实不能完全认为是强词夺理。至于没通知刘备,是因为刘备之前知名度太低,拿袁术的话说"天下未闻有刘备",而陶谦与刘备之间的权力交接朝廷也未必认可,加之徐州随后又发生变故,吕布取刘备而代之,刘备退往小沛,地位已变为次要。

2

当时最有实力的几个人中,袁绍离大阳最近,河内郡太守张杨表面上也听袁绍的,所以这里算是袁绍的地盘,袁绍派手下谋士郭图到大阳走了一趟,名为朝贡,其实是观察观察天子一行的情况,之后再做决定。

郭图到大阳看了看,没说什么,走了。回去后,袁绍召集大家讨论要不要把天子接过来,郭图倒是倾向于迎驾的,在他看来汉献帝此时已走投无路,如果得不到妥善安置,有可能落入他人之手,比如袁术,或者刘表,甚至是吕布和刘备,那将对袁绍集团更加不利。所以郭图向袁绍报告此行情况时,建议把汉献帝一行接过来,接到袁绍的大本营邺县。

袁绍手下最重要的谋士之一沮授也劝袁绍迎接汉献帝，他对袁绍说："将军一家几代人辅弼朝廷，累世倡导忠义。现在朝廷遇到困难，宗庙毁坏，各州郡嘴上说起兵是为了行仁义，而内心里真实的打算是如何灭了别人，没有人考虑皇帝的安危和百姓死活。现在冀州初定，可以迎请大驾来邺县临时安都。到那个时候，就能以天子为旗帜号令各地的实力派，谁不服就收拾谁，谁还能打败我们？"沮授的这段原话里有"挟天子而令诸侯，畜士马以讨不庭"，所以"挟天子以令诸侯"是沮授发明的。

但是，郭图、沮授的建议遭到不少人反对，反对的理由是："汉室凌迟，为日已久，现在要重新振兴，那是多么困难！现在各路英雄据有州郡，个个人多势众，正所谓秦失其鹿先得者为王。如果迎接天子到自己身边来，以后干什么事都要先请示报告，如果听天子的就削弱了自身的权力，不听天子的就是违命，这实在不是什么好主意。"一般认为，这些反对迎请天子的言论看起来有些目光短浅，因为它只看到眼前的一点，没有着眼长远，结果让袁绍错失了一次好机会。但是，反对者的观点并非全无道理，"挟天子而令诸侯"固然风光，也会带来很大的副作用。大家都看到天子是一个"奇货"，掌握天子就拥有发号施令的权力，谁反对自己形同于反对朝廷。可问题在于，当今天子不是三岁孩童，已经举行过加冠礼，按道理应该亲政而不是当摆设。况且当今天子刘协聪明英智，经历很多坎坷曲折，得到了历练，面对凶残的董卓和强悍的凉州军都无所畏惧，有勇有谋，这样的天子可不是能被轻易玩弄于股掌之上的。

遇到事情，你向天子汇报不汇报？不汇报，有人说你专权。汇报了，天子一高兴，来个指示什么的，执行不执行？执行，当然是不可能的。不执行，那就会跟天子发生冲突，奸臣的罪名就背定了。如果敢加以谋害，那就更惨了，不管你以前多么英名盖世，也不管你确实做了多少好事，你都将登上历史的恶人榜，子子孙孙都不能翻身。所以看似妙手，却容易下成臭棋。把天子接来之前，必须做好充分的思想准备，要么真心实意地拥戴天子，当一名汉室的忠臣，要么横下心去，甘背历史的骂名，否则天子这个烫手的山芋还是不碰为好。

此外，还有两个原因让袁绍放弃了迎天子的打算。一个是客观困难，袁绍那段时间挺忙，袁绍、曹操联手灭掉了张邈，惹恼了张邈的好友臧洪，臧洪原是袁绍手下，被袁绍任命为东郡太守，结果他在东郡的东武阳起兵反对袁绍，袁绍大怒，亲自去攻，攻了一年多没能攻下；袁绍的北边还有强敌公孙瓒，袁绍确实抽不开身。另一个原因是袁绍对汉献帝感情不深，汉灵帝有两个儿子，袁绍支持的是刘辩，汉献帝刘协是在董卓支持下上的台，为此事董卓与袁绍才公开决裂的。之后，袁绍一再质疑刘协的血统，还谋求另立一位天子，这些都不是秘密。以上这两点，也促成了袁绍对迎天子一事采取了装聋作哑的态度。

3

"挟天子而令诸侯"这句话是沮授说的，曹操这边也有类似的话，是曹操的谋士毛玠说的，不过人家说的"奉天子以令不臣"。"挟天子"和"奉天子"，一字之差体现了态度和情怀的不同，区分的是水平高低。

曹操手下也有不少人反对迎接天子，理由跟上面那些群雄的担心顾虑差不多，但毛玠坚持迎接，理由是："现今国家分裂，君主流离，民众饥饿流亡，朝廷缺乏储备，百姓没有安定的生活，这种状况难以持久。袁绍、刘表虽然人多兵强，但都没有长远考虑。用兵之事合乎正义才能取胜，所以应当拥戴天子以命令那些不肯臣服的人，大力发展农业，积蓄军资，如此霸业就可以成功了！"在这段话里，毛玠有一句原话就是"奉天子以令不臣"。

对毛玠的意见，荀彧坚决支持："当年晋文公因为接纳周襄王而使诸侯影从，汉高祖东讨项羽时因为给被项羽杀害的义帝服丧而深得人心，这是天子的号召力。之前将军您虽然力所不及，但仍然派使者到长安朝贡，说明您心在王室，有匡扶天下的素志。现在天子蒙难，百姓忧愁，如果奉主上以从民望，这是大顺；秉至公以服天下英雄，这是大略；扶持大义以招引天下俊杰，这是大德。天下虽然也会有不服的人，但必然成不了大气候，区区韩暹、杨奉又能怎样？我们如果不能早做决断，一旦其他人抢先一步，我们后悔都来不及了！"毛玠、荀彧二人观点相同，但出发点有所侧重，荀彧对汉室和天子的感情更深一些，是站在大义的立场上去说的。

曹操接受了二人的看法，决定迎接天子。无论是"挟天子"还是"奉天子"，曹操控制天子和朝廷后，带来的好处立竿见影，他可以用天子的名义发号施令，任命官职，谁不听话就讨伐谁，占据了道义的高地，真正做到了"以令不臣"。同时，还有许多人才冲着朝廷和天子而来，这些人才都成了曹操的重要财富。然而这样做也并非没有代价，在某种程度上说，代价还十分沉重。

之前袁绍手下反对迎接天子的那些顾虑，后来在曹操的身上切切实实都发生了。汉献帝并不是一个傀儡，或者说他不完全甘做傀儡，为此汉献帝也有过抗争，以后陆续发生的董贵人事件、伏皇后事件，就是双方斗争激烈化、表面化的结果。虽然汉献帝的抗争是徒劳的，但这些事对曹操在人们心目中的形象产生了很大杀伤力，曹操在汉献帝和天子最困难的时候出手相助，拯救了天子和朝廷，但最后却在历史上落下了"奸雄"的骂名，这大概是"挟天子"的负面效应吧。

总的来说，曹操"奉天子以令不臣"这一步在当时情况下走得是对的，带来了很多好处，促使曹操进一步崛起。但在之后，曹操未能及时统一天下，"奉天子"的时间有些长，麻烦也就出来了，双方的矛盾也越来越尖锐。虽然不能说"奉天子"是一个败笔，但由此也确实给曹操带来了许多困扰，影响到曹操在世人心目中的形象。

第三篇 大浪淘沙

孙策得高人指点到江东谋发展

1

在袁绍、曹操、袁术、刘备等人崛起的同时,孙策也得到了快速发展。孙策以及他的父亲孙坚本来是袁术的附庸,这种关系好比曹操早期是袁绍的附庸一样,但孙策后来设法独立发展,来到江东,短短几年间就横扫江东各地,势力发展得非常迅速。

孙策事业起步,离不开父亲孙坚打下的基础。孙坚字文台,汉末扬州刺史部吴郡富春县(即今浙江省杭州市富阳区)人,《三国志》说他是春秋时期军事家孙武的后人。还有史书说孙氏在富春"世仕吴",也就是连续多辈人都做官,但估计官职并不高,所以史书没有记载下孙氏这些先人的名字。孙坚年轻时胆识超群,不怕死,很勇猛,在平定匪盗的战斗中多次立功,担任了县丞,但是他的仕途却不很顺,干了十年,一直原地踏步,还是县丞,先在盐渎县,后来到盱眙县和下邳县,官没有升,离家乡却越来越远。在当时的社会里孙坚只配做个小角色,尽管他不甘寂寞,渴望家族振兴,也希望儿子们将来大富大贵,但这几乎是不可能的。

就在孙坚在基层苦熬的时候,朝廷已乱成一团,爆发了黄巾大起义,孙坚果断投身军旅,立下不少军功,职务也不断上升。黄巾军的主力被剿灭后,荆州刺史部长沙郡发生民变,朝廷看中孙坚能打又不惜命,就派他任长沙郡太守前去平叛,这一年孙坚才三十二岁。孙坚在打仗方面很有一套,他率领手下主动出击,仅用一个月就把这场民变镇压了。这时附近的零陵郡、桂郡又发生了民变，孙坚"越境寻讨"，又将其镇压，"三郡肃然"。朝廷根据孙坚前后所立的功劳，封他为乌程侯。这件事很不得了，乌程是个县，也在孙坚的家乡吴郡，孙坚不仅得到了多少人梦寐以求的侯爵，而且还是侯爵里最高一级的县侯，消息传回家乡，震动乡里。

从孙坚以上经历中可以看出，他这个人适合生在乱世，乱世才有他出头的机会，所以孙坚不怕乱，这也就是为什么关东联军讨董卓开始后，没有人联络孙坚，孙坚仍要主动率兵北上，要参加关东联军。但在北上过程中，孙坚因为私怨，先杀了荆州刺史王叡，接着杀了南阳郡太守张咨，这就非常冒失了。王叡的政治倾向不明，但张咨是很明确的，他是袁绍的人。袁术逃出洛阳来南阳郡就是投奔张咨来的，张咨是关东联军的成员，孙坚大概没弄清这些，一到南阳郡就把张咨杀了，这一下可惹了麻烦。

孙坚北上，原打算是投关东联军的，现在成了关东联军的敌人，这让孙坚的处境很尴尬。在这种情况下，孙坚只好向同在南阳郡的袁术表示愿意听从他的指挥。论实力和战斗力袁术都不如孙坚，孙坚来到南阳，袁术本来也挺害怕，担心孙坚杀红了眼，连他一块儿收拾了，现在孙坚却主动来投，袁术当然很高兴，就同意了。所以，孙坚之所以委身袁术，并不是袁术势力更强大，而是形势所迫，孙坚把袁术当成一面旗，以此表明自己也是关东联军的一部分。

2

孙坚当年辞去下邳丞加入朝廷军队，为家眷的安全考虑，把妻子吴夫人和儿女们都放在了寿春。孙坚死时吴夫人领着儿女们刚离开寿春，来到庐江郡的舒县，寿春靠近北面，离战乱地区较近，舒县距长江不远，相对安全些。汉献帝初平二年（191）冬天，孙坚奉袁术之命率所部攻打刘表，一直打到了刘表的大本营襄阳外围。刘表手下最能打的将领是黄祖，刘表派他在襄阳以北的邓县、樊城一带迎击孙坚，黄祖不是孙坚的对手，被打得大败。孙坚率军渡过了汉水，把襄阳城包围起来。襄阳城两面环汉水，背靠群山，易守难攻，刘表闭门不战，想跟孙坚打消耗战，同时派黄祖乘夜出城调集军队不断偷袭孙坚。次年正月初七，黄祖又被孙坚打败，逃往襄阳西郊的岘山里，孙坚追击，想把黄祖一举拿下。哪知这里有埋伏，《三国志》说孙坚追到一片竹林中，提前等在这里的黄祖手下发射暗箭，孙坚中箭，当场身亡。另一部史书则说，孙坚追击的人不是黄祖，而是刘表手下另外一个名叫吕公的将领。孙坚追击吕公，进入山中，吕公命人用石头攻击孙坚，孙坚头部被石块击中，当场脑浆迸裂。

总之，孙坚死在了岘山，时年三十七岁。孙坚死后，儿子孙策承担了家庭的重任，他把父亲的灵柩移送到老家吴郡的曲阿安葬。按规定孙策可以继续父亲乌程侯的爵位，但他却主动让给了四弟孙匡。举家迁往舒县也是孙策的主意，他把母亲和弟弟们接到舒县居住，除了安全上的考虑，还因为这里有一个好朋友，这个人就是周瑜。周家是舒县第一大户，周瑜祖父的兄弟周景当过朝廷三公之一的太尉，周景的儿子周忠此时正在长安的朝廷任职，先担任太尉，后改任卫尉。周瑜的父亲周异当过洛阳县令。

史书上说孙策虽然年纪不大，性格却很豪爽，喜欢结交朋友，当时在社会上已经有了一定名气，周瑜和孙策同年，长得相貌英俊，才能出众而且早熟，听说孙策的名声，专程从舒县到寿春拜访，于是结为异姓兄弟。周瑜劝孙策迁居舒县，孙策答应了，到舒县后，周瑜把府里最好的南大宅让给他们住，两家成为通家之好。

处理好父亲的后事，孙策又带着母亲和兄弟们渡过长江，到了位于长江北岸的江都县，周瑜向他推荐了一个人，建议他向此人当面请教。孙坚死后，正在上升的孙氏事业突然中断，关于下一步何去何从孙策没有明确的打算，不知道该怎么办。周瑜推荐的这个人名叫张纮，是广陵郡人，早年上过太学，拜名师韩宗专习经学，成为一名学者。但张纮不读死书，喜欢把书本知识活学活用，视野开阔，看问题很有见解。孙策去见张纮，正逢张纮因母丧在家守孝。孙策见到了张纮，说明来意，却被张纮婉言拒绝了。

孙策很着急，甚至流下了眼泪，对张纮说："久闻您的大名，今天的事只有您能给拿个主意，请您务必给出个主意，以不负我对您的高山之望。如果我能微志得展，血仇得报，这是您的功绩，也是我心中所望啊！"孙策的真诚打动了张纮，张纮帮孙策对形势进行了分析，指出了孙策下一步的行动方案。这是一次很重要的谈话，可算是孙吴版的隆中对，因为这次谈话的地点在广陵郡的江都，也被称为"江都对"，张纮说："从前周朝国运衰落，但是有齐国、晋国一起来光复它，这是诸侯王应尽的职责。现在您继承了令尊的事业，又有骁勇善战的名望，如果现在投奔丹阳郡，在江南的吴郡、会稽郡一带发展，那么扬州、荆州日后也不在话下，你的家仇也可以得报。之后据守长江，奋威德，诛除郡秽，匡辅汉室，功业岂不跟当年的齐桓公、晋文公一样？如果是这样，我愿意结盟同好，渡江辅佐将军！"孙策听完茅塞顿开，觉得前途一下子光明起来。

3

张纮对孙策说，不要在袁术跟前耽误时间了，应该及时向长江以南发展，开创新的事业。原扬州刺史陈温死后，朝廷派了个叫刘繇的人担任扬州刺史，袁术把他赶到了江南。当时扬州刺史部在江南有四个郡，太守分别是吴景、许贡、王朗和华歆，他们多是朝廷任命的，政治上没有明显倾向性，现在朝廷鞭长莫及，他们便处在各自为政的局面，因为扬州群龙无首，所以一团乱象。袁术想一口吞下扬州，但又有些力不从心，其他势力相距较远，暂时无法染指扬州，所以张纮劝孙策南渡长江，以条件较为成熟的丹阳郡为基地，统一江东，之后虎视荆、扬，成为一方霸主。

孙策认为有理，于是把母亲和兄弟们安顿在江都，托张纮照料，之后跑到寿春，见到袁术，想要回父亲留下来的旧部，再渡江南下。袁术很欣赏孙策，曾经对人说："假如我有孙伯符这样的儿子，死又何恨？"但袁术压根不愿意归还孙坚的旧部，因为军队是他的命根子。袁术不答应，就找些理由拖着。孙策不停地找他，找得多了，袁术就出了个主意，说丹阳郡是个出精兵的地方，你的舅舅在那里当郡太守，你不如到丹阳郡去募兵吧。孙策无奈，渡江去了丹阳郡。丹阳郡太守吴景是孙策母亲吴夫人的弟弟，孙策的舅舅，孙坚起事后，孙氏族人也借势起家，吴景因为姐夫孙坚的带动逐渐成长为郡太守。

孙策在舅舅的帮助下很快募得几百人，但是他带着这支队伍到泾县一带时遭到当地土匪祖郎的袭击，队伍被打散，孙策险些丧命。孙策只得再回到寿春，他还是隔三岔五去找袁术要父亲留下的队伍，袁术烦了，就把孙坚当年队伍里的一千多人还给了孙策，同时还开出了条件，让孙策带着这些人去平定九江郡，答应事成之后任命他为九江郡太守。孙策给袁术出了力，拿下了九江郡，但到头来袁术却任命陈纪为九江郡太守。同时又让孙策帮他平定庐江郡，并且特别说明，上次食言是自己的不对，这回一定任命孙策为庐江郡太守。孙策又帮助袁术平定了庐江郡，但袁术像是得了失忆症，再也不记得当初说过的话，任命刘勋为庐江郡太守。

4

孙策决心彻底离开袁术，按照张纮的建议到江东发展。孙策又找到袁术，对他说："我们孙家在江东一带还有一定号召力，我愿意到江东去，协助舅舅吴景平定江东各郡，到时候至少可以为您募得三万甲士，助您完成匡辅汉室的大业。"袁术很高兴，准许孙策渡江，汉献帝兴平二年（195）初，孙策渡过长江，开始了拓疆之旅。

长江是条自西向东流向的大河，但流到安徽境内时有一段向东北方向斜流，古人习惯以此段长江为标准确定东西和左右，把今天安徽省芜湖以下的长江下游南岸地区，即苏南、浙江北部、皖南部分地区以及今江西的赣东北称作江东。在古代地图上是上南下北，左东右西，故江东又被称为江左，江西则称为江右。孙策准备渡江作战时手下兵马少得可怜，士卒仅一千多人，骑兵更少，不到百人，此外还有几百愿意追随他的人。不过，正如孙策说的那样，孙氏在江东的确有不小的影响力。听说乌程侯的儿子回来了，许多人都跑来投奔，孙策渡江的地点在九江郡的历阳，即今安徽省和县，孙策到达那里时，手下已聚集起数千人。

此时孙策的母亲以及孙权等诸弟已不在江都，孙策把他们安置在江北的阜陵，这样孙策在江东行动就没有后顾之忧了。精于盘算的袁术之所以答应孙策向江东发展，一方面缘于九江郡、庐江郡两个太守都让孙策落了空，"术知其恨"；另一方面，袁术分析了江东的形势，认为江东现在也是诸侯割据的局面，吴郡有刘繇，会稽郡有王朗，孙策不一定能战胜他们，所以才答应。其实，当时的江东除了刘繇、王朗这些人，还有很多势力，形势相当复杂。朝廷任命的扬州刺史刘繇是汉室宗亲，刘繇打不过袁术，渡江来到丹阳郡，袁术命令丹阳郡太守吴景阻击刘繇，刘繇退到吴郡。吴郡太守本是盛宪，许贡是他手下的都尉，后来盛宪因病离职，许贡接任。盛宪的太守是朝廷任命的，许贡的郡太守可能也是朝廷任命的，对孙策来说，与刘繇一样，许贡也是敌人。会稽郡在吴郡的南面，是一个大郡，郡太守王朗是一位名士，北方人，是被朝廷正式任命的郡太守，在政治上不属于袁术集团。豫章郡的面积非常大，大体相当于现在整个江西省，名士华歆在这里当郡太守，他的情况有点像王朗，由朝廷所任命，袁术一直打着豫章郡的主意。除了他们，扬州还有几股山贼很有实力。以上这些势力，或官或匪，或明或暗，都不容小觑，孙策所能依靠的只有丹阳郡太守吴景和担任丹阳郡都尉的孙贲，不仅袁术不看好他，在当时大多数人眼里也没有把他当回事。

5

孙策渡江后，首战目标选择的是扬州刺史刘繇。之所以在数股势力中选择从刘繇下手，孙策主要考虑的是袁术一向不满刘繇，早有吞并之意，攻打刘繇可以获得袁术最大程度的支持。同时，在这些割据势力中，刘繇不仅官职最大而且影响力很大，打败刘繇，可以迅速在江东立威。不过刘繇也非等闲之辈，他虽然退居吴郡，但还有两个盟友和一个帮手不太好对付。两个盟友分别是彭城相薛礼和下邳相笮融，一个帮手是名将太史慈。

孙策进攻刘繇，先攻击笮融，斩首数百级，笮融闭营不出。孙策又攻击薛礼，薛礼突围而走，孙策于是回过头来再攻笮融。这场战斗进行得十分激烈，在作战中孙策被流矢射中，伤到了大腿，不能骑马，被大家用步舆推着回了营。有人报告笮融说孙策中箭已死，笮融大喜，派部将于兹攻击孙策，孙策一面派人迎战，一面在敌人后面设伏，大破敌兵，又斩首千余级。

打败笮融和薛礼后，孙策率兵来攻刘繇，先后攻克了刘繇控制的海陵、湖熟、江乘等地，刘繇无法立足，率余部从长江上乘船逃往豫章郡辖下的彭泽。在一场交战中孙策曾与太史慈相遇，当时太史慈是一个人，而孙策身后有十三个人，其中包括韩当、黄盖等人，太史慈毫不畏惧，上来便斗，孙策刺向太史慈的战马，二人互有胜负，孙策夺得太史慈挂在脖子上的手戟，而太史慈抢走了孙策的头盔。

笮融后来也到了豫章郡，跟刘繇发生了矛盾，二人内讧。再后来，刘繇病死，笮融被部下所杀。太史慈则到了芜湖山中，自称丹阳郡太守，驻扎在泾县，设屯立府，附近一带的山越（当时南方山区山贼的统称）纷纷归附。站稳脚跟后，孙策又一一消灭了盘踞在吴郡各地的许贡、严白虎以及邹他、钱铜、王晟等部，除王晟与孙坚有旧交，又有吴夫人帮助说话因而免于一死外，其他诸人及家族都被杀。吴郡全境被孙策控制，孙策任命部将朱治为吴郡太守，下令整顿军纪，不得侵犯百姓，受到百姓的欢迎。孙策又率兵向南攻打会稽郡，拿下会稽郡后，再逼迫豫章郡投降，将江东四郡都收入麾下。孙策席卷江东的整个过程，只用了四年时间，其崛起之迅速令人吃惊，曹操听说孙策已完全占有江东，脱口而出道："猘儿，谓难与争锋！"意思是：这小子，今后难以与他再争锋了啊！

袁术迷信"代汉者当涂高"的预言

1

在汉末群雄中，袁术能力不是最强的，但他的运气似乎比别人好一些，创业初期有孙坚的帮衬，让他少吃了很多苦，后来又到扬州来了个趁虚而入，没有费太大力气就占据了东南一隅。但袁术这个人野心很大，当时很多人心里都有当天子的奢梦，但也只限于做做梦，没有人轻易付诸行动，就连曹操以及后来的司马懿也不敢，但袁术敢想敢干，他认为"代汉者，当涂高"这句神秘预言说的就是自己，于是公开称帝，轰动了天下，这也成为他的事业走向失败的转折点。

袁术早期盘踞在南阳郡，那时孙坚还在，可以替袁术在外面征战，孙坚战死后，刘表加强了对南阳郡的进攻，袁术在那里待不下去了，于汉献帝初平四年（193）春天率兵向东移动。袁术本想去兖州，到那里发展，但曹操已经当上了兖州牧，他们二人虽然是老朋友，但你来抢地盘，曹操也就不客气了，跟袁术刀兵相见，打了五场仗，袁术五战五败，要不是曹操给面子，袁术有可能被曹操活捉。袁术不得已，转而南下扬州。

袁术来到扬州刺史部州治所在地寿春，将其占领。当时的扬州刺史名叫陈温，他正在九江郡，袁术又率兵打到九江郡，陈温战败被杀，袁术于是宣布自己任扬州牧，又兼任所谓"徐州伯"，除扬州刺史部以外还要"兼管"徐州刺史部——这就是袁术后来要打刘备的原因，因为刘备从陶谦手里接管了徐州，而袁术认为徐州是他的。扬州在当时属权力的真空地带，境内没有什么强人，袁术刚好钻了个空子，控制了扬州刺史部在江北的大部分地区，除此之外还有豫州、徐州的部分地区。袁术有了一定势力，就有了称帝的野心，他的一个重要依据是当时流传很广的一条神秘预言："代汉者，当涂高。"这句话的表面意思是能取代汉朝的是"涂高"，袁术认为自己就是那个"涂高"。

"代汉者，当涂高"，这句话一般认为最早的出处是一本叫《春秋谶》的书，这部书早已失传，保存下这样一句话："汉家九百二十岁后，以蒙孙亡，授以承相。代汉者，当涂高也。"按照它的说法，刘邦建立的汉朝至少要延续九百二十年，最后由"涂高"来代替它。两汉加起来只有四百零五年，《春秋谶》的前半部分预言就错了，不过这不影响它后半部分的传播，尤其在汉朝还没有灭亡的时候，大家对它更是相信大于怀疑。

东汉末年天下大乱，对野心家来说机会又来了，"代汉者，当涂高"被更多地提起。董卓死后，有个女巫找到董卓的旧部凉州军阀李傕，对他说："涂即途也，当涂高者，阙也。傕同阙，另极高之人谓之傕。"她的理解是，"当涂"是在路上，在路上又特别高的自然是阙了，"阙"与"傕"同音，"当涂高"指的就是李傕。不过李傕还算聪明，他知道自己几斤几两，听听也就拉倒了。还有一个人叫阙宣，他认为上面这个解释很好，可以应到自己身上，于是大干一场，想搏个富贵，于初平四年（193）在徐州聚众数千人，自称天子，要和刘汉王朝争天下。徐州牧陶谦见他势大，一面谎报朝廷说正在进行讨伐，暗地里却与之联合，阙宣参加了陶谦与曹操争夺徐州的战斗，但后来又跟陶谦翻脸，这个"伪皇帝"被陶谦杀了。

袁术的野心也很大，朝廷那时被董卓裹挟至长安，后又传出汉献帝遇害的消息，袁术便萌生了自己当皇帝的念头。袁术认为"代汉者，当涂高"其实很好理解，这个"涂高"就是指他自己，袁术的理由是：自己的名字是"术"，表字是"公路"，"术"是城邑内的道路，"公路"指的也是路，而"涂"可以理解为"途"，也是路的意思，所以"涂高"就是他袁术袁公路。这种理解很牵强，但袁术认为一定是这样的，而且根据"五行终始论"，汉朝属于火德，取代汉朝的一定属于土德，袁姓就属于土德，是有资格取代刘汉统治的姓氏，这一条又成为上一条的佐证。

这时，河内郡有个叫张炯的人又帮袁术弄出来一个所谓符命，估计跟鱼肚子里发现一条写字的绸子之类的把戏差不多，都是骗人的，但袁术认为这应了自己的天子之兆，皇帝非他莫属，于是在建安二年（197）春天不顾众人的反对，悍然在寿春称帝。

2

袁术公开称帝，不过他玩了一个花招，既没有宣布国号，也没有下诏改元，也不自称天子，而称"仲家"，有人认为"仲家"就是袁术新王朝的国号或年号，所以把袁术称为"仲家皇帝"。后来袁术走投无路，曾对自己称帝行为进行过辩解，说他当时看到天下大乱，已经到了周朝末年诸国分势的局面，自己出于一片责任心，出来替汉室管管事，自称"仲家"，"仲"是第二的意思，在他心里还是把刘氏当老大，并没有真的想当皇帝。但这些都是袁术的诡辩，袁术称帝后改九江郡太守为淮南尹，类似于西汉的京兆尹和东汉的河南尹，寿春于是成为伪朝廷的"京师"，袁术在这里任命公卿百官，建皇宫，设祠庙、明堂，所有一切都与真朝廷一模一样。当时曹操刚刚把汉献帝和朝廷迁至许县,寿县、许县离得不算太远,现在走高速公路的话里程还不到四百公里。突然有了两个皇帝,袁术等于公开与许县朝廷分庭抗礼,这不仅是对汉室的叛逆,更是对曹操的挑战,所以曹操不能不管,只得放下其他的事,先来解决袁术。

论实力袁术不如曹操,袁术没有料到后面的结果吗?他也许料到了,不过袁术认为自己不是一个人在战斗,他有盟友。从传统关系上说公孙瓒是袁术的盟友,除此之外,吕布也是盟友,袁术与吕布之前打过交道,吕布还曾经投奔过袁术,后来袁术跟吕布联手算计过刘备,吕布能坐拥徐州,袁术自认为做出了贡献。还有一个盟友,那就是孙策,袁术认为更不在话下,孙策是自己的老部下,肯定会力挺自己。但结果却让袁术大吃一惊,曹操来打他,公孙瓒离得太远帮不上忙,孙策不仅不来支援,还写了一封很长的信把袁术痛骂一顿,信中列举了袁术的"九大罪状"。吕布更过分,不仅不帮忙,反而发兵来打,袁术立即陷入四面楚歌的境地,最终兵败身亡,寿春的这个伪朝廷前后只存在了一年多。

袁术的失败,其实就是不了解自己,也不了解别人,不知道自己能力的大小,有些志大才疏;同时不了解别人,尤其所谓的盟友,在大是大非的问题上,无论孙策还是吕布都不可能为袁术陪葬。袁术自认为的所谓联盟只是某一阶段里的互相利用关系,这种关系根本靠不住。

3

在汉末三国历史上,袁术绝对是一个重量级人物,他出身高贵,志向也很高,自视能力很强,从来不愿意居于人后,在汉末乱世中他也抓住了机会,但历史上对他评价不高。陈寿评价他说:"袁术奢淫放肆,荣不终己,自取之也。"意思是由于他奢侈、荒淫、放纵,使事业在自己还没有死的时候就终结了,这实在是他咎由自取。曹操手下的名臣何夔曾评论袁术说:"天之所助者顺,人之所助者信。术无信顺之实,而望天人之助,此不可以得志于天下。"意思是上天帮助那些顺应天理的人,人们帮助那些诚实不欺的人,袁术无信、不顺,还希望天人相助,怎能得志于天下?熟悉他的陈登评价他说:"公路骄豪,非治乱之主。"意思是袁术这个人既骄傲又霸道，成不了治理动乱局面的人物。

看来，袁术的最大问题是过于自信，从心理学上说叫作"优越感过盛"，用《自卑与超越》的作者美国心理学家阿德勒的话说是"狂妄的优越感"。阿德勒认为，人类无时无刻不在面临自卑的压力与挑战，为了消除这种压力，个人会发展出各种补偿机制来战胜自卑感，而其过分补偿有可能导致优越感过剩，具体表现为自我感觉良好、自以为是、自命不凡，表现为目中无人、虚荣心强、不能反省自己、漠视他人。

对照袁术的一生来看，刚好符合这一切。袁术就是一个自信心和优越感过盛的人，一个狂妄的自大者，一个集矫情与骄傲于一身的人，他不自量力，无法正确分析现在、把握未来，他的虚荣心极强，总想炫耀自己的门第出身，但又总显得外强中干。心理学研究也表明，优越感过剩还会产生寡恩刻薄、嫉贤妒能、相互拆台的情况，袁术正好也是这样的人。他嫉妒别人，包括自己的哥哥袁绍，为了达到相互拆台的目的无所不用其极，对于孙坚、孙策这些为他的事业立下大功的人，他表现得寡恩而冷酷，对自己做出的承诺一变再变，让人寒心。

袁术之所以这样，与他的出身和经历有关。袁术出身名门，一来到这个世界就享受到家族带来的荣耀，他不需要向别的年轻人那样苦苦奋斗，也不会遇到挫折和磨难，轻而易举就走上一条坦途。他二十多岁就当上了天子近卫军的高级指挥官，平步青云，走到哪里都是鲜花和掌声；但另一方面，他又活在哥哥袁绍的阴影中，袁绍比他年龄大，长得也比他帅，结交的人也比他多。虽然袁术放出话说袁绍不是嫡出，但不影响大家对袁绍的追捧，袁绍成了"带头大哥"，只能跟在袁绍屁股后头转悠的袁术感到很失落。可以想象，袁术小时候一方面生活在无比优越的家庭环境里，另一方面又生活在无法超越哥哥袁绍的阴影中，一方面形成了过盛的优越感，另一方面又产生了深深的自卑情结。

自卑感的一个极端就是"狂妄的优越感"，越是自卑越希望超越，越想强调自己的优越感。袁术走上了一条不归之路，表面看来他不够明智，缺乏对形势的正确分析和判断，自取其辱，自作自受。而从深层次来分析，尤其是结合他的出身和经历来看，他似乎还是一个心理有问题的人，是一个由过剩的优越感和强烈自卑感交织在一起的人，他做出来的不可理解的一切，都能从心理学的分析中找到答案。

公孙瓒突然间从巅峰跌落

被袁术视为重要盟友的公孙瓒也是个重量级的割据军阀，他有着过人的军事天赋，手下军队战斗力很强，刘备、关羽、张飞、赵云等人都曾是他的下属。公孙瓒的整体实力一度强于袁绍，但后来却越来越保守，退居所谓的"易京"不再出来，没有什么作为，而对手袁绍却在一天天壮大。

公孙瓒跟刘备一样，也是著名学者卢植的学生，但公孙瓒更突出的特长在军事方面。公孙瓒也参加了镇压黄巾起义的行动，事后被任命为涿县县令，刘备就是这个县的人。后来，公孙瓒又担任了中郎将、辽东属国长史等，逐渐步入军界。每次与敌人战斗，公孙瓒都很有气势，发起冲锋时总是冲在最前面，他声色俱厉，表情无比愤怒，像赴死一样，让敌人看了胆寒。公孙瓒逐渐打出了声威，史书上说，敌人就是在夜战时听到他的声音都怕得要命。

公孙瓒喜欢骑一匹白马，敌人常常互相提醒："见到骑白马的要避让！"因为敌人看见白马有恐惧心理，公孙瓒干脆挑选了很多白马，让一些善骑射的战士骑着，组建了一支精兵，公孙瓒由此落了个"白马长史"的名号。后来，公孙瓒干脆组建了一支骑马队伍，有数千人，一律骑白马，被称为"白马义从"，是汉末最有战斗力的几支军队之一，有的三国爱好者把它列为所谓汉末三国"四大王牌部队"之中。

那时，骑兵是决定战斗力强弱的关键，"白马义从"战无不胜，让对手吃尽苦头，袁绍想战胜公孙瓒，必须迈过"白马义从"这一关。袁绍苦思冥想，终于想到了破敌之策，他的办法是训练了一支"大戟士"，给他们打造一种专门的大戟。大戟是什么样子史书没有记载，推测起来应该是一种带钩带刺的长枪，大概有点儿类似评书里说的岳飞大破"连环马"的"钩镰枪"，袁绍让这些"大戟士"反复模拟、刻苦训练，但对外秘而不宣。

汉献帝初平三年（192），双方大战于界桥，此地在今河北省威县境内。两军在界桥以南二十里的地方摆开战场，公孙瓒一方阵容齐整、甲盔鲜明、旌旗飘扬,很有气势,尤其是队列正中的"白马义从"更让人闻风丧胆。而对面的袁军却摆出一个奇怪阵形,也许是来不及训练,也许不善于打这样的阵地战,袁军列在正中的只有八百名步兵和一千多名弩兵,身后隐约有两三万人,队列不整,斗志不高。

看到这种情景,公孙瓒的嘴角上一定露出过一丝轻蔑的微笑。公孙瓒下达了总攻的命令,数千名"白马义从"席卷而出,声势十分壮观,但此时袁军的队形仍然没动,而列队于最前面的八百名步兵突然伏下身子,用随身携带的皮盾蒙住身体,然后一动不动地等待敌人骑兵的到来。敌人一点点近了,这些人仍然不动。"白马义从"都是马上的射箭高手,离对方还有一箭之地时,他们一边冲锋,一边在马上搭弓射箭,雨点般的箭支射来,但袁军有皮盾保护,没有人受伤。

说话之间骑兵就到了,伏在皮盾下的这八百人突然"同时俱起,扬尘大叫",他们的手里拿着一种样子奇怪的武器向"白马义从"刺来,"白马义从"纷纷落马。这"八百壮士"就是袁绍精心训练出的"大戟士",他们手中样子奇怪的武器就是专门为"白马义从"量身打造的"大戟","白马义从"完全没有防备,结果吃了大亏。"白马义从"就此覆灭,以后再也没有出现在史书里。公孙瓒在此次界桥之战中大败,这成为双方实力发生转折的一战,战后袁绍成为北方地区最强的割据者。

公孙瓒构筑的"易京"颠覆传统

界桥之战对公孙瓒打击很大,尽管他实力仍存,但其后进取意志明显减退,突出的表现就是在易水沿线修筑了一处超级堡垒,也就是"易京"。公孙瓒到那里躲了起来，战略上采取守势，不再积极进取。公孙瓒之所以修"易京"，很大程度上与他的迷信有关，《汉末英雄记》说，当时社会上流传一首歌谣："燕南垂，赵北际，中央不合大如砺，惟有此中可避世。"也就是在燕国的南部、赵国的北部一带可以避世，这个地方恰好就是易水一线，公孙瓒一向迷信，听了这个歌谣，就在易水北岸修筑起防御体系。

《汉末英雄记》说，这个防御体系由许多高楼组成，公孙瓒和他手下的部将都有各自的高楼，加在一块"楼以千计"，公孙瓒居住的高楼最雄伟，下面有铁门，公孙瓒住在楼上，屏去左右，只留婢妾侍奉在身边，有需要他批示的文书，就用绳子吊上来。《三国志》等史书对这种高楼有进一步描写，说它外围有堑沟十重，这些叫"京"的高楼筑于堑沟之间，每个都有五六丈高，汉代一尺约合现在23.5厘米，五六丈相当于12米多，也就是三四层楼高，像个炮楼。公孙瓒自己居住的有十丈高，也就是七八层楼高。公孙瓒在这些高楼内储存了大量粮食，总量有三百万斛，汉代一斛为十斗，一斗为十升，三百万斛是一个极大的数字，但这有可能是真的，因为公孙瓒刚搞完屯田，有这个实力。

公孙瓒对大家说："以前还以为天下可指麾而定，现在看来不能取决于我，不如暂时休兵，发展生产积蓄粮食。兵法说'百楼不攻'，现在我建了高楼千座，吃完这些粮食，天下的事也就有分晓了。"公孙瓒的立体防御工势果然很难攻，袁绍在易京防线面前一筹莫展。但是公孙瓒的做法也过于保守，就像一个拳击手，站在台上不打别人只挨打，即使你再能挨打，也没有取胜的可能。更何况，打人的总比挨打的办法多，袁绍攻不下来就慢慢攻，一年不行就两年，两年不行就三年，总有攻下的时候。

到了建安四年（199），也就是公孙瓒"入驻"他的超级塔楼五年后，袁绍终于攻下了"易京"。袁绍攻城的办法是，从不同方向朝这些塔楼群挖地道，一直挖到楼下，之后用木头撑住，感觉差不多了，就在木头下点火，火把木柱烧倒，上面的高楼失去地基支撑顷刻倒下。在"易京"即将倾倒的时候，公孙瓒预感大势已去，杀了自己的妻子儿女，之后自杀。

总的来说，迷信加保守最终害了公孙瓒。在当时，高台的确是重要且有效的防御体系，比如董卓修建的郿坞、曹操修建的铜雀台，都有这样的军事防御目的，但防御只是一种战术，是为更好地进攻服务的，而不能将消极防御作为战略目标。公孙瓒大修易京防御体系，花费了巨大的人力物力，从单纯的攻防战术角度看有一定可取之处，但从战略层面看则是一大败笔。群雄争霸的要点是抢占地盘和人口，躲在城堡里不谋求发展是土财主干的事，结果迟早被别人吞没。

因一个原因刘备等人离公孙瓒而去

刘备跟公孙瓒是同学，他带着关羽、张飞来投公孙瓒，在公孙瓒手下待过几年，公孙瓒任命刘备为县令、国相。赵云带领家乡的人来投公孙瓒，也在公孙瓒手下待过，最后刘备、关羽、张飞、赵云都离开了公孙瓒，其中的原因，很大程度上与公孙瓒的用人政策有关。

公孙瓒的用人政策很有意思，他不喜欢用世家大族出身的人，这一点与袁绍、曹操刚好相反。世家大族在公孙瓒手下没有发展的机会，无论多么有才能都进步缓慢，史书记载，不少世家大族出身的人在公孙瓒手下"抑死于穷苦之地"。有人问公孙瓒为什么这样做，公孙瓒还有自己的道理："对衣冠子弟以及品格高尚的人，你给他富贵他认为这是应该的，而不会感激你。"其实这都是歪理，或者说是浅薄之见、市井之见，曹操用了很多世家大族的人，并没有招来这些人的怨恨，事业也没有因此失败。

公孙瓒不仅不用世家大族，而且能人也不用，史书上说公孙瓒"所宠遇骄恣者，类多庸儿"，其中尤其以算命先生刘纬台、布贩子李移子、商人乐何当三个人最受宠信，公孙瓒跟他们结成了异姓兄弟。公孙瓒字伯圭，据说他原来的表字并不是这个，这个表字是他后来改的。一家如果有四个兄弟，他们的表字里应该分别有伯、仲、叔、季这几个字，公孙瓒为表示跟刘纬台等"异姓兄弟"很亲，所以自己把表字改成伯圭，其他几个人则分别按仲、叔、季的顺序改。有公孙瓒撑腰，这些"庸儿们"很快发家致富，"富皆巨亿"。公孙瓒还跟他们结成儿女亲家，常把他们比作西汉初年的开国功臣曲周侯郦商、颍阴侯灌婴。

公孙瓒的用人政策可谓不拘一格，但过了头就显得有些另类，靠这帮人给他出谋划策能有多高水平？《汉末英雄记》记载的一件事就颇为雷人，是其他割据军阀做不出来的：有部将被敌人所围，向公孙瓒求援，但公孙瓒就是不出兵相救。他的理由是，如果救了这一个，以后将领们再遇到类似情况就有了依赖心理，就不会力战了，如果不救，以后大家肯定会奋力自救。这个说法貌似有理却不实际，因为人都有求生本能，在生死考验面前有人选择玉石俱焚，也有人选择投降以求活命，公孙瓒的想法未免理想化了。《汉末英雄记》说的这件事在《三国志》里也有记载，这个求救的是渔阳郡太守邹丹，在袁绍发起的潞河之战中，公孙瓒不发救兵，坐视邹丹被杀，这提醒了公孙瓒手下的将领们，看来危急关头还得自谋出路。后来袁军北上，公孙瓒手下的将士们想到"守则不能自固，又知必不见救"，要么被袁绍攻破，要么就杀了他们的统帅投降袁绍。史书没有说公孙瓒这个愚蠢决定是不是他自己的创意，也许这样的创意来自刘纬台、李移子这些人，公孙瓒手下如果有郭嘉、鲁肃这样的人才，是不会让他干这种傻事的。

在汉末三国，人才是稀缺资源，大家都在拼命抢人才，一流的人才更是让群雄们心驰神往。一流人才的思想才是一流的，一流的思想才能开创一流的事业，"庸儿"不可能提出一流的规划。这就是为什么曹操见到荀彧会那么激动，把他称为"吾之子房"，见到郭嘉更是激动地说"使孤成大业者必此人"。群雄争霸拼的是实力，在实力组成要素里人才排在第一位，公孙瓒靠一己之勇起家，也开创了不小局面，但发展到一定阶段时，应该把人才战略放在最突出位置，但公孙瓒偏偏不重视人才，也不会识才、用才和留才，身边更没有像郭嘉、诸葛亮那样的顶尖人才，这是他失败的深层次原因。

对刘备来说，来投公孙瓒，一定也带有很大的人生理想和期望，但公孙瓒刚开始只给这位老同学一个司马的职务，只相当于一名团长，而刘备之前已干过多任副县长、县长，是个绝对的老资格，这说明公孙瓒是很抠门的。像刘备、关羽、张飞以及赵云这样有能力、有事业心的人，在公孙瓒手下吃不开，他们的离开也就是早晚的事了。

吕布为何"辕门射戟"救刘备

袁术称帝时，吕布旗帜鲜明地表示反对，并带兵攻打袁术，这一点得到曹操的认可，吕布在徐州的处境有所改善，但随后吕布与刘备发生了矛盾，吕布进攻刘备。

吕布与刘备之间的关系比较复杂，可以用曲折反复来形容。最早是刘备收留了吕布，给了吕布一个小沛，让吕布有喘息之机。之后，吕布趁刘备南下与袁术作战之机，从小沛出兵，占领了刘备的大本营下邳。刘备走投无路之下又转投吕布，吕布又收留了刘备，把小沛给了刘备。再往后，袁术派纪灵攻打小沛的刘备，刘备不敌，向吕布求救，吕布去小沛，通过"辕门射戟"为刘备解围。最后，吕布又跟刘备翻脸，进攻小沛，刘备出逃，投奔了曹操，曹操、刘备合力进攻吕布，吕布失败。

以上这些变化过程让人眼花缭乱，吕布、刘备之间到底是什么关系，以至于造成合合分分呢？二人到底谁帮了谁、谁有负于谁呢？这还真不好用一句话来说清。总的来说，双方都是按照自己的利益去行事的，有利于自己的就干，没有一定准则，立场可以变来变去，二人的关系印证了那句话："没有不变的朋友，只有不变的利益。"在这个过程中吕布似乎做得更差劲，因为毕竟当初是刘备先收留了他，没有刘备，吕布就没有在徐州立足的机会。

在上述过程中多次提到"小沛"这个地方。小沛是沛县的俗称，也就是今天的江苏省沛县，是汉高祖刘邦的家乡，当时属豫州刺史部沛国，为了与沛国区别，沛县便俗称"小沛"。这个地方为什么在三国历史中会被频繁提及呢？因为它的位置很特别。小沛属豫州刺史部，但又远离豫州中心，在豫州的西北角上，它的南面是徐州，北面是兖州，说得形象点儿，它就像一把匕首手插在了兖州与徐州之间。那时候兖州是曹操的，徐州是陶谦的，陶谦让刘备驻扎在小沛，给了刘备一个豫州刺史的名义，实际上是把刘备派到了最前线，让刘备去抵挡曹操，刘备成为戴在陶谦头上的一顶钢盔。

刘备后来取代陶谦坐拥徐州，他深知小沛之妙，所以吕布来投，刘备第一时间大概就想到了小沛，可以利用吕布去守边地，于是刘备把豫州刺史这个头衔给了吕布。刘备让吕布去小沛，目的与当年陶谦安排自己去那里是一样的。到后来，吕布又取代刘备拥有了徐州，刘备成了无家可归的人，刘备很聪明，不等吕布开口，自己主动提出去小沛为吕布站岗放哨，吕布出于与陶谦、刘备共同的心理，觉得刘备可以利用，就同意了。从以上可以看出，刘备、吕布都有一点儿私心，自认为得了便宜，岂不知因此坏了后面的大事。刘备收留吕布，吕布收留刘备，他们手下的人比他们看得更清楚，一再反对，但刘备、吕布都不听，说明这个时候无论刘备还是吕布，在政治上、权谋上都还不够成熟。

至于说"辕门射戟"，这件事在历史上真的发生过，具体过程与小说里描写的情景差不多，发生在小沛，具体地点是吕布的军营里，"辕门"通常指官署衙门的大门，所以这里用"营门射戟"更准确一些。袁术进攻刘备，吕布为什么要去救刘备呢？因为刘备是吕布派去小沛的，袁术直接来攻，吕布觉得很没面子。吕布那时与袁术之间关系也不太好，吕布认为自己夺了刘备的徐州，也是给袁术帮了忙，袁术事先答应了不少好处，但事后不兑现，吕布在生袁术的气。基于这些考虑，吕布还是来救刘备，从这一点上说，吕布考虑问题缺乏战略眼光，其实借袁术消灭刘备更加符合吕布的利益，以免日后给自己留下一个强敌。

曹操白门楼上杀吕布并不犹豫

吕布后来被曹操打败，之后被曹操杀死，时间是建安三年十二月癸酉日，按公历算是公元199年2月7日。之前吕布被围在下邳城里已经好几个月了，原本他还抱着一丝希望，看看久攻不下的曹操会不会干脆撤兵，没想到曹操非解决他不可，一直猛攻，最后城池被攻破，曹操在白门楼也就是下邳城南门上面的门楼设置了临时指挥部，吕布被五花大绑地带了上来。

综合多部史书记载，当时的情况是，吕布见到曹操倒没怎么紧张，他说的第一句话是："绑得太紧了呀，能不能给松松？"曹操笑了："绑猛虎，不紧可不行呀！"气氛挺轻松，吕布活命信心大增，于是向曹操建议："明公所担忧的不过是我吕布罢了，现在我已经归顺了，天下不足忧。今后明公统率步兵，让我统率骑兵，则天下必然平定！"听完这话，曹操是怎么回答的史书没说，《三国志》只说"太祖有疑色"，没说不是默认，而是不置可否。吕布有些尴尬，没话找话："明公好像瘦了。"曹操惊讶地说："你以前见过我吗？"吕布说："当年在洛阳，在温氏园中我见过您。"曹操是个认真的人，还真的想了想："有可能，我全忘了。现在是有点瘦了，那是因为一直抓不到你的缘故呀！"

吕布还想活命，做着最后的努力："当初齐桓公舍射钩，用管仲为相；现在我愿意效股肱之力，甘为前驱，可以吗？"但曹操听完仍未发话。绑吕布的人看来下手有点狠，吕布被绑得难受，扫了一眼边上坐的刘备，招呼道："玄德，你现在是座上客，我是阶下囚，能不能帮忙说句话，给我松松绑？"曹操听后笑了："干吗不跟我说，还求玄德呢？"曹操准备下令给吕布松绑，但被一个人走上前劝阻了，这个人不是刘备，而是曹操的主簿王必，类似于办公室主任，王必劝曹操："吕布是个强大的敌人，他还有不少部下在外头，不能宽恕他。"曹操无奈地对吕布说："本欲相缓，主簿复不听，如之何？"这时刘备也上前说话了："明公难道忘了吕布曾经事奉过丁原和董卓吗？"曹操听完，立即点头："你说得太对了！"刘备这是典型的落井下石，吕布大骂："是儿最叵信者！"

意思是"你这个小子，让人最不能相信"。曹操下令将吕布杀了，吕布死得有些窝囊，是被缢杀的，死时不到四十岁。

吕布死后，曹操把他的首级砍下来送到许县，这就比较有意思了。既然要砍头，为什么先缢杀呢，不是太麻烦了吗？有人说曹操对吕布太恨了，这是曹操在泄愤，要让吕布死两次。其实不是，过去死刑也有不同的执行方式，比如车裂、凌迟、弃市、枭首、缢杀等，同样是死，根据罪责轻重有不同死法，相对而言缢杀是较轻的，可以保留全尸。曹操并没有那么恨吕布，否则就车裂了，这是一个方面。另一方面，吕布毕竟有朝廷正式颁布的爵位，是朝廷认可的县侯，又亲手杀了董卓，曹操缢杀吕布，应该是最后仍网开一面。但是，吕布死在下邳，他的名气天下无人不知，无人不晓，曹操需要把他的首级拿到许县展览，以警示世人，所以缢杀后再把首级砍下来拿走。

还有一个问题：曹操难道真的生过不杀吕布之心吗？这个可能性不大。曹操很爱才，吕布作为将才在同时代几乎无人匹敌，虽不是帅才，却是一把攻击敌人的利器，但曹操更顾忌吕布能否被驯服，最终为己所用。不用刘备提醒，曹操其实也知道吕布诚信度太低，缺少做人的原则，凡与他合作过的人，包括丁原、董卓、袁绍、袁术、刘备都吃过亏，曹操爱才，但不会养虎为患，所以杀吕布的心早就有了，王必出来说那番话，更像是领导和下属配合唱的双簧，刘备这时再一搭话，曹操就顺势把杀害天下名将的黑锅甩给了刘备。

袁绍败于世故，吕布败于人情

吕布是汉末三国一位匆匆过客，是乱世里的一个搅局者，对他个人而言一生是短暂的，对历史而言，吕布所留下的东西看着虽令人眼花缭乱，但有价值的东西、值得称道的东西不多，人们在他身上总结出来的更多是教训而非经验，从这个意义上说，吕布更像是一个反面教材，提醒我们不要去犯他曾经犯过的错误。吕布犯过哪些错误呢？总结一下，至少有以下这几点：

一是吕布不注重政治信誉，致使四面皆敌。一部三国史也是一部"忠"和"义"的历史，无论世道多乱，这两面大旗都始终高扬。后世看中三国人物的，往往也在这一点，凡是被后世褒扬和肯定的，在"忠"和"义"的问题上一定没有亏欠，有不少人还成为后世楷模。而那些不忠或者不义的，无论本事多大、有过多么了不起的成就，也难以被大家所认同。强调"忠"和"义"，不是说不能投奔别人再离开别人。在三国这样的乱世中，一生即使委身于很多人又离开了他们并不算什么，刘备先后依靠过的人跟吕布差不多，但大家说吕布"轻狡反覆"，却没有人这样说刘备。事情或许相同，但做法完全两样，吕布或降或叛，看中的只是个人利益，投靠人家时卑躬屈膝，翻脸时挥刀相向，刘备做得就比较周全，迫于形势离开时从不恶语相加。吕布缺乏信誉，这是他"善变"的一面，由于善变，吕布也就失去了根基，注定干不成大事。

二是吕布只搞"短线操作"，没有长远规划。吕布人生中最活跃的十年基本都是在颠沛流离中度过的，他也很辛苦，但经常白忙活半天最终一无所获，原因就在于他缺乏长远规划，这是他"少谋"的一面。乱世争雄，说到底就是创业，创业要有基础、团队和起码的资本，但比这些更重要的是要有规划，吕布缺乏曹操、刘备、孙权那样的雄才大略，手下也没有荀彧、诸葛亮、鲁肃那样的规划师，他的奋斗历程看起来总是起伏不定，没有方向、目标，这也是吕布干不成大事的原因之一。

三是吕布只知道"用人不疑"，不懂得"疑人不用"。除了"善变"和"少谋"，吕布在用人上也有问题。吕布其实还是有一定人格魅力的，他手下有不少将领一路追随他，有的"三国迷"把他们总结为吕布的"八健将"，包括高顺、张辽、臧霸、侯成、宋宪、魏续、郝萌、曹性，这是吕布带队伍长处的一面。但与此同时，吕布还存在识人不明的问题，吕布走向失败，与两个人有很大关系，一个是陈登，一个是陈宫，吕布其实对他们都怀疑过，尤其陈宫，前面提到过，吕布手下曾发生过一场叛乱，自己差点儿送命，他追查时，有人向他揭发，说陈宫也参加了叛乱，当时陈宫恰好在场，听到这话脸色都变了，但不知何故吕布听完竟不再提了，就当没发生过一样。"疑人不用"是用人的原则，吕布不懂这个道理，所以吃了大亏。吕布被俘前是有机会向曹操投降的，至少能保住性命，但陈宫百般阻止，使吕布失去了最后的机会。吕布败于陈登、陈宫，显示他在用人上还不成熟，如果说袁绍最终败给了为人太世故，那吕布就是败给了人情。

吕布是三国时代有名的"妻管严"

之前说过，貂蝉不是吕布的妻子，虽然人们把她列入古代"四大美女"，但是她跟西施、王昭君、杨玉环不一样，史书里没有关于她的任何记载，她只个传说中的人物。不过，吕布是有妻子的，据《三国志》等史书记载，吕布有妻子、女儿，妻子叫什么名字史书没有说。可以推测一下，吕布从家乡五原郡出来的时候已经二十多岁了，按照当时的风俗应该成家了。史书还提到，吕布手下将领中有魏越、魏续兄弟俩，吕布对他们格外信任，跟他们有"外内之亲"，也就是与他们有姻亲关系，这暗示吕布的妻子或许姓魏。

吕布在被围困下邳之前，他的妻子就至少两次出现在史书里：一次是长安之乱期间，吕布突围逃命，把妻子扔在了长安城里，据《汉末英雄记》记载，吕布的妻子后来埋怨说："妾昔在长安，已为将军所弃，赖得庞舒私藏妾身耳。"这个庞舒是谁？不得而知。另一次是吕布从兖州逃往徐州，请求刘备收留他，《汉末英雄记》记载，吕布"请备于帐中坐妇床上，令妇向拜，酌酒饮食，名备为弟"，这一段写得很隐讳，不知何意。

吕布的妻子随吕布四处征战，吃了不少苦，吕布后来被曹操围困在下邳城，陈宫建议派兵出城偷袭曹军粮道，曹军远途作战，粮食供应很困难，一旦粮食被劫，军心必乱。吕布认为有道理，准备亲自带队去劫曹军粮道。军事会议也开了，各项部署也下达了，吕布回家收拾东西，顺便跟妻子交代一下。这位吕夫人虽然不是貂蝉，但也把吕布管教得很好，平时吕布都听她的。听说丈夫要出城，吕夫人顿时没了安全感，想反对，又怕丈夫不听，于是换了个理由说事。《汉末英雄记》记载，吕布的妻子说："将军你亲自出城断曹公粮道，陈宫、高顺素来不和，将军一出，他们二人必不能同心守城，如果有闪失，你还能回来吗？"吕布一听，比较郁闷，就不再提劫粮道的事了。

陈宫不放弃，又出了一个主意，建议由他来守城，吕布带一支人马到城外驻守，形成呼应，曹军攻吕布，陈宫就出来夹击曹军；曹军攻城，吕布就从后面包抄曹军。这个主意未必高明，因为当时曹军的力量已很强大，即使分兵两路对攻，未必能形成想象中的对曹军两面夹击的态势。但陈宫的计划也有可取之处，因为分兵毕竟可以分散敌人的进攻点，削弱敌人的攻势。同时，分兵可以减轻城内粮食不足的压力，跳到外围作战后，也能变被动为主动。吕布懂些兵法，知道陈宫的这个主意可行，准备同意，但回家跟妻子一说，吕夫人又坚决反对。《魏氏春秋》记载，吕夫人对吕布哭着说："昔曹氏待公台如赤子，犹舍而来。今将军厚公台不过于曹公，而欲委全城，捐妻子，孤军远出，若一旦有变，妾岂得为将军妻哉！"吕布一听更郁闷了，陈宫的这项计划又告吹了。

从上面这些事可以看出，吕布是个典型的"妻管严"，这也算是他失败的原因之一吧。但反过来说，也可以说明吕布是个重感情的人，他跟妻子之间的爱情有没有达到传说中与貂蝉那样惊天动地不好说，但感情应该是不错的。儿女情长，也许与吕布叱咤风云的"飞将"形象有反差，但这更符合真实的吕布。后来吕布被缢杀于白门楼，妻子、女儿的下落史书未予记载，参考陈宫被杀后曹操善待其母亲的做法，吕布的妻子、女儿也应该受到曹操的照顾，至于说吕布的妻子出家为尼、嫁给许褚以及"关公夜下斩貂蝉"那样的故事，都属于附会和传说。

陈宫宁死也不愿再与曹操合作

吕布被围困期间曾有过投降的打算，陈宫坚决主张不投降，最后吕布手下将领侯成、宋宪、魏续反叛，把陈宫抓了起来，当成给曹操的见面礼。陈宫被人押到曹操面前，他们是老熟人，曹操问陈宫："公台，你平生计谋过人，现在怎会这样？"陈宫看了看旁边的吕布，说："都是这个人不听我的，才至于此。"曹操笑道："到现在还有什么可说的？"陈宫说："为臣不忠，为子不孝，应该一死。"曹操说："那你死了，你的老母亲怎么办？"陈宫说："我听说以孝治天下的不害别人之亲，我的老母亲能不能活命，全在明公你了。"曹操又说："那你妻子儿女怎么办？"陈宫说："我听说施仁政于天下者不绝人之祀，妻子儿女能不能活命，也全在于明公。"陈宫自请一死，态度坚决，一边说一边往外走，拉都拉不住。曹操无奈，命人把他杀了。

史书虽是那样记载的，但并不意味着曹操真的想留陈宫一命。曹操可以接纳降将，但他也最恨叛徒，在曹操心中陈宫就是一个大叛徒。曹操曾经很信任陈宫，史书里的说法是待陈宫如"赤子"，陈宫本应以"赤子之心"回报曹操，但却在关键时刻背叛了曹操，差点儿让曹操彻底翻船，之后陈宫又辅佐吕布与曹操为敌，害得曹操在下邳城外围攻了好几个月，对于这样的人，曹操肯定恨之入骨，没有不杀的理由。从史书记载曹操与陈宫最后的谈话来看，曹操其实并没有表态说不杀陈宫，也没有挽留，只是问他还有什么可说的，服不服气，还有哪些后事要交代。

陈宫与曹操打交道这么多年，深知曹操的为人和个性，当然明白自己的处境，所以对生死不再抱什么期望，因而临终之前态度无比坚决。陈宫是个有本事的人，虽经历了反复，最后为吕布这样的人陪葬，似乎死得不那么伟大，但他其实是个有原则的人，不是那种唯利是图、贪生怕死的小人。所以，在最后的关头陈宫的态度才无比坚定，表现得大义凛然。

曹操杀声望更高的高顺留下张辽

吕布、陈宫都被曹操杀了，但吕布手下的人马还在，吕布的部将侯成、宋宪、魏续投降了曹操，而且是"临阵起义"，他们这些人是功臣，曹操不能杀，需要对他们进行妥善安置。但是，侯成、宋宪、魏续这几个人到曹营后再没有相关记载了，估计曹操没有给他们太高的军职，到中郎将相当于大校师长这一级应该就到头了，或者是校尉、都尉什么的，这就需要有人来统领他们，张辽是合适的人选。因为在吕布集团里张辽的资历最老，二十多岁就做了郡太守，品秩与中郎将相当，但高顺当然也可以，因为高顺最能打，战斗力最强，吕布手下有不少队伍都是高顺一手训练出来的。

曹操找个人来统领吕布的旧部难道不行吗？比如把这些人马打乱，分编到各部队中，但这是近现代的做法，在那时未必是好主意，因为这相当于把一个风险源扩大成了若干个风险点。曹操的习惯做法是，对这样的部队进行整编，淘汰一批，留下的仍然整建制存在，青州军就是这样的情况。而且，吕布的旧部大多是"起义部队"，也不适合打散重编，也许这些人起义前曾提出过一些条件，比如将领的军职、人马如何安置等，出于减少攻城伤亡代价的考虑曹操应该会答应。

既然要找个人来当统领，曹操为什么找的是张辽而不是高顺？张辽的情况跟高顺不同，高顺一直是吕布的部下，而张辽在很长时间里是吕布的同事、同僚，早年在并州他们二人与张杨是丁原手下的三位干将，地位相差不大，互不统属。后来吕布杀了丁原投靠董卓，张杨走了，张辽留了下来，但张辽直接归董卓指挥，张辽与吕布仍然互不统属。张辽成为吕布部下是在董卓被杀后，吕布杀了董卓，立下大功，"仪同三司"，即享受三公的待遇，随着地位骤升，张辽所部人马并入吕布手下，张辽这才成了吕布的下级。从二人以上经历可以看出：吕布、张辽的地位一开始差不多，这使得二人的关系并非特别亲密，吕布杀董卓时没找张辽帮忙就是佐证。高顺不同，他一直是吕布的下级，忠于吕布，跟吕布有着很深的感情，高顺有时受到一些不公正对待，他也都毫无怨言，这是值得称道的品质，但也是曹操不敢把队伍交给高顺的原因。

还有一点很重要，史书说侯成"与诸将共执陈宫、高顺，率其众降"，也就是说，侯成等人是"起义将领"而高顺并不是，高顺是被起义的这些人绑起来交给曹操的，这中间发过了什么史书没有交代，但可以推测，也许侯成等人起义前也找了高顺，邀他一同起事，但高顺没答应，所以被大家绑了。也可能大家没有找过高顺，觉得他死忠吕布，不会参与起事而只会坏事，所以先把他绑了。不管哪种情况，曹操这时想再用高顺就困难了，即便不考虑高顺与吕布的关系，也得考虑侯成、宋宪、魏续等人的感受，既然旁边还有一位现成的张辽，曹操为何不把复杂的问题简单化处理呢？

第四篇 官渡之战

"衣带诏"事件让刘备左右为难

1

汉献帝建安三年（198）春天，吕布因为一些事情对刘备不满，发兵攻打刘备。刘备当时在小沛，他向曹操求援，曹操还是很重视的，立即派夏侯惇前往救援，但夏侯惇不是吕布的对手。这一年十月，曹操亲率大军来救，还没到小沛，吕布已经攻占小沛，刘备向西逃走，曹操在沛国西边的梁国遇到了刘备一行。王粲在《英雄记》中提到，在当年何进、袁绍等人谋诛宦官的时候刘备曾随曹操赴沛国募兵，但这件事不见于其他史书，所以历来受到质疑，如果没有这回事，那现在就是曹操和刘备的第一次相见。这一年曹操45岁，刘备37岁。

刘备一见到曹操，就力劝他一鼓作气杀往徐州，把吕布彻底消灭，当然，这不用刘备来劝，曹操这次既然亲自出动，又做了周全准备，就是奔吕布来的，肯定不会空手而归。对曹操来说，拿不定主意的是如何处置刘备，曹操有些犹豫，手下人多劝曹操借机杀了刘备，比如程昱就暗示曹操杀刘备："我看刘备此人有雄才，而且很得人心，终究不会甘居人下，不如早做打算。"曹操想了想，没同意："方今正是收天下英雄之时，杀一个人而失天下英雄之心，不能这样做呀！"曹操不仅接纳了刘备，还以汉献帝的名义正式任命刘备为豫州刺史。对刘备而言这项任命来得太迟了，因为他已先后两次就任该职，但对朝廷而言，能做出这项任命已经算破例了，因为汉献帝自东归以来，对这些年各地自行任命的官职一直采取否认态度。

曹操为什么没有杀刘备呢？从曹操回答程昱的话中可以看出，他不是不想杀，而是有些顾虑。曹操虽然没跟刘备打过交道，但承认刘备是个英雄，也不否认日后刘备会发展成一个可怕的对手，但现在却不能杀他。曹操担心杀了刘备会让天下英雄寒心，这里的"天下英雄"都是哪些人呢？指的是那些有一定实力、仍分散在各地的割据势力，当然这里面不包括袁绍、刘表、刘璋那样的人，他们虽然最有实力，但当时不可能轻易向曹操投降，曹操倒也不在乎他们的感受；还有一些人，实力不如袁绍等人，却也不能小视，比如张绣、臧霸、张杨、张燕、马腾、马超、张鲁等，他们是曹操和袁绍都想方设法争取的目标，曹操杀了刘备，会让这些人产生疑虑，毕竟刘备是主动投奔曹操的，曹操把刘备杀了，今后那些人就会疏离于曹操，对曹操不利。

所以，程昱的想法是基于战术上的考虑，而曹操的想法是建立在战略层面上的。从以后情况的发展看，程昱的建议有一定道理，刘备确实成为曹操最重要的对手之一，但曹操的想法更具有远见，由于曹操接纳并厚待了刘备，不久之后张绣、臧霸、张杨、张燕、马腾等实力派纷纷归顺曹操，在袁曹决战中坚定地站在了曹操一边，对曹操来说，收留刘备固然是一项风险投资，但也收获了超额回报。

2

曹操后来消灭了吕布，对于接下来如何安排刘备，曹操仍有些犹豫。当时，刘备的正式身份有两个，一个是豫州刺史，一个是镇东将军，都是朝廷正式任命的，而且是在曹操亲自主持下任命的。镇东将军相当于"东部战区司令"，按理说驻地应该在豫州、徐州、扬州一带，豫州刺史更不用说，应该在豫州就任，当时豫州刺史部已在曹操控制之下，该州的治所在曹操的老家谯县，也就是现在安徽省亳州市，如果按照制度规定，刘备应该到曹操的老家谯县去上任。但曹操不会这么做，豫州刺史部下面还辖有颍川郡和许县，豫州刺史相当于昔日的司隶校尉，也就是清代的直隶总督，这么重要的职务怎能交给刘备？同样道理，徐州也不能给刘备，在曹操看来，论危险指数刘备比吕布差不了多少，刘备只能待在自己的身边，待在他能看见的地方。

最后，曹操以汉献帝的名义拜刘备为左将军，这是所谓的四方将军之一，比镇东将军还要高两级。此前，袁术担任过左将军，那是董卓把持朝政时任命的，曹操主持朝政后又曾把左将军给过吕布，吕布刚死，曹操又把它给了刘备。张飞和关羽也都升了职，他们原来一直是司马，相当于团长，曹操提拔他们为中郎将，直接当上了师长。曹操把刘备等人带到许县，表面上礼遇有加，内地里却加强监视防范。

刘备深知自己的处境，所以小心谨慎，平时尽量减少公开活动，保持低调，生怕引起曹操猜忌。有人说，刘备一到许县就跟汉献帝建立了密切关系，二人还叙起了家谱，汉献帝称刘备"皇叔"。还有人说，刘备在许县期间参加了一场汉献帝举行的狩猎活动，曹操携刘备、关羽、张飞等人也参加了，狩猎过程中曹操轻慢汉献帝，惹恼关羽，关羽要杀曹操，被刘备拦住。其实，这些说法都靠不住，之前已经说过，"刘皇叔"与史实不符，至于在许县打猎的事，也不大可能，因为刘备在许县只待了三四个月，正面临着各方面巨大压力的曹操没有时间更没有心情去打猎，陪汉献帝去打猎也不可能。同时，刘备来许县是春末夏初，离开时夏天还没有结束，狩猎一般在秋天进行，没有大夏天出去打猎的。而且，即使有这一场狩猎活动，刘备和关羽等人也参加了，在戒备森严的环境里，仅凭关羽一己之勇就想当场诛杀曹操，那也是开玩笑。在当时的政治氛围下，刘备是不敢主动向汉献帝表示亲近的，即便曹操给了他这样的机会，刘备也会谨慎从事。

3

还有一个所谓"衣带诏"事件，也与刘备有关，这件事倒是有些史实依据。董贵人的父亲董承不满曹操专权，密谋发动政变，为此联络了一些人，其中也包括刘备，为了增加刘备的信任和信心，董承拿出一份汉献帝亲笔写的密诏，在这份密诏里，汉献帝直接表明让刘备去诛杀曹操，这就是所谓的"衣带诏"，史书里没有提到"衣带"，但诏书是有的。

对刘备来说，这其实是一件棘手的事。经过多年来的摔打磨炼，刘备成长得很快，他已不是意气用事的小青年，已经成长为一名成熟的政治家。以刘备的眼光，不难看出董承等人的密谋胜算很小，许县其实是一个不大的地方，上上下下、里里外外都是曹操的人，环绕许县周边的也都是曹操的嫡系重兵，曹操的情报工作做得很细，可谓无孔不入，一旦泄密，参与的人都将在劫难逃。

刘备此时也可以选择向曹操告密，以换取曹操对自己的信任。但刘备实在做不出来，一来他对曹操并无好感，如果能除掉曹操他也乐意为之；二来选择告密就等于和汉献帝作对，如果曹操一怒之下来个废帝弑君，之后顺势把"功劳"往自己身上一推，那刘备就成了千古罪人，遗臭万年了，这个刘备也不能做。所以史书上说"先主未发"，刘备选择了暂时不动，可以理解为，刘备答应了董承，但却没有任何行动，既没有去告发，也没有再去联络他人，这大概是刘备唯一能做的。这样可以拖一拖，但也拖不了太久，刘备不行动，董承还会联络其他人，一旦败露，曹操会追查下去，结果还是一样。为了这件事，刘备恐怕每天都有如坐针毡的感觉，为了摆脱这种状况，刘备只能选择逃出许县，尽快脱身是唯一出路。

青梅煮酒曹操为何不动手

正在刘备寻思逃离许县的时候，机会来了。这时，"伪皇帝"袁术正走投无路，想跟袁绍联系，到冀州逃难，双方经过信使沟通，初步达成了共识，袁绍同意收留这个弟弟，交换条件是袁术把"帝位"让出来。袁术准备由扬州北上冀州，曹操接到了情报，准备在半路上实施拦截，刘备知道后主动向曹操请缨，去徐州执行截击袁术的任务，按理说曹操是不会答应的，但曹操最后居然答应了，还给刘备摆酒送行。

这是历史上的一场著名饭局，虽然参加饭局的只有曹操、刘备二人，但它依然十分有名，席间发生了"青梅煮酒论英雄"的故事。吃完饭，刘备顺利出行，率关羽、张飞一行赶紧离开了许县这个是非之地。曹操手下主要谋士程昱、董昭等人听说了这件事，都赶紧跑来劝曹操收回命令，或者干脆把刘备杀了，他们的理由是："刘备有大志，又有关羽、张飞为羽翼，他心里到底怎么想的很难说。"但曹操没有同意，理由是："可是我已经答应刘备了。"

曹操的理由看起来并不是理由，因为答应了可以反悔，曹操的态度只能说明，他认为派刘备去执行任务是合适的，风险也是可控的。曹操之所以会这样想，大概基于了以下几点考虑：一是刘备对徐州、豫州一带的情况最熟悉，对袁术也熟悉，是执行这项任务最合适的人选；二是当时曹操的人手比较紧缺，此时已到建安四年（199）夏天，袁绍那边已开始行动，准备与曹操展开决战，袁绍还派人去联络刘表和张绣，想给曹操来个两面夹击，孙策所部主力也有北上的意图，在曹操眼里到处都是敌人，他都得分兵去应对，在派不出太多人马的情况下，让刘备去执行拦截袁术的任务，可以利用刘备的名气弥补人马数量的不足，也一个恰当的安排；三是刘备虽然不一定可靠，但曹操派了朱灵、路招等将领率部一同前往，可以起到监视作用，刘备如果有异心，这边也有应变之策；四是刘备跟袁术是一对老冤家，二人多次交手，矛盾很深，刘备不可能跟袁术合作，只会痛击袁术。

曹操考虑得没错，但至少还有两件事可能没料到：一是刘备虽然在许县待的时间不长，但并不是只种菜、喝酒，还参加了一场仍在酝酿中的政变活动，这件事一旦大白于天下，刘备就不得不反；二是刘备虽然跟袁术关系不怎么样，但跟袁绍的关系却不错，二人素无恩怨，之前已经有过一些来往，只要找到共同利益和合适的机会，刘备随时有站到袁绍一边的可能。后面的事大家都知道了，刘备到了徐州，袁术北上的路就断了，袁术被迫再次南下，不久后病困而死。任务完成了，但刘备没有回许县，而是在徐州与曹操公开决裂，这让曹操既怒且悔，曹操感到自己失算了，他不得不再次亲征徐州。

表面顺从的孙策突然要偷袭许县

曹操此时遇到不顺心的事不止刘备叛逃一件，孙策也给他带来了麻烦。孙策一开始与曹操并没有横向联系，也没有得到朝廷的正式认可，二人关系升温发生在袁术称帝后。袁术贸然称帝，孙策马上亮明态度，写信细数其九大罪状，加以讨伐，孙策同时派使者到许县向朝廷进贡，意思是愿意服从朝廷。曹操见到孙策派来的使者特别高兴，马上以汉献帝的名义派议郎王誧为特使前往江东，对孙策勇于同逆臣做斗争的行为给予表彰，并拜孙策为骑都尉，封吴侯。骑都尉的职位并不高，相当于骑兵师长，孙策那时候手里已有好几个郡，觉得这个职位有点儿低，派人私下游说王誧，这位王特使挺不简单，在来不及请示汇报的情况下当机立断，自己做了回主，重新拜孙策为明汉将军，也有史书说是讨逆将军，反正都是将军级的，由师长升成了军长。

曹操为进一步拉拢孙策，还与孙氏结成亲家，把自己弟弟的女儿，也就是自己的亲侄女，许配给孙策的弟弟孙匡，又为自己的儿子曹彰娶孙贲的女儿，孙贲是孙坚哥哥孙羌之子，是孙策的叔伯兄弟。经过这两桩婚姻，孙曹两家亲上加亲，论公论私，双方的关系都显得非常亲密。但这只是表面现象，对孙策这种地方割据势力，曹操的终极目标还是要消灭，在曹操眼里孙策其实跟吕布并无两样，要么投降，要么被干掉，只有这两种选择，对于这一点，曹操心里清楚，孙策心里也清楚。

曹操灭掉吕布后，对徐州做了周密安排，留陈登为广陵郡太守，同时任命其为伏波将军。广陵郡紧挨着长江，与江东一江之隔，陈登非常能干，吕布之所以垮台，陈登为曹操做了至少三分之一的贡献。陈登到任以后与孙策发生了矛盾，双方刀兵相见，陈登多次打败孙策的人马，其中至少两次大败孙策的弟弟孙权，史书上说陈登"甚得江、淮间民心，于是有吞灭江南之志"。

在孙策看来，吕布、袁术失败之后，自己面对的最大敌人其实已经变成了曹操，曹操也把自己当成东南方向的最大敌人，这一点双方都很清楚，孙策表面上仍然服从朝廷、服从曹操，但内心深处早已把曹操当成了劲敌。曹操很强大，硬拼不行，只能抓住机会寻求突破，曹操与袁绍即将进行大决战，在孙策看来，这就是难得的机会，这样的机会上天也许只给一次，抓不住以后就没了，等曹操消灭了袁绍，势力进一步增强，再与曹操对决就更不可能取胜。正是基于这样的考虑，孙策才决定北上偷袭曹操，趁曹操主力与袁绍对垒之机突然发兵拿下许县，让曹操阵脚大乱。

当然，孙策这样做也许还有袁绍方面策动的原因，为了战胜曹操，袁绍分别派人对荆州的刘表、关中的马腾、南阳的张绣、汝南的李通等实力人物展开游说，史书没有说袁绍是不是也派人去江东找过孙策，但这种可能性是存在的，如果袁绍、孙策约好共同行动，那对曹操来说的确是一个腹背受敌的不利局面。

孙策之死背后有多少种可能

孙策决定北上，这时已是汉献帝建安五年（200）初。孙策准备聚集起江东所有兵马展开行动，他自称大司马，"将北袭许"。但是，主力北上前必须先解决后方的问题，也就是要解决陈登带来的威胁，要么将陈登消灭，要么把他赶到远远的地方，这样主力北上后才不会有后顾之忧。

建安五年春天，孙策率军来到丹徒，在这里等待运送军粮，打算军粮运到后就向陈登发起总攻。孙策喜欢打猎，在等待的几天空闲时间里他只带着几个随从出去打了一回猎。对孙策喜欢轻出微行的冒险行为，手下谋士张昭、虞翻都曾经规劝过，孙策嘴上表示接受，但难改老毛病，而这一回就出事了。孙策在这次打猎时被藏在树林里的几名刺客袭击，这几名刺客自称是前吴郡太守许贡的门客，他们藏在这里就是为偷袭孙策，目的是为许贡报仇。孙策的面颊中了一箭，回营后虽进行了医治，但仍不治而亡。孙策死于许贡门客之手，这一点史书已有明确结论。但是，综合各方面史料分析，这件事似乎仍有隐情，不仅仅是复仇那么简单，因为这件事的背后处处有曹操的身影。

首先，许贡生前与曹操关系密切。许贡被孙策杀死前是吴郡太守，他接替的是盛宪，盛宪是朝廷任命的郡太守，推测一下，许贡的郡太守可能也是朝廷任命的，正因为如此，一心独占江东的孙策才视其为眼中钉，将其赶下台。之后，许贡想夺回吴郡，他所依赖的还是曹操控制下的朝廷，史书上说许贡向朝廷上表，说放任孙策势力继续坐大，无论对朝廷还是对曹操都是大患，许贡给曹操出的主意是"宜加贵宠，召还京邑"，如果曹操真这么做了，孙策将面临棘手选择，但这封奏表落入了孙策之手，许贡因此丧命。曹操虽没能看到这封奏表，但它说明一个事实，那就是许贡生前与曹操方面的联络是通畅的，许贡不可能只上过这一份奏表，而曹操密切联络许贡是要派大用场，许贡被杀对曹操来说是损失，曹操不会就此善罢甘休。

其次，曹操对江东的情况了如指掌。官渡之战前夕，袁曹对峙正在紧要关头，曹操忽然"听说"孙策要秘密率军北上偷袭许县，很多人都感到担忧和害怕。偷袭这种事是非常机密的，事先诏告天下，就不叫偷袭了。孙策还没起兵，曹操为何能侦知如此绝密的情报呢？答案只有一个，那就是曹操在江东有一套情报系统。之后，为打消众人顾虑，曹操的谋士郭嘉做了那个惊人的预言，说孙策将死于刺客之手。这大概不是预言，而是已经在进行中的相关计划，郭嘉时任军师祭酒，相当于曹操的参谋长，情报系统归他管，他就是相关计划的幕后策划者。

再次，许贡的门客与所谓山匪来往密切，而曹操方面也与这些山匪有来往。孙策被杀前，曹操命令陈登联络江东山匪严白虎的余党，想在孙策背后搞点儿事，这件事记载在史书中，《三国志·江表传》说陈登"以印绶与严白虎余党，图为后害，以报瑀见破之辱"，而许贡被孙策击败后投奔的正是严白虎。这说明，陈登与许贡之间也极有可能有交集，郭嘉的计划要想成功，需要有人去执行，身处前线的陈登最了解情况，他可以通过严白虎及其余部与许贡及其门客建立联系，条件成熟时就实施相关计划。

最后，曹操如果借许贡门客之手除掉孙策，比自己直接动手更有利。对曹操来说，必欲除孙策而后快，因为这样可以用最小的代价解除东南之忧，让他放心地与袁绍在官渡决战。这个目的如果达到，且曹操不用出面就可达成，那将是最好的结果，曹操可以不必与江东孙氏立即撕破脸而实现解除东南之患的目的。试想一下，如果是曹操派人找机会把孙策刺死的，江东无论是谁接班，都将兴兵找曹操报仇，那样江东问题仍没有解决。

通过以上几点分析，似乎可以得出结论：孙策遇袭而死这件事并不简单，它很可能是由曹操、郭嘉在背后策划的，具体实施的人是陈登，是他们借许贡门客之手搞的一次暗杀活动，当然这只是根据史书记载的线索进行的分析和推测。

孙策横扫江东留下的深深隐忧

孙策之死无论直接原因多么诡秘、复杂，有一点是非常重要的，那就是孙策在平定江东过程中也留下了很深的隐患，他没有处理好与江东大族的关系，这是孙策之死的深层次原因。

秦汉以及以后的魏晋南北朝时期，世家大族在政治、经济和文化诸领域往往具有决定性的影响，一些大族有很强的势力和文化影响力，江东也不例外。在孙策的家乡吴郡就有顾氏、陆氏、朱氏和张氏四大姓，被称为"吴四姓"，除此之外，江东还有虞氏、骆氏、严氏等大族。孙氏本身算不上江东大族，史书上说孙氏"盖孙武后也"，一个"盖"字说明其出身的微妙，应该说这是后人在孙氏发达以后附会上去的。孙坚的父亲是一名基层小吏，基本属寒族，孙策横扫江东时对大族有依靠与合作，比如朱氏里的朱温就是孙策的心腹将领，还有骆统、虞翻等人，也效力于孙策，但孙策在感情上与他们还是有一定距离的，双方无法做到完全信任和融合，在孙策手下的著名将领和谋士中，江东本地大族出身的人并不占主导，张昭、周瑜都是江北人。

孙策依靠武力平定江东，杀伐过盛，虽然没有直接杀到这几家著名大族的头上，但被杀的人与这些大族在传统上都有较长的合作关系，这些大族担心孙策随时也会杀到他们头上，大族们的心里有些不安，这影响到江东的安定，也影响到孙氏基业的稳固。但是，孙策直到临终前才认真地去思考这个问题，之前他并未太多关注，一方面是因为创业期间孙策要考虑的事情比较多，胜败远比人心是否稳定更重要；另一方面也与孙氏的出身有关，因为出身寒族，所以与大族之间有本能上的排斥感，孙策心里不愿意主动接近和信任他们。

孙策为孙吴政权的建立做出的独特贡献，是他在很短时间里拓展了整个江东，他非凡的勇气、胆力以及杰出的军事才能都受到大家的认可。但孙策的身上也有致命缺陷，他的性格很像父亲孙坚，父子二人有着许多共同的基因，就连死于意外的结局也很相似。《三国志》评价孙坚"勇挚刚毅"，评价孙策"英气杰济"，说他们都不是一般人物，但同时也指出他们"皆轻佻果躁，陨身致败"，也就是做事情不够严谨慎重，最终因为这些缺点而身死。说到底，孙氏出于社会的底层，与儒学世族崇尚礼法、家教严正不同，寒门较少受拘束，所以他们好驰猎，喜欢滑稽与酗酒，有时候这些成为他们的魅力和凝聚部下的特长，有时候又成了致命缺点。

孙策仅用四年时间便席卷了江东，进展之快令人吃惊，得手如此迅速，其中一个重要原因是敢于杀伐，无论朝廷任命的官员还是占地为王的各路势力，凡是挡住前进脚步的人一律诛杀，这其中也包括一些在地方上很有影响的实力派人物，这使得孙氏与江东大族之间的关系变得很紧张。我们似乎不能苛求一个二十多岁的年轻人，在进行一份如此艰巨的事业时，事事做得完美周到。但历史就是这样，你的缺陷会成为你的短板，你的短板会让你功败垂成，在这一点上历史往往又是公平的。

孙策临终前做出的反思很重要

孙策有个儿子，名叫孙绍，按照通常做法，孙策作为割据群雄之一，又是朝廷正式册封的吴侯，应该传位给儿子孙绍。孙绍出生时间不详，但孙策死时年仅二十六岁，想必孙绍的年龄不会很大，估计只有几岁。孙吴正在创业的关键时期，不可能让一个小孩接班，所以接班人只能另找，孙策的几个兄弟便成为候选人。

孙策是孙坚的长子，下面有四个弟弟，孙权是他的二弟，除此之外还有孙翊、孙匡、孙朗，孙匡、孙朗年龄稍小，也排除了接班的可能性，16岁的孙翊和18岁的孙权成为竞争者。究竟应该选谁呢？种种迹象表明，孙策生前看好的是孙翊而不是孙权，有两个原因：一是史书上说孙翊"性似策"，为人很果敢，别看年龄不大，军事才能却很突出，能打仗；二是孙权之前带兵连打败仗，被陈登就打败过两次，其中一次孙权的人马是陈登的十倍，仍然吃了大败仗，这一点让孙策很不放心。

因为以上两个原因，孙策想让孙翊接班，张昭等人也认为孙策"当以兵属"之，但最后孙策改变了主意，指定孙权接班，史书上说众人得知孙策的这个决定，都感到吃惊。为什么吃惊呢？史书没有进一步解释，可以推测一下，可能孙策之前已向大家表达过或暗示过让孙翊接班的决定，后来才突然改变的主意。

孙策之所以改变主意，与他这次遇袭负伤有关。受伤后孙策应该进行了反思，孙策杀伐果绝，顺我者昌，逆我者亡，几年间横扫江东没有对手，但由于杀伐过盛，在江东也树敌过多，此次遇刺正是当年杀的人的支持者干的，是当年种下的苦果。受伤后孙策对自己之前的不足有了清醒认识，孙翊性格太像自己，孙策不愿意让自己的悲剧在他身上重演。相比而言，孙权的战绩虽不突出，但优点是"性度弘朗，仁而多断"，能"亲贤贵士""善于任使"，如果他接班，更能以相对柔性的姿态协调江东内部关系，弥补之前的裂痕。

孙策临终前对孙权说："举江东之众，决机于两阵之间，与天下争衡，卿不如我；举贤任能，各尽其心，以保江东，我不知卿。"这些话体现出孙策对自己的反思，也有对孙权的期待，他希望，同时也相信孙权能做得比自己更好。孙策的这个决定是在一番反思后做出的,是对之前好杀伐、不注意团结江东各派力量的检讨,事实证明孙策的这个选择是正确的,孙翊为人严厉暴躁,喜怒哀乐全写在脸上,后来果然因处事不慎而被手下人发动叛乱杀死了,如果孙策当初让孙翊接班,发生在孙策身上的悲剧势必还会重演。

张绣放弃袁绍投奔欠有血债的曹操

孙策死了,曹操松了一口气,但他还不能专心与袁绍决战,因为在他的背后不仅有孙策,还有张绣和刘表,袁绍分别派人去张绣和刘表那里做工作,要二人站在自己的一边。

张绣是凉州军的旧部,很有战斗力,加上有著名谋士贾诩的辅佐,实力很强。张绣曾两次打败曹操,让曹操很头疼。张绣所处的位置很关键,是南阳郡,与曹操的大后方许县近在咫尺,所以曹操和袁绍都想办法争取他。官渡之战前夕,袁绍派出的使者最先到达南阳郡,见到张绣,陈述了袁绍的主张。袁绍知道贾诩在张绣面前说话很有分量,还专门给贾诩写了信,派使者暗中去做贾诩的工作。

在一般人看来张绣应该投靠袁绍,至少有两个原因:一是袁绍的实力更强,当时袁绍占的地盘比曹操大,人马也比曹操多,选择袁绍更保险;二是张绣跟曹操是死对头,打了两仗,都把曹操打败了,不仅让曹操很没面子,而且也让曹操损失巨大,在其中一次战斗中,曹操的长子曹昂、侄子曹安民和心腹爱将典韦还战死了,张绣欠下了曹氏的血债。

张绣也是这样想的,所以袁绍的使者说出意图,张绣马上就答应了,但一旁的贾诩却突然出来插话说:"请回去转告袁绍,兄弟尚不能相容,又怎么能容天下人呢？"贾诩说的兄弟不相容，指的是袁绍与他的弟弟袁术虽一父所生，但反目成仇、势同水火。张绣听了贾诩的话大吃一惊，不由得脱口而出："先生，您这话是怎么说的呀？"但张绣一向听贾诩的，以往实践已经证明，凡是听了贾先生的准没错，不听准吃亏，所以这次张绣仍然按贾诩的意见办了。

打发走袁绍的使者，张绣心中的疑问仍没有消，他问贾诩："既然这样了，下一步该怎么办？"贾诩的回答让张绣更吃惊："投降曹操！"张绣以为是自己又听错了，问贾诩："袁绍强大，曹操弱小，我们又与曹操互为敌人，怎么能归顺他呢？"贾诩说出了三条理由："曹操奉天子以令天下，这是第一条理由；袁绍强大，我们弱小，在这种情况下归顺他，必然不会重视我们，曹操弱小，得到我们必须欣喜，这是第二条理由；有霸王之志的人肯定会把个人恩怨放在一边，而让普天之下都知道他的宽容，这是第三条理由。希望将军不要再迟疑！"

经过贾诩一番分析，张绣也认为有道理，决定投降曹操。这是个非常大胆的决定，曹操只有如贾诩分析的那样，是一个胸怀远大志、把个人恩怨抛在脑后的人，这样决定才不会后悔。张绣如果投降了袁绍，基本不用担什么风险，而投降曹操则面临生死考验。所幸的是，一向料事如神的贾诩在这个重大问题上依旧保持了一贯正确，曹操高兴地接受了张绣，任命张绣为扬武将军、封列侯。为了打消张绣的顾虑，曹操主动提出和他结为儿女亲家。曹操以汉献帝的名义封贾诩为都亭侯，委任他为执金吾，这是部长级的高官，但这只是个虚职，曹操让贾诩平时就在自己身边，仍然出谋划策。

张绣为什么选择曹操而不是袁绍？有几条理由贾诩已经说了，说得都很对。但还有一条理由贾诩没有说，那就是贾诩的个人因素。贾诩号称"鬼才"，智谋超群，但也是个有争议的人物，最大的争议来自董卓死后他为凉州军出的一个主意。当时凉州军即将散伙，贾诩出来阻止了大家，建议反攻长安，结果汉献帝和朝廷再次落入凉州军阀之手。其实，贾诩与凉州军阀们并不是一路人，他年轻时举过孝廉，在洛阳朝廷里担任过郎官，是受儒家文化和正统观念影响很深的人，他内心里是尊崇汉室的，凉州军阀重新掌握长安后，觉得贾诩有功，想给他封侯并任命为高官，贾诩一再拒绝，朝廷在长安又遇到几次困境，贾诩都出手相助，这些说明，贾诩对汉献帝、对朝廷内心里是尊敬的。现在天子和朝廷都在曹操手里，贾诩不可能帮助曹操的对手袁绍，因为那样就是与天子、与朝廷作对，这是贾诩选择曹操的深层次原因。而贾诩选择曹操，也就意味着张绣选择曹操。

刘表内心深处不愿告人的秘密

袁绍除了拉拢张绣，还派人到襄阳拉拢刘表。刘表没有拒绝，口头上答应了，但并没有任何实际行动。这时曹操也派人来见刘表，提出了同样的想法，刘表的态度也一样。刘表想坐山观虎斗，但这个策略受到一些部下的反对，刘表手下最重要的几个人，别驾刘先、从事中郎韩嵩以及名士蒯越都劝刘表归附曹操，这让刘表很以为难。

刘表决定派人到曹操那里走一趟，观察一下那里的情况，之后再做决定。刘表把韩嵩找来，对他说："现在天下未定，曹操拥天子于许都，先生替我去探探那里的虚实。"韩嵩不愿意走这一趟，对刘表说："如果准备站在曹公一边，派我去没问题。但是，如果主意还没有拿定，我去京师，天子一高兴给我一官半职的话，我接受了就成为天子之臣、将军之故吏，不能再为将军您尽忠了，请您慎重考虑！"

刘表非让韩嵩去不可，韩嵩无奈领命，临行恳请刘表记住他说的话，无论发生什么事都不要怀疑自己的一片忠心。韩嵩一行北上，在官渡见到了曹操，曹操对韩嵩等人十分热情，给予了盛情接待。韩嵩对曹操和曹军也有了深刻印象，之后他又去许县拜见了天子，在曹操授意下，汉献帝拜韩嵩为侍中，韩嵩表示想回荆州，汉献帝于是改任他为荆州刺史部零陵郡太守。韩嵩回到襄阳，向刘表汇报了所见所闻，对曹操大加赞扬，并劝说刘表送儿子到许县做人质，以证明自己的诚意。刘表对韩嵩的话有些反感，不过没有当场发作。

一天，刘表通知大家来议事，来参加的有数百名部属，刘表特意在会场四周安排了带着兵器的军士。议事过程中，刘表突然发难，对韩嵩加以指责，认为韩嵩怀有二心。刘表越说越激动，拿出天子颁发给自己的符节，意思是要斩杀韩嵩。众人被吓坏了，有好心人赶紧劝韩嵩，让他给刘表主动认个错。韩嵩不干，对刘表说："将军负嵩，嵩不负将军！"韩嵩就把自己临行前与刘表的对话说了出来，这让刘表很难堪。刘表非杀韩嵩不可，谁都劝不住。有人情急之下搬来了刘表的妻子蔡氏，蔡氏劝刘表说："韩嵩在荆州深得民望，他所说的也是出于忠心，杀他没有罪名啊！"刘表只得收起盛怒，下令囚禁韩嵩，同时审问和韩嵩一同出使的人，审问后没有发现什么不妥行为，韩嵩这才捡回一条命。

刘表为什么突然拿韩嵩开刀呢？作为举足轻重的一方诸侯，刘表一开始的想法就是坐山观虎斗，谁都不支持，谁也不反对。投降曹操或袁绍，对于蒯越、韩嵩等人来说是无所谓的事，但对刘表来说差别就大了，刘表深知这一点。刘表想中立，但韩嵩、刘先等人都劝他投降曹操，也许劝他的人还有不少，尤其是蒯越这样的地方实力派，他们的意见刘表不能置之不理，无奈之下，刘表派韩嵩到曹操那里走一趟，说是考察情况，实际上是做大家看的。韩嵩的考察结果也许早在刘表意料之中，刘表向他发难也许是早就想好的，刘表当着手下数百人的面重责韩嵩，其实是要那些继续主张投降曹操的人闭嘴。果然，这件事平息后，再也没人敢提投降曹操的事了。刘表于是继续执行他原先的策略，袁绍那边尽量敷衍，答应结成同盟却不做任何实质性动作；对曹操不和不战，继续保持中立。

一篇信息量很大的战斗檄文

袁绍没等来张绣、刘表的支持，孙策也意外身亡了，仗还没有开打，传来的消息似乎都对曹操更有利，但袁绍仍然对战胜曹操充满信心。建安五年（200）初，袁绍做好各项准备，调集大军南下，行前，袁绍还专门让大笔杆子陈琳撰写了一份讨伐曹操的檄文，向各郡县发布。

这份檄文约一千三百字，陈琳下了很大的功夫，痛揭曹操的"黑历史"，从曹操的爷爷曹腾开始写起，罗列了曹操的数项罪状，重要的罪状至少有八条：一是曹操的祖父中常侍曹腾是宦官妖孽，祸害百姓，曹操的父亲曹嵩是乞丐家的养子，大权在握后经常贪赃枉法；二是曹操几次陷入危机，都是袁绍出手相助，但曹操不思报答，反而趁机发展势力，攻击袁绍；三是曹操喜欢乱杀人，原九江郡太守边让是天下名士，因为不阿附曹操，被他杀害，士林无不愤怒，张邈、吕布因此举兵讨伐曹操；四是汉献帝东归时，袁绍自己受制于公孙瓒无法脱身，派从事中郎徐勋前往曹操处传达命令，让他保护銮驾，修缮郊庙，但曹操趁机专制朝政，平时派出七百名精兵包围皇宫，令百僚钳口，公卿以下都成摆设；五是前太尉杨彪享有极高威望，曹操因个人恩怨，随意治罪，根本不顾宪章；议郎赵彦忠谏直言，引起曹操反感，曹操擅自杀害，也不向天子报告；六是曹操设置发丘中郎将、摸金校尉等官职，专门干盗墓的勾当；七是曹操统治残暴，兖州、豫州百姓无不怨声载道，历观古今书籍所载，贪残虐烈无道之臣没有超过曹操的；八是袁绍与公孙瓒交战，公孙瓒被围一年多，曹操趁其未破，偷偷写信给公孙瓒，想与他勾结，共同谋害袁绍。

檄文是专门为讨伐敌人造势用的，能把敌人写得多坏就写多坏，袁绍曾经被公孙瓒的檄文骂过，但陈琳骂曹操的这篇檄文写得更有气势，杀伤力也更强。这篇檄文没有空洞的口号，而是将论点与论据结合起来，说得有理有据。文中所说徐勋传达袁绍命令、曹操设盗墓机构、秘密联络公孙瓒等事，都是别的史料中未见或少见的，可能是袁绍造谣，无中生有、颠倒黑白，其中关于曹操设立摸金校尉专门干盗墓这件事，经袁绍在这里大肆宣传后影响很大，自古以来很多人都把曹操当成盗墓的"祖师爷"，这完全是子虚乌有。至于杀名士边让一事，确实有，但发生在建安年间，与张邈、吕布之叛没有任何关系。说到曹操派七百名精兵包围皇宫，估计换成袁绍也得派，总不能让皇宫大门敞开吧？最有趣的是，在这份檄文里袁绍还悬赏求购曹操的人头，价码是五千万钱，相当于现在一亿多人民币。

上面这些或真或假的材料经过陈琳这个大笔杆子的加工，曹操的"黑历史"立即传布四方，在当时就已造成了极其广泛的影响。曹操常被后世人诟病，很多素材也出自这里，除摸金校尉以外，檄文中的"赘阉遗丑"一词也成了很著名的话，杀伤力十足。曹操当时正为眼前的战事伤神，头疼的老毛病又犯了，看了老朋友陈琳写的痛骂自己的文章，曹操脊背上开始冒冷汗，脑袋居然一下子不疼了。

官渡之战其实算不上兵力很悬殊

袁绍虽然没能组织起对付曹操的统一战线，但他的整体实力仍强于曹操，有的史书甚至认为，双方的实力对比为十比一，如《三国志》就认为官渡之战中双方投入的兵力，袁绍有十多万人，曹操不足一万，而且曹军中的伤兵占到十分之二三。这显然不太准确，对袁军人数估计得差不多，但曹军人数明显低估了。曹操起兵时有五千人，以后大小各战胜多负少，史书上说"败者十二三而已矣"，仅破黄巾一役曹操就收降卒三十多万，即使在战斗中不断有损耗，也不会如此少。况且，用数千之众对抗十多万敌军，断然没有取胜的可能。

说在官渡之战中曹军前线的兵力不可能只有一万人甚至数千人，理由至少还有三条：一是袁绍构筑的屯营东西达数十里，而曹操能分营相守，说明曹军兵力虽少，但不至于只有数千人；二是假如袁军是曹军的十多倍，袁绍应该采取围攻的办法而不是后来的两军对垒，如果是围攻，曹军进退自由、屡屡得手就不可能了；三是后来袁军失败，很多史料都记载曹军曾坑杀袁军八万人，以八千之众完成坑杀八万人的事是不可想象的。不仅如此，袁曹两军的总兵力与他们投入到官渡前线的兵力也是两回事，算袁军的兵力不能只算他们在官渡前线的兵力，袁绍诸子袁谭、袁熙、袁尚及外甥高干统率的人马还有不少，不在十来万的这个范围内，而同样的道理，曹军在各地的兵力也没有算进来。

那么，曹操用在官渡正面战场上的兵力到底有多少呢？这个可以综合各种史料去梳理分析。根据各位曹军将领传记中关于官渡之战的记载，曹操用在官渡前线的兵力包括步兵约三个军，屯骑和越骑各一个军，长水和射声各不足一个军，这里的"军"，是汉末的军事编制，每个军大约有一万人，一般由一名杂号将军统率，在曹操的手下，当时夏侯惇、曹洪、曹仁的军职已经升任为将军，再加上张绣，曹操手下的"正军级"将领至少有四人，其余将领的军职多是偏将、裨将、中郎将、校尉等，相当于副军长、师长和旅长。

上面所说的这些曹军，具体部署如下：建武将军夏侯惇率步兵五千人守敖仓；平虏校尉于禁率步兵四千人守原武；东郡太守刘延率步兵一千多人守白马；东平国相程昱率步兵七百人守鄄城；曹操亲自率偏将徐晃、裨将张辽以及警卫部队指挥官许褚等步骑混合部队一万多人守官渡；扬武将军张绣率本部约五千人转战到兖州防守陈留郡一带；厉锋将军曹洪率一万人左右守卫南阳郡的宛县。以上这些人马约四万人左右，而曹操在其他地区还有一些兵力，数量比这个还要多一些，曹操的总兵力约十万人上下。

曹操为什么不把这十万人马都集中到官渡前线呢？因为曹操还有很多地盘要守。曹操兵力不如袁绍，但论双方控制的地盘，对比就没那么明显了，曹操甚至还反超袁绍：此时袁绍占有冀州刺史部的全部，幽州刺史部、并州刺史部的大部以及青州刺史部的一部，此外还有兖州刺史部东郡在黄河以北的地区，统计起来大约有三十多个郡国、三百多个县；曹操实际控制着司隶校尉部、徐州刺史部、豫州刺史部、兖州刺史部的大部，以及青州刺史部、扬州刺史部、荆州刺史部各一小部，郡县数与袁绍相当甚至还略多。

曹操的问题在于，他对这些地区的控制力不如袁绍，地盘虽大，老根据地却不多，相当一部分是新占的地方，像汝南郡、关中地区、徐州刺史部等地方都还不稳定，地盘分散且面积很大是曹操的不利之处，他必须分兵把守，造成兵力不够用，在官渡主战场就明显处于下风。

根据以上分析，官渡之战中袁绍与曹操的总兵力对比约为二十万对十万，其中用到官渡前线的兵力对比为十万对四万，曹操最终打赢了这一仗，算是以少胜多，但绝不是有的史书上所说十比一的极悬殊对比。

斩颜良、诛文丑与"过五关、斩六将"

1

发生在汉献帝建安五年（200）的官渡之战，其基本形势是：袁绍的大本营在邺县，曹操的大本营在许县，两地直线距离约五百里，中间隔着黄河、汴水等河流，沿线有黎阳、白马、延津、官渡等战略要地，为了迎击袁绍的进攻，曹操布下了三道防线，第一道防线是黎阳，这里在黄河北岸；第二道防线是黄河南岸的白马、延津；第三道防线是官渡，它的位置在今河南省中牟县东北，因临古官渡水而得名。

战役初期的经过是这样的：曹操派一小部分人马进驻黎阳，不求与袁军交战，只起监视敌军、配合南岸行动的作用，袁绍亲率大军南下，兵指黎阳，随行的还有刘备，曹军未做抵抗，迅速撤到黄河以南，第一道防线失守；紧接着，袁绍向曹军第二道防线发起进攻，派出的将领是颜良，进攻目标是白马，曹操派张辽、关羽支援白马，关羽在此战中表现神勇，亲斩颜良于阵前；袁绍听说白马失利，大怒，派文丑、刘备率军来白马复仇，曹操亲自率军增援，曹操放弃白马，打起了运动战，向袁军已经占领的延津转移，还带着许多逃难的老百姓，在延津之战中，史书说曹军只有六百人，而文丑、刘备至少有六千人，但曹军奇迹般地将袁军击败，并将文丑斩于阵前。上面是官渡之战的绪战阶段，曹军可谓大获全胜，连胜白马、延津两仗，斩杀颜良、文丑两名将领，这二位都是河北名将，有人把他们与张郃、高览合称为"河北四庭柱"，意思是袁氏大厦的四根柱子，但短短几天内就有两人战死于阵前，这极大地鼓舞了曹军的士气，也深深震撼了袁军士兵，史书说"良、丑皆绍名将也，绍军大震"。

2

与历史演义不太一样的是，颜良死于关羽之手，但文丑却不是关羽杀的，文丑死于延津之战，至于是哪位曹军将士将其斩杀的，史书没有交代。从史书上的记载看，延津之战的确非常神奇，六百人打败了六千人，还斩杀敌军主将，这几乎是不可能的。为此，史书编了一个故事：看到袁军杀来，曹操不慌不忙，下令扎营，曹操让人登上高处侦察，不一会侦察兵报告说"敌兵来了，大概有五六百人"，曹操没有动，让继续侦察，过了一会儿侦察兵又报告说"骑兵更多了，步兵不计其数"，曹操并不着急，只是说了声"知道了，不用再报告了"，面对十倍于己的敌人，曹操没有下令撤退，反而下达了一个奇怪的命令，他让大家解鞍下马，同时把从白马带来的辎重摆在道路上，敌兵眼看快到了，诸将都说该上马了，曹操仍然不慌不忙，对众将说"别急"，又过了一会儿，敌人的骑兵越来越多，看到路上的辎重，有一部分人开始忙着清理这些战利品，曹操对大家说"可以了"，曹军全部上马，纵兵杀出，袁军没有防备，大败。

故事很精彩，但仍然没有解释六百人是如何打败六千人的。表面看，曹操以辎重为诱饵使敌军大乱是取胜关键，但这只是一个方面，因为它改变不了双方在战场上兵力悬殊的总体态势。袁军即便开始有些慌乱，但对一支训练有素的劲旅而言，临阵应变是基本能力，他们很快就可以组织起反击，到那时兵力多寡才是胜负的决定因素。袁军追击而来，人数想必还在不断增加，六千人还不是它的全部，曹军六百人如果退到营寨里固守待援，打败敌人几次进攻尚可理解，将敌兵全歼，并将没有打死的敌兵全部俘虏，那就有点儿天方夜谭了。

对于这个问题，史书没有做出进一步解释，分析一下当时的情况，似乎可以看出一些问题来。关于此次延津之战的记载，有几个问题值得思考：一是曹操为什么非要向已经被敌兵占领的延津方向撤退；二是为什么曹操身边只有六百人；三是曹操撤退时辎重都在，而之前刻意带上的逃难的老百姓上哪里去了？如果把上面这些问题联系在一起考虑，似乎可以看出曹操撤向延津是一个精心构思的计划，带上辎重和老百姓是这个计划的重要部分，袁军看到大批辎重于是下马抢占而没有提防后面的曹军，是因为辎重里混杂着大量老百姓，场面很混乱，像是赶大集，这为曹军突然发起攻击提供了最佳时机。所以做诱饵的不仅是这些辎重，还有老百姓。这样的场面十分复杂，袁军再彪悍，也不能见到老百姓就剁，曹军将士甚至可以混到老百姓里，穿上百姓的衣服，让袁军防不胜防。也参加了此战的刘备亲眼看见了这一切，想必对此也留下了深刻印象，多年后刘备被曹操追击，为脱身，刘备也使出了这一招，用老百姓作掩护抵挡追兵。在白马向延津撤退的路上，曹操应该有时间进行兵力部署，调集周围部队向预设的战场机动。曹军趁袁军抢夺辎重突然发起攻击时投入的兵力绝不是六百人，而要多得多，能在短时间内能全歼袁军，人数恐怕不比袁军少。史书没有这方面的详细记载，因为它不便回答随军行进的老百姓在此战中的作用，所以炮制出六百人全歼近六千人又临阵斩杀名将文丑的神话。

当然，曹操的这项计划也有很大风险，那就是袁绍突然变聪明了，他下令文丑不向西追，而直接进军正前方的官渡，那样以后曹操精心构思的作战计划就泡汤了。但曹操对袁绍太了解了，他们自青年时代便相识、相惜，如今在战场上相见，曹操知道心高气傲的袁绍首战挫败后急于报复的心情，所以只带六百人亲自当诱饵，把袁军主力吸引到延津一带，然后集中优势兵力迅速将其歼灭。

3

刘备之前在徐州与曹操决裂，曹操亲征徐州，刘备败走，投奔袁绍，而关羽被曹操俘虏。曹操善待关羽，升他为偏将军，相当于副军长，之前关羽是中郎将，相当于师长。曹操想把关羽永远留在自己身边，又担心关羽会离他而去。曹操知道关羽与张辽关系很好，就派张辽去摸关羽的底，看看关羽愿不愿意长期留在他这里。张辽直接说明了意图，关羽叹息道："我知道曹公厚待我，然而我受刘将军厚恩,我们在一块起过誓,要同生同死,我不可能背叛刘将军。我不会永远留在这里,但我会报答曹公以后再走。"

白马之战中关羽力斩颜良,兑现了"报答曹公"的承诺,曹操预感到关羽会走,所以马上以天子的名义封关羽为汉寿亭侯,但关羽仍然走了。关羽把曹操赏赐给自己的东西全部封存起来,留下一封信,之后前往袁绍军营去找刘备。有人想追,曹操制止了,对大家说:"各为其主,不要追了。"曹操的这个处理受到了称赞,大家称赞关羽,说他重信守义,也称赞曹操,说他大度。

刘备此时在袁绍那里,就在官渡的附近,关羽要找刘备不必太费周折。《三国演义》说关羽此行很不容易,连闯曹军若干关隘、连杀若干曹军守将才得以通过:先过东岭关杀孔秀,再过洛阳城杀韩福、孟坦,过汜水关杀卞喜,过荥阳杀王植,最后过黄河渡口杀秦琪,这就是"过五关,斩六将"的由来。其实,上面这些地名所勾勒的是一条较为混乱的轨迹,甚至还包括距官渡前线数百里远的洛阳,已远远脱离了当时的主战场。刘备那时就在对面的袁军大营,关羽要找刘备不需要"过五关,斩六将",只要事先把路线搞清楚,当天就能到。关羽到了刘备那里,他刚杀了袁绍的大将,袁绍这边恐怕正在给颜良开追悼会呢,这时候关羽却送上门来,袁绍想必既爱又恨,但也不好说什么,因为如果追究关羽,把他杀了,不仅会逼刘备造反,而且要让曹操笑掉大牙。

为什么许攸一句话能扭转乾坤

官渡之战继续进行,虽然曹操接连打了胜仗,但仍阻挡不了袁绍的进攻,袁军很快推进到官渡一线,也就是曹军的第三道防线,如果这道防线再被突破,曹军就要全线溃败。曹操指挥人马在官渡死守，但他的兵力不如袁绍，所以打得非常吃力。曹操最大的压力，除兵力问题还有粮食供应，前线将士每天都要大量消耗粮食，后勤供应压力很大，前线缺粮，辛苦的不仅是阵前厮杀的部队，负责运粮的人也同样很难，为保证供应，他们不分昼夜地从后方紧急向前线运输，为给他们鼓劲，曹操专门向运粮队训话说："十五日为汝破绍，不复劳汝矣！"曹操说这话的时候心里未必有把握，为稳定军心，他必须装出胜券在握的样子。正在这时，袁绍的谋士许攸深夜来访，告诉曹操一个绝密情报：袁绍有一万多车辎重粮草在故市、乌巢一带，守卫兵力不足，如果以一支奇兵发起突然袭击，出其不意把粮草烧了，用不了三天，袁军必然大败。

　　这个情报来得太重要也太及时了，但正因为它来得太是时候，所以曹操手下谋士、将领们多持怀疑态度，消灭袁绍的后勤基地固然重要，但大家不约而同都提出了一个问题：许攸为什么此时来投？是啊，在袁绍那时干得好好的，为什么偏偏这个时候叛逃了呢？会不会是袁绍使的反间计？弄清这些问题很重要，如果是袁绍使的一计，那后果就太严重了。不过曹操不怀疑，因为曹操不仅跟袁绍是老朋友，他跟许攸也是多年的朋友，知道许攸的脾气、秉性，许攸个性强，容易得罪人，他因为跟人闹翻了，袁绍要治他的罪，所以才深夜来投的。曹操对许攸的情报和来此的原因都深信不疑。

　　当然，除了这些原因，曹操相信许攸还与当时的形势有关，如果不敢冒险，曹操几乎找不到战胜袁绍的办法，许攸的这个情报即便不能保证百分之百可靠，哪怕只有百分之八十，曹操也会去试一试，搏一下总比坐等失败强。事后证明，曹操赌对了，偷袭乌巢得手。乌巢在官渡北面，位于袁军大营东北方约四十里处，曹军此去必须经过袁军的防地，曹操亲自率领一支数千人的队伍去偷袭，但要神不知、鬼不觉地完成任务并不那么容易，路上遇到了袁军，袁军问他们是哪个部分的，曹军士兵回答"袁公恐曹操钞略后军"，所以派他们增加防备，一路上多次遇到这种情况，居然都顺利通过。

　　袁军士兵戒备心如此差吗？不是，这一切还应该归功于许攸送来的情报，在许攸的情报中还有其他内容，除袁军屯粮位置外应该还有袁军的暗语口令、兵力部署、将领姓名等机密，所以曹军才能一路畅行无阻。甚至可以推测，许攸也随曹操一路同行，有他在，曹军在夜里很快就推进到乌巢附近。所以，许攸对曹操的价值不仅是提供了一个情报，而且还协助曹操完成了偷袭，许攸是袁绍的心腹智囊，很早就追随袁绍，了解袁绍太多机密，有了许攸，袁军的情况对曹操而言就成透明的了，这才确保偷袭的成功。

历史给的很多机会都让袁绍浪费了

　　发生在建安五年（200）的官渡之战，袁绍以多打少，兵力明显占据优势，袁军士气也很高，将士也不可谓不用命，但结果却惨败而回，几乎全军覆没。袁绍的失败，许攸临阵倒戈是一个重要原因，除此之外还不得不归咎于袁绍本人在指挥上的严重失误，因为在整个官渡之战期间袁绍取胜的机会很多，即便有一两次失败，也不至于影响战争结局，可是，所有取胜的机会都被袁绍"完美"地避开了。被袁绍浪费的机会，至少有六次之多：

　　一是不听劝阻急于发动决战。汉献帝建安五年，基本统一了黄河以北四州的袁绍志得意满，决定主动发起对曹操的全面决战，对此其内部有一定分歧，以田丰、沮授为代表的本土派们表示反对，双方矛盾一度公开化。田丰、沮授并不是一味反对袁绍用兵，而是认为时机不成熟，北方四州虽定，但时间尚短，应该再巩固一下，发展经济，进一步积蓄力量，把握更充足后再战不迟，但袁绍不想多等，他急于统一天下。田丰反战的意志很坚决，袁绍一气之下将田丰下狱，对沮授也不再像以前那样信任。沮授在袁绍手下以奋威将军的名义任监军，权力很大，在郭图等人建议下袁绍将沮授监军之权一分为三，分别由沮授、郭图和老将淳于琼担任。袁绍出发前，沮授把本族的人召到一块，把家财分了分，对他们说:"势如果在则威无不加,势如果不在则不能保一身,悲哀呀!"沮授有个族弟说:"曹操怎么能是袁公的对手,您何必担忧?"沮授说:"曹操英明大略,又挟天子以为后盾,我们刚刚打败公孙瓒,士兵疲弊,主将骄纵,成败已经很明显了。"沮授这些话虽带有个人情绪,但有他的分析也有一定道理,袁绍有些操之过急。

二是派颜良进攻白马。建安五年二月,袁绍亲率大军兵指黎阳,曹军无意在黎阳与袁绍作战,因为在这里作战部队难以接续,在实力悬殊情况下有被敌军全歼的危险,所以曹军未做抵抗,迅速撤到黄河以南。袁绍占领黎阳后,派部将颜良为先遣部队渡河攻击南岸的军事要地白马,这项决定又遭到沮授的反对,沮授劝袁绍:"颜良这个人生性偏狭,虽然骁勇,但不能独立担当大任。"但袁绍不听。颜良的情况不详,却很有威名,当时在军中的地位和名望远远超过关羽、张飞这些人。袁绍曾经对沮授很倚重,几乎言听计从,但这次却不接受沮授的建议,大概与沮授之前反对出兵并四处散布"失败论"有关,然而事实证明沮授是正确的。四月,颜良率部渡过黄河,直指白马,曹操亲自北上解白马之围,双方发生激战,袁军大败,颜良在此战中被关羽临阵斩杀。

三是急于找曹操复仇。曹操虽解白马之围,但自知袁绍的大军随后便到,于是决定从白马撤军。袁绍果然指挥主力渡河,对此沮授又表达了不同看法,他建议不管白马,去拿经唾手可得的延津,凭借这里的渡口优势,将主力源源不断运过黄河,之后巩固延津,使其作为一个战略支撑点,进可直取许县,退可从容撤回黄河以北。沮授的话袁绍特别不爱听,在袁绍看来此行压根没有"战败撤回"这样的选项。同时,首战即在白马挫败,让袁绍失了面子,在哪里跌倒就要从哪里爬起来,袁绍非拿下白马找回面子不可。沮授闻知,站在黄河边叹息说:"黄河啊黄河,我知道这一去就回不来了!"沮授于是以健康原因请辞,袁绍更生气了,当即把沮授所部交由郭图统率。曹操料定袁绍会命主力来攻白马,他下令白马军民全部随军撤离,向延津方向运动,文丑率军紧追不舍,结果被曹操在延津打败,文丑又"壮烈牺牲"了。

四是否决了两路夹击方案。这时袁绍的谋士许攸提出一个分兵进攻的作战方案,具体是:以主力的一部在正面吸引曹军主力,然后分另一部主力悄悄绕到曹军背后，直接进攻许县，把汉献帝掌握在自己手中，奉迎天子，反过来讨伐曹操，曹操即使不立即溃败，也会首尾难顾。类似的方案沮授之前也曾向袁绍建议过，袁绍曾进行过一次小规模尝试，派韩猛绕行南下，但由于兵力有限，没成功，袁绍认为此路不通，就不再提了，许攸又提出类似方案，袁绍想都没想，直接否决。其实许攸的建议有很大价值，袁绍应该认真考虑，曹操将精锐都压在了官渡正面，背后及两翼是软肋，应该继续在曹军薄弱的地方攻击，但袁绍过于自信，认为正面战场足以战胜曹操，不必多此一举。许攸的合理化建议被否决，心里大概挺不痛快，恰在此时许攸家里出了点事，审配又一直在找机会收拾许攸，许攸又气又怕，干脆叛逃到了曹营，这一下袁绍的麻烦大了。

五是不全力救援乌巢。许攸叛逃到曹操那里，提供了乌巢有袁军大批军粮的情报，正苦于找不到突破口的曹操抓住机会，亲自率兵攻击乌巢，负责防守乌巢的淳于琼很有经验，加上袁军的总人数是曹军一倍以上，在短暂慌乱之后他们迅速组织反击，双方展开激战，淳于琼同时派人向大本营求救。乌巢距袁绍在官渡前线的大本营只有四十多里路，骑快马不用花太多时间就能到达，袁绍得报后立即召集儿子袁谭及审配、沮授、张郃等人商议对策。袁绍认为，曹操攻击乌巢，他的大营必然空虚，此时不如置乌巢不顾，直接进攻官渡正面的曹军大营，让曹操有出无回。但张郃认为不妥："曹操敢攻乌巢，率领的必然都是精兵，淳于琼将军肯定会被攻破，如果是那样的话就大势已去，不如先去救淳于琼将军。"然而郭图支持袁绍的想法，认为应该先攻曹营，张郃还想坚持："曹营很坚固，之前已经打了很久，也没有攻破，现在仓促之间能不能拿下实在没有把握。而淳于琼将军如果被曹操俘虏，我们也都得当俘虏啊！"到这时，如果袁绍头脑很冷静，他仍然不至于失败，因为从总体实力上看他仍旧比曹操强大，但袁绍思维已乱，又急于一战定胜负，所以坚持己见，仅以少部分轻骑驰援乌巢，结果可想而知，乌巢最终被曹操攻破。

六是派张郃进攻曹军大营。乌巢丢了，但这还不是压垮十万袁军的最后一根稻草，直到这时袁绍仍有翻盘的机会，他应该迅速收缩防线，由进攻转为防御，同时急调后方军粮来前线，稳定下来后再与曹操决战。即便这样做有一些难度，最差的结果也可以向后撤退，退至黄河以北，休养一两年，待元气恢复后再来，从双方综合实力比较看曹操仍不如他。但袁绍慌乱之中又使出一步昏招：下令由张郃、高览率所部对曹军大营发起攻击。这道命令太有问题了，因为作为主将的张郃思想与自己很不统一，虽然"理解要执行、不理解也要执行"，但由于不理解，执行效率就会大打折扣，再加上曹军准备充足，果然其大营短时间内无法攻破。面对这种情况张郃非常忧虑，他知道自己的这位领导一向疑心很重，害怕事后被追究，干脆来了个"战场起义"，到这时，袁军才彻底崩溃。

曹操杀许攸却没人说过河拆桥

许攸在官渡之战中立下大功，他跟曹操还是故交，而他又一向爱摆谱，所以平时更不把一般人放在眼里了。仅此而已也就算了，但许攸对曹操也相当轻慢，经常当众跟领导拍肩头、开玩笑，有时还呼曹操的小名，多次说："阿瞒呀，要是没有我，你就得不到冀州！"曹操笑笑说："你说得对。"

许攸的智商很高，但情商却不怎么样，他忽视了一个问题，那就是领导的威信。领导需要威信，威信靠什么树？靠的就是平时的一点一滴，如果都像许攸这样没大没小，曹操的威信还怎么立？有人把威信理解为有架子、有派头，这是相当错误的。刘邦是一个比较随和的皇帝，因为他出身草根，端着架子能走路，不端架子也能走，尤其在跟他一块打江山的那帮老哥们面前，刘邦更无拘无束。但是，当刘邦坐在皇帝宝座上往下面打量这些老战友的时候，发现他们还是那么跟自己不见外，开会时乱讲话，张口直呼他的小名，走到路上随便勾他的肩头，此时刘邦才发现这些习惯原来是那么让人不爽。所以刘邦后来重用儒生，当初刘邦拿人家的帽子当尿壶，现在却发现这些人是必不可少的，因为他们能制定礼仪规范，帮助领导树立权威，这是当了皇帝的刘邦所急需的。

许攸以前跟曹操很熟，年轻时经常一块玩，一张嘴可能呼的就是"阿瞒"，显得很亲切。但很多年过去了，许攸还是那个许攸，顶多是立了点儿功劳，而曹操已经不是那个阿瞒了，起码在大庭广众之下不能这么叫。对那些职位甚高，凡人见了都敬畏有加哆里哆嗦喊声"首长"的人，你敢当众喊他一声"老张"或"老李"，旁边的人必然会对你刮目相看，只那一句话，就能代表你的资历、你的地位、你的分量。然而这通常是不能随便喊的，除非你跟领导确实够铁，领导也没把你当外人。否则，往轻了说领导会不悦，往重了说你就得付出代价。

许攸就付出了代价，而且相当沉重。曹操能容忍敌人，容忍仇人，容忍背叛自己的人，但即使像这样心胸已经够宽阔的人，也有忍不下去的时候。曹操容忍祢衡，虽然他很狂傲；曹操容忍仲长统，虽然他说话比较直；但曹操不能容忍挑战自己权威的人。曹操嘴上说好，"然内嫌之"，有一次许攸从邺县东城门经过，回头对左右说："曹家人要不是我，都进不了这个门。"有人向曹操打了小报告，曹操就把许攸抓起来杀了。

许攸具体犯了什么罪？不仅他至死不明白，就连其他人估计也说不太清楚。许攸也就是爱跟领导开个玩笑、开起来没大没小而已，这样死了，有些冤枉，也有些窝囊。曹操用许攸的一颗人头，表达了自己想说的话：对于有功之臣，一定会给予奖赏，但给不给、什么时候给、给多少，那不是你操心的事，不管你资格多老，不管你功劳多大，不管你本事多牛，平时都得服从领导，团结同事，不能把尾巴翘得那么高。

问题是，许攸死了，却很少有人为他鸣不平，也很少有人拿这件事攻击曹操。不是曹操霸道，而是许攸自己没做好。生活中的许攸，是一个很傲气的人，说话口气大、脾气臭，不注意团结同事，人际关系很糟糕，在袁绍手下时就跟不少人有矛盾，到了曹营，估计性格也好不到哪里去。曹操敢杀许攸，大概正是看准了他是个群众基础不好、讨人嫌的人，如果许攸劳苦功高又德高望重，曹操即便不喜欢估计也得忍忍，杀许攸，完全没有这些顾虑。

第五篇 统一北方

袁氏集团受打击后内斗更激烈

官渡之战结束了,袁绍退回北方。袁绍虽然遭受巨大打击,但他原先占有的地盘基本没有丢失,还在手中,也就是北方的幽州、冀州、青州、并州,这四个州相当于整个北中国,袁绍如果发奋图强、知耻而后勇,仍然有东山再起的可能。但袁绍没有了进取之心,自官渡大败后他好像换了个人,过去一向意气风发、藐视一切,现在却灰心失望、毫无斗志,整天唉声叹气。曹操没有马上来进攻,袁绍也没有了重整兵马与曹操再决雌雄的信心,建安七年(202)五月,抑郁中的袁绍发病呕血而死,时年约五十八岁。

袁绍不仅在军事上很失败,政治上也没有处理好,主要是接班人的选择出了问题。袁绍有三个儿子,袁谭是长子,次子叫袁熙,三子叫袁尚,袁绍消灭公孙瓒后任命自己的儿子、外甥担任州刺史,其中长子袁谭为青州刺史,次子袁熙为幽州刺史,外甥高干为并州刺史。按照嫡长子继承制,袁谭应该是袁绍的接班人,但袁绍和妻子刘氏更喜欢最小的儿子袁尚,所以接班人问题一直没有明确下来。袁绍的说法是,要给孩子们提供一个平等竞争的机会,看看他们的才能谁更强,其实这只是说辞,目的是待最小的儿子袁尚成年后再明确继承人的问题。

对此,袁绍阵营里的多数人表示反对,沮授曾对袁绍说:"一只兔子跑到街上,会有许多人追逐它,有一个人把它捕住了,想逮它的人就会住手,因为这只兔子已经有主人了。希望您能看一看前人失败的教训,想一想逐兔分定的含义。"但是袁绍不听,沮授大失所望,对人说:"大祸就要从这里开始了!"看到袁绍是如此态度,手下们于是围绕袁谭、袁尚形成了两个派别,逄纪、审配依附袁尚，辛评、郭图依附袁谭，为了争夺继承权双方斗得很厉害。袁绍死后，多数人认为袁谭是老大，应该推举他做接班人，但此时袁谭在外地，逢纪、审配等人在刘氏帮助下掌握了先机，伪造袁绍的遗嘱，抢先让袁尚接班，袁谭不干，还没等曹操动手，这兄弟二人先打了起来，让曹操坐收了渔翁之利。

在汉末群雄争霸战中，大家逐渐意识到人才的重要性，在某种意义上说人才就是一切，没有人才就办不成事，缺少顶尖人才就办不了超级大事。在群雄中，有的人事业基础不错，条件也很好，但由于人才匮乏，最终功败垂成，典型的例子如公孙瓒；有的人虽然手下人才不少，但结构不合理，过于偏科，如董卓、丁原手下武将一大把，但缺少出色的文士相佐，最终也难成大事。但是，并不是说人才越多发展前景越好，有人才还要会用人才，能驾驭得了人才，还能留得住人才，这就是用人之道。会用人不是一句简单的话，要讲究恩威并施，只有恩义、宽厚不行，还得辅以组织纪律；只从严要求也不行，还得辅以感情笼络，也就是治人之外还得拢心。没有这些，即使有了人才也难以发挥他们的能力，有时甚至会坏事。像韩馥那样，当年手下云集了许多一流人才，文有郭图、审配、田丰、沮授、荀谌、辛评，武有麴义、张郃、颜良、文丑，简直是一个超豪华阵容，但说完也就完了，人才资源的优势并没有转化为实力，等韩馥一下台，他手下这些人都争先恐后地到新领导那里献殷勤。

有人才而不会用人才，某种程度上损害会更大。袁绍最终失败，其原因有很多，管人、用人上的失误无疑是重要的方面。与韩馥情况类似，袁绍手下也有很多人才，不乏超一流的人才，但袁绍没有用好他们，放任他们内斗，造成内部的分裂，严重削弱了本集团的实力，最终导致土崩瓦解。正如元代历史学家胡三省在《资治通鉴广注》中总结的那样："郭图、审配各有党附，交斗谭尚，使寻干戈，以贻曹氏之驱除，谭尚既败，二人亦诛，福祸之报为不爽矣！"

曹操着力经营邺城不再去许县

建安九年（204）八月，曹操趁袁氏兄弟相攻之机，一举攻克袁氏的大本营邺县，也就是现在河北省临漳县，袁绍生前对这里进行了重点经营，使邺县由一座普通县城成为北方的政治中心。曹操攻克邺县后，进一步加大了对邺县的营建，进行了大规模扩建改造，扩大了城市规模，对城市布局也进行了重新规划。曹操随后把邺县作为自己的大本营，平时就在这里处理军政事务，轻易不再去许县，东汉朝廷所在的许县政治地位反而不如邺县，邺县成为当时全国最重要的政治中心。

当初，许县是曹操亲自选定的政治中心，现在为什么要放弃呢？这主要因为，曹操与汉献帝的关系越来越微妙，他越来越不喜欢汉献帝，尽量避免与汉献帝见面。汉献帝刘协比曹操小了二十八岁，差了不止一代人，因特殊机缘他们走到一起，彼此都纠结。对曹操来说，汉献帝是让他在政治上得分最多也失分最多的人，说得分最多，是曹操迎请汉献帝后形成了"奉天子以令不臣"的局面，与其他群雄相比政治上更为主动，同时有大批人才冲着朝廷和汉献帝而投奔了他，曹操集团因此快速壮大；说失分最多，是因为有人认为曹操不是"奉天子"而是"挟天子"，把天子当成傀儡，篡权夺权、大逆不道，曹操因此受到诟病。

汉献帝对曹操也越来越不满，曾不止一次试图通过突然袭击的方式除掉他。大概在建安五年（200），汉献帝不满曹操大权独揽，令董贵人的父亲车骑将军董承设法诛杀曹操，董承先后联络了左将军刘备、长水校尉种辑、将军吴子兰和王子服等人准备起事，结果事情败露，董承等人被诛杀，已有身孕的董贵人也被绞杀。这件事发生后，如何处置汉献帝成为一个问题，如果不是曹操，换个人处理这件事，汉献帝可能命将不保，杀了汉献帝，在刘氏宗亲里再找个人当傀儡，也不是什么大不了的，但曹操忍了。曹操自己不想当皇帝，汉献帝是他最好的旗帜，与其费事再找一个人来，并承受天下人的攻击，不如继续把这面旗帜打到底。所以，尽管汉献帝一再主动挑战，曹操也没动过废他、杀他的念头。

但汉献帝的想法不一样，他对曹操的仇恨越来越强烈，这主要来自曹操对皇权的侵夺。在汉献帝看来，自己刚来许县是建安元年（196），当时自己才十五岁，还不到天子还政的年龄，曹操可以执掌大权，而自己二十岁以后曹操就应按照制度或惯例把权力交出来，曹操丝毫没有这方面的表示。据史书记载，曹操曾因事进宫拜见汉献帝，汉献帝十分愤怒地说："君若能相辅，则厚；不尔，幸垂恩相舍。"这让曹操大为震惊，深感恐惧，赶紧退出。显然，曹操没料到汉献帝会做出如此激烈的表示，这是要摊牌的节奏。汉献帝大概是一时之愤，忍不住说了这番话，说了，自己爽快了，而曹操听了却不得不多想一想。

之前还发生过一件事，让曹操每次想起来都不寒而栗。有一次，曹操进宫向汉献帝报告什么事，话还没有说，突然来了两个武士，手持大戟，将戟交叉着架在曹操脖子上，就这样架着往前走，一直来到汉献帝面前。曹操没有心理准备，吓蒙了，汗湿透了脊背。其实，汉献帝这样做没什么不妥，东汉有"五大不在边"的规定，大将军、三公等权力太大，不能再带兵出征，如果非出征不可，行前天子要亲自诏见，届时"令虎贲执刃挟之"，以试其心。汉献帝那时刚到许县，对曹操印象还不错，不想除掉他，否则这一次曹操就完了。

官渡之战前，曹操因"奉天子"而收获的多是红利，但之后"挟天子"的非议就逐渐泛起，负面效应越来越多地显现出来，曹操再待在许县，不仅尴尬，令人烦恼，而且还会冷不丁出现现实的威胁，所以曹操尽量不再跟汉献帝碰面，占领北方四州后，曹操趁势着力经营邺县，以邺县取代许县，成为新的政治中心。

司马懿为何装病回绝曹操征召

曹操着力经营北方，一方面在北方不断扩充地盘，另一方面也不断招揽北方才俊，一大批北方精英来到曹操麾下，但也有例外，司马懿就不肯应征，为此还不惜装病。

司马懿出身于黄河以北温县的一个名门望族，从小有奇志，聪明过人，有雄心大略，同时博闻强识，对儒学有很深造诣，面对乱世他常心怀感叹，为天下心忧。但司马懿出仕比较晚，直到二十二岁才担任了本郡的上计掾。汉代郡县在每年结束时要将本地的户口、赋税、盗贼、狱讼等情况编制为"计簿"，派专人向上呈报，称"上计"，司马懿就是负责这项工作的，由于一年之中有相当长的时间要呆在京城，所以这项工作可以理解为郡政府"驻京办主任"。

这时已是汉献帝建安六年（201），官渡之战结束了，司马懿的老家河内郡被曹操占领，所以他要把本郡的"计簿"送往当时的都城许县，曹操因此知道了司马懿，发现他是个人才，准备让他到自己的司空府任职。这是一件令人向往的事，但司马懿却拒绝了，《晋书》的解释是司马懿看到汉朝国运衰微，自己不肯屈身事奉曹操，不过这个理由是不能明说的，司马懿编的理由是自己患了"风痹"，严重到生活不能自理的程度。曹操有些怀疑，就派人夜里到司马懿家中察看，发现司马懿果然躺在那里一动不动，于是就信以为真，不再强迫他了。《晋书》还记载一个故事，说有一天司马懿在院子里晒书，突然下起暴雨，司马懿一着急，忘了自己在装病人，起身跑过去收书，这件事恰巧被家里的一个婢女看到了。司马懿的妻子叫张春华，很厉害，亲手把这个婢女杀了灭口。

司马懿不肯事曹操，这种思想在当时并非主流，荀彧、孔融更心向汉室，他们不也在许县为官吗？司马懿的大哥司马朗、三弟司马孚也都在曹营做事，所以《晋书》的说法没有说服力。那么，司马懿拒绝曹操究竟是什么原因呢？推测起来，也许是司马懿还没有想好该跟谁，官渡之战打完了，但袁氏集团在北方的势力仍然很强大，局势并不明朗。当然还有一种可能，那就是司马懿此举有耍酷、作秀的意味，通过"拒曹"抬高身价，增加知名度，目的是更好地"事曹"，从之后的情况发展看，这种可能性也很大。

《晋书》把司马懿塑造成"反曹斗士"，有一定的历史背景。《晋书》是唐代名臣房玄龄主编的，唐人最重视晋朝，唐太宗"以史为镜"，重视通过回顾与反思历史，来总结理政的经验。今存"二十四史"中有六部是唐太宗下令编修的，这六史之中尤以《晋书》最为唐太宗所重。在唐太宗眼里西晋是个统一的王朝，在它之前是上百年的分裂局面，在它之后又是一个中原混战的格局，在开创统一的基业上唐王朝与西晋相似，但在如何守住江山社稷、治乱兴亡方面，又要引西晋为戒。唐太宗的这些观念体现在了对司马懿、司马炎二人的不同评价上。对司马懿，《晋书》给予了很高评价，而对司马炎的评价却很差，认为司马炎"居治而忘危""不知处广以思狭""以新集易动之基，而无久安难拔之虑"。《晋书》为拔高司马懿，在叙述其早年经历时采取了许多回护的方法，对于早年仕曹的经历，《晋书》编了一大堆故事，包括张春华杀婢女以及"三马同槽""狼顾相"等，目的都是为司马懿开脱，为他日后夺取曹魏江山行进行辩护。

不顾多数人反对曹操决意征乌桓

　　曹操打败袁氏集团后，基本控制北方四州。北方四州指的是青州、冀州、并州和幽州，幽州在最北边，漠北地区、东北地区都在它的范围内，面积很大。四州之中，除幽州外其他三个州曹操已经完全控制，在幽州，不仅割据辽东半岛的公孙氏呈独立状态，而且漠北地区的乌桓部落快速崛起，让曹操感到不安。尤其是，袁绍的长子袁谭虽被曹操诛杀，但次子袁熙、三子袁尚跑到了乌桓人那里寻求庇护，袁氏的残余势力与新崛起的少数民族部族势力实现了合流，直接威胁到北方地区的稳定。为此，曹操决定北征乌桓，但手下的谋士和将领们却有两种意见，有人支持，也有人反对。

　　乌桓，在史书中也称作"乌丸""古丸"和"乌延"等，是属于东胡系统的古代民族之一。公元前三世纪末匈奴击破东胡，乌桓族迁至乌桓山。"乌桓"在蒙古语中的意思是红色，大概是山上遍布红色岩石，因而得名。现在，内蒙古地区有个赤峰市，其得名是该市有座赤山，有人认为或许这就是乌桓山。迁居到乌桓山下定居的这支东胡部落以山名为族号，其活动范围大约是今西拉木伦河两岸及归喇里河西南地区。随后，乌桓部落不断南迁，并分成若干部落，各自为政，一直没形成统一的部落联盟。东汉末年，乌桓部落的首领丘力居去世时儿子楼班年幼，侄子蹋顿有勇有谋，于是蹋顿被众人推为乌桓单于，统一领导右北平、渔阳、上谷等三郡的乌桓部落，乌桓各部实现了整合，趁中原地区群雄逐鹿的机会实现快速崛起。蹋顿在袁绍与公孙瓒决战时站在袁绍的一边，帮助袁绍打败了公孙瓒，袁绍为进一步拉拢蹋顿，就把出自本族的一个侄女认作女儿，嫁给蹋顿为妻，双方实现了"和亲"，关系进一步紧密。袁氏集团失败后，袁绍的二儿子袁熙、三儿子袁尚跑到了乌桓人那里。

建安十二年（207）二月，曹操把北方各郡县的事务大致忙完了，让大家讨论袁氏残余势力与乌桓问题如何解决，大多数人认为暂时不用管他们，不必大举北征。有哪些人反对北征史书并未详细记载，《资治通鉴》也只是说"诸将皆曰"，说明反对者不少，并以武将为主：诸将都说袁尚只是亡虏而已，乌桓人贪而不亲，袁尚到了那里不会得到什么发展，如果现在远征，刘表必然趁机袭击许县，"万一为变，事不可悔"，所以与其北征不如南征，趁兵强马壮，挥师直驱荆州，征服刘表，而北方二袁及蹋顿、公孙度之流要么主动投降，要么自生自灭，根本不用理它。

只有郭嘉、韩浩、史涣等少数人持不同意见，他们赞成北征，其中郭嘉的态度最坚决，他的观点是：此时北征乌桓一定能取胜，因为乌桓人自恃偏远，不会防范，如果突然发起攻击，一定能消灭他们。袁氏在北方一带影响很大，袁熙和袁尚还在，我们在北方四州立足时间尚短，还没有来得及施以恩德，如果此时南征刘表，袁尚等人必然有所行动，到那时北方的汉人难免会响应，从而助长蹋顿的野心，幽州、青州恐怕就不是我们的了。至于刘表，不过是一个喜欢坐着空谈的人而已，刘表知道自己不如刘备，跟刘备之间虽然合作，但关系微妙，对他们不必过于担心，"虽虚国远征，公无忧矣"。

这场讨论虽然在秘密状态下进行，但讨论进行得异常激烈。参与讨论的除曹操身边的核心幕僚及心腹将领外，像韩浩、史涣这样的一般将领也都参与了。史涣一开始反对北征，他想拉韩浩一块劝说曹操，没想到韩浩却赞成北征，韩浩对史涣说："现在我们兵力强大，凡是征战无不处处得手，如果不趁此有利时机解决乌桓问题，必然会给将来留下后患。以曹公的神勇，做什么事都会考虑得很周到，在这个时候不应该反对曹公，干扰曹公的决策。"史涣听了，觉得有理，于是转而支持北征。

这场大讨论最后的结论是应该北征，但这并不是少数人说服了多数人，而是曹操亲自拍了板。曹操之所以下这个决心，主要是郭嘉说服了他，曹操也知道乌桓并不是主要对手，他的主要对手是南面的刘表和江东的孙权，但曹操担心，如果与南面的对手决战，背后的乌桓、公孙氏以及袁氏残余势力会勾结在一起，到那时必须两面应战，情况就被动了。曹操想先解决后顾之忧，所以才不顾多数人反对而下决心远征乌桓。

大胜后曹操奖赏持反对意见的人

建安十二年（207）五月，曹操亲率大军抵达幽州刺史部无终县，当时天下起大雨，通往东北的主要干道泥泞难行，曹操听取郭嘉的建议，组成快速挺进纵队，从一条偏僻道路继续北上，越过徐无山，兵出长城喜峰口附近的卢龙塞，于同年八月突然来到乌桓人活动区内的白狼山。蹋顿闻讯集结数万人马来攻，在曹操指挥下，曹军将士奋勇争先，打败了乌桓军队，并将乌桓人的传奇首领蹋顿斩杀于阵前。之后，曹军继续北上，占领乌桓人的大本营柳城，袁熙、袁尚逃往辽东。此时，辽东的公孙氏已传至第二代，公孙度的儿子公孙康在位，公孙康不敢得罪曹操，把袁熙、袁尚杀了，将首级送往曹操这里。为表彰公孙康，同时继续稳住他，曹操以汉献帝的名义拜公孙康为左将军，封襄平侯，仍兼任辽东郡太守。

北征乌桓之战取得全面胜利，战果至少有三个方面：一是正在崛起的乌桓部落受到严重打击，从此一蹶不振，被曹操接管的北方四州此后若干年里一直保持安定；二是袁氏残余势力被彻底消灭，曹操再也不用担心他们会死灰复燃、卷土重来；三是辽东公孙氏政权以行动表示效忠，曹操的实际控制力虽然还达不到这里，但在孤掌难鸣的情况下公孙康轻易不敢产生反叛的念头了。这是值得好好庆贺的大胜利，但回到邺县后曹操第一件事不是开庆贺大会，而是召开军事会议，总结此战的得与失。

参加这次总结会的许多人都感到有些压力，因为当初他们反对北征，但事实证明北征是正确的，此战一举三得，就连塞外不毛之地也成了新的势力范围，哪还有比这更好的结果？曹操似乎知道大家的心思，总结会一开始就问当初谁赞成北征，谁反对北征，问得大家很紧张，以为曹操要处罚当初反对北征的人。谁知曹操却下令厚赏反对北征的人，曹操说："这次北征是冒着生命危险侥幸取胜的，虽然成功了，但实在是老天保佑，所以不能总这么干。诸君前面的劝谏，是比较稳妥的建议，所以给予嘉奖，今后再遇到这种情况，不要有所为难而不敢劝谏。"

曹操为什么这样做呢？这是因为，北征虽然获胜，但曹操的头脑还是很清醒的，想想一路上经历的艰辛，想想战场上瞬间就可能转胜为败，他想必有点儿后怕。对于这次军事行动，从战术层面考虑，曹操觉得确实冒险了，更为重要的是，从战略层面看此次北征似乎也有值得商榷之处。曹操率军从前一年的五月出发，次年正月即回到邺县，用了大半年时间就取得如此丰硕的战果，应该不算失策，但此战准备时间很长，仅北方的运河就修了上千里，耗费了大量人力物力，这是一场付出巨大代价的战争，这场战争把曹操的注意力和曹军主力长时间吸引在了北方，从而无暇考虑南面的敌人，这给了刘表、孙权和刘璋等人一个发展自己的有利时机，尤其是孙权，趁势快速壮大自己，积蓄了未来与曹操过招的力量。从这一点上说，北征乌桓到底是利多还是弊大似乎很难下结论，从曹操奖赏反对意见上看，曹操自己似乎认为是弊大于利。

郭嘉之死对曹操造成沉重打击

曹操的主要谋士郭嘉在北征乌桓回师途中因病去世了，年仅三十八岁。郭嘉时任司空军祭酒，相当于参谋长，追随曹操十一年，他的去世让曹操悲痛万分。曹操亲自参加了郭嘉丧礼，哀痛异常，荀攸当时也在场，曹操对荀攸说："你们的年龄跟我差不多是一辈的，只有奉孝年纪最小。等天下平定了，本想把后事托付给他，不想却中年夭折，这难道是天命吗？"说完，曹操连声呼唤道："哀哉奉孝！痛哉奉孝！惜哉奉孝！"在身边的所有谋士里，曹操最喜欢和信赖的就是郭嘉，这个年轻人不仅精通深奥的知识，而且"达于事情"，曹操曾对人说："只有奉孝最了解我的想法。"现在，这个被曹操寄予厚望的年轻人居然早早离开了人世，曹操如何不悲伤？

曹操上书汉献帝，追记郭嘉的功劳，其中写道："已故军祭酒郭嘉，忠诚正直，学识渊博，品德美好，通晓事理，足智多谋。每次讨论国家大事，他都能充分发表自己的意见，提出最恰当的建议，他的计谋从来没有失算的。他在军中已有十多年，我们出门就同骑乘，回来就共坐一张席子，东擒吕布，西取眭固，斩袁谭之首，平河朔之众，越过艰险，荡定乌桓，威震辽东，斩袁尚之首，这些功绩，虽然凭借的是天子的神威，但具体到执行，都是郭嘉的功劳。正准备表彰他，他却短命而终。我现在上为朝廷失去良臣而悲伤，下为自己失去得力助手而难过！"曹操请求汉献帝增加郭嘉的封地，加上以前的封地追加到一千户，爵位由郭嘉的儿子郭奕继承。

郭嘉的死让曹操久久不能释怀，郭嘉是荀彧推荐来的，曹操给荀彧写信怀念郭嘉的功劳："奉孝不到四十岁就死了，我们一块共事十一年，艰难险阻都共同经历了，现在他突然死了，真让人难过。天下相知的人本来就少，现在又失去了一个，该怎么办呢？"过了一段时间，曹操仍然忘不了郭嘉，又给荀彧去了一封信，说的还是郭嘉，信里写道："追悼奉孝，所有的想法都不能从心里抹去。奉孝对时事、军事的见解，超过任何一个人。"还没有哪个人的死能让曹操如此伤心，如此念念不忘，看来曹操动了真感情。如果论智谋、见识和兵法，能超过曹操的人本来就不多，曹操唯独对这个小他十多岁的年轻人赞赏有加，可见郭嘉确实能力超群。

当谋士、智囊，最难的是做预言，一旦被验证为失误，对自己的能力和信誉就是一次打击，所以专家、智囊预测未来发生的事都喜欢用模棱两可的话，话不说绝，留有余地，但郭嘉预测未来形势时从来清晰肯定，史书中记载他所做的预言至少有六七处，事后都一一被验证，堪称奇迹。世界上没有未卜先知的人，所以有人认为类似"孙策将死于刺客之手"那样的预言是史书编造出来的，只为突出郭嘉的判断力而已，但仔细想想也许有另外的可能。

郭嘉确实没有未卜先知的能力，但他或许有另一项基本功：情报工作。史书说郭嘉曾隐姓埋名，秘密结交天下英豪，不与俗人交往，以至于大多数人并不了解他，这样的作风非同寻常，通常只有做秘密工作的人才会把自己埋得那么深。有人推测，郭嘉除了是曹操的主要谋士，还负责着曹军的情报工作，他搜集信息最多最快，所以他的判断也最准。也正因为如此，郭嘉的英年早逝是曹操的一个重大损失，曹操因此才这样格外痛惜。

华佗被曹操杀了到底冤不冤

建安十三年（208）是曹操的多事之秋，在新的大战打响前曹操还面临许多烦恼事，除心腹谋士郭嘉病逝外，曹操最疼爱的儿子曹冲也死于这一年。这一年，曹操还杀了名士孔融和名医华佗。当然，也有值得庆贺的事，文化史上的盛事"文姬归汉"也发生在这一年。

华佗刚来到曹操身边时，曹操对华佗还是很有好感的，一来华佗是曹操的老乡，都是今安徽省亳州市人，二来华佗在当时名气已经很大了。曹操听闻华佗，第一句话就问："是治好江东周泰的那个人吗？"孙吴将领周泰曾负重伤，华佗把他治好了，这件事看来影响挺大，连曹操都知道。

曹操患有头风，头疼起来很难受，华佗给曹操看了病症，决定用针灸办法治疗。他从曹操胸椎部的膈俞穴进针，不用多大功夫曹操就感到脑清目明，头也不疼了，曹操大为高兴，把华佗留在身边，成为自己的保健医生。一开始，除了给曹操看病，曹操还允许华佗给老百姓看病，但曹操担任丞相后要求华佗专心为自己看病，不再为其他人服务。作为一位有抱负的医生，不能经常接触患者便无法提高医术，对华佗来说这是一件很苦恼的事，华佗有点儿闹情绪。

华佗后来找了个借口，说接到家中来信，要回家看看，曹操准假，但华佗一去便迟迟不归，曹操几次写信去催，又派地方官员前去看望，华佗仍没有动身回来的意思。曹操大怒，派人前去核实，交代说如果华佗妻子真有病，就对华佗不予追究，并赏赐给小豆四十斛，宽延其假期；如果有假，就把他抓起来。去了一看，华佗的妻子没有病，华佗想当个体行医者，不想当领导的专职医生，于是撒了谎。

曹操最恨骗他的人，于是把华佗抓了回来，最后把他杀了。曹操因一件看似不大的事杀了华佗，对曹操，对华佗，对医学发展都是一件可惜的事，曹操一向"唯才是举"，又很能容人，为何容不下一名对自己很重要的医生呢？分析一下，原因大概有三点。

首先，可以从法理上分析。曹操带队伍一向法令很严，华佗来到曹操的身边就是曹操的属下，有令必行、有征必应这是基本纪律，无论你是名将还是名医，找个借口不执行命令是不允许的，如果允许华佗例外，曹操今后还怎么要求别人？曹操对纪律一向很看重，在纪律面前无例外，包括曹操本人在内也如此，大家或许以为"割发代首"的故事是小说里杜撰的，其实在史书中也有记载。曹操认为华佗犯了罪，把他押回许县"考验首服"，说明不仅审问了，华佗还认了罪，具体罪名虽不详，但应该是"不应召""大不敬"这些当时通行的罪款。

其次，可以从曹操的性格上分析。曹操的性格有两面性，一方面很能容人，不管是对手还是仇人，只要有了共同的目标，愿意走到一起，都不计前嫌，不仅任用，而且信任。徐晃、张辽都是降将，张绣、贾诩是欠下曹家血债的仇人，他们日后在曹营都发展得很好，还有刘备、关羽等人，曹操都曾真诚接纳过，在这些方面，基本上都是别人负曹操而曹操很少负别人。但另一方面，曹操又特别痛恨欺骗自己的人，他的眼里揉不进沙子，甚至像荀彧那样的人，因为一件重要的事瞒着曹操，曹操便穷追不舍，让对方下不了台，以至于荀彧郁郁而终。华佗请假，到期不归，曹操"累书呼之"，已经给了华佗机会，但华佗仍不归，这让曹操极为不快。曹操派人去探视，意在查明真相，如果华佗说得属实，曹操还会原谅他，如果不属实，自然会把违纪和欺骗两项罪责一并处罚。

最后，可以从曹操的人才观上分析。华佗的医术曹操很认可，但曹操不认为华佗是天下唯一的好医生，有人劝他不要杀华佗，曹操说："不用担心，天下难道再找不来这样的人了？"在《求贤令》中曹操强调"唯才是举"，但紧接着还有一句"吾得而用之"，无论什么样的人才，只有能为我所用才是真正的人才，不为我所用又有什么意义？从某种意义上讲，不能为我所用的人才本事越大越有害，因为他们不为我所用就有可能为对手所用，对这样的人只能除掉。所以华佗的名气和能力不仅救不了他的命，而且会让曹操坚定处死他的决心，这不是曹操的一时之愤，有史书说曹操杀完华佗，紧接着就后悔了，其实曹操是不会后悔的。

曹操的"头风"究竟是一种什么病

曹操很早就得了头痛的毛病，史书上说是"头风"，这是从中医角度说的，涵盖范围比较大。中医认为头是诸阳交汇之处，五脏精华之血、六腑清阳之气都注于头，头痛如果经久不愈就是病症。按现代医学来看，头痛只是病症，不是病因，引起头痛的具体疾病有很多，比如青光眼、脑肿瘤、脑血栓、脑供血不足等，还有一种最常见的疾病也会引起头痛，那就是高血压。

史书提到曹操患头风大约是在官渡之战前后，此时曹操四十五岁，正值壮年，突然得了头痛的毛病，从此一直伴随他二十多年，头痛一直时断时续。这些状况非常符合高血压的情况。高血压是慢性病，一般会有些征兆，这一点史书其实也有记载。《魏略》记载，官渡之战前夕，袁绍打败了公孙瓒，为向曹操示威，袁绍特意命人把公孙瓒的人头装在一只木匣里送来，曹操打开一看，见是公孙瓒的人头，一时紧张，"自视忽然耳"，也就是突然感到眩晕，瞬间听不到也看不到了，这其实就是在外力刺激下血压瞬间升高，完全符合高血压病人的症状。

曹操临终前经历了一场荆州危机，危机过后来到洛阳。曹操年轻时在这里学习和工作过，对这里充满了感情，他命令相关部门对原洛阳北部尉官署和一些宫殿进行复原和整修。《魏晋世语》记载，为修建始殿，工匠砍伐濯龙祠里的树木，但"伐濯龙祠而树出血"，有人报告给曹操，曹操亲自去察看，果然见树根出血，曹操心里很厌恶，病情加重，就病倒了，这个症状也符合长期患高血、突然又受到严重外力刺激而使病情加重的情况。

曹操生得"姿貌短小"，平时很注意锻炼，擅长骑马，能"手射飞鸟，躬禽猛兽"，经常亲自带兵出征，怎么会得高血压呢？一般来说，诱发高血压的原因很多，既有家族遗传，也有环境诱发，劳累、精神紧张、情绪波动后都会发生血压升高，长期生活在这种状态下就会患上高血压病，曹操应该属于后一种情况。

曹操三十岁起兵，此后打了三十六年仗，几乎年年都在四处征战中度过，虽然一生战绩胜多负少，但也经常身处险境，心里肯定有巨大压力。曹操之所以在官渡之战前后首次发病，正是因为那段时间曹操精神压力最大。当时曹操不占优势，两军对垒期间曹军这边粮食也快吃完了，士卒疲惫，曹操心理高度紧张，也就在这段时间曹操开始感到头疼的。

为关羽"刮骨疗毒"的人不是华佗

《三国演义》记载有"刮骨疗毒"故事,正史《三国志》也有记载:"羽尝为流矢所中,贯其左臂,后创虽愈,每至阴雨,骨常疼痛。医曰:'矢镞有毒,毒入于骨,当破臂作创,刮骨去毒,然后此患乃除耳。'羽便伸臂令医劈之。时羽适请诸将饮食相对,臂血流离,盈于盘器,而羽割炙引酒,言笑自若。"

看来关羽"刮骨疗毒"的故事是有来历的,但对照一下《三国演义》和《三国志》的记载,发现二者又有几处不同:一是关羽中箭的部位,《三国演义》说是右臂,而《三国志》说是左臂,《三国演义》借用了这段史料却把一个重要细节弄错了,也许不是无心之错,而是有意为之,关羽使刀,右臂如果不能动,比左臂受伤情况更严重,《三国演义》把左臂改为右臂增加了情节的紧张度;二是关羽所中之毒,《三国演义》说是"乌头之药",而《三国志》没有具体指出,但是说关羽中箭后创伤其实已治愈,只是每到阴雨天骨头感到疼痛,说明该毒的药性并不大;三是关羽中毒的时间,《三国演义》说是在攻打樊城时,也就是建安二十四年(219)下半年,当时关羽率大军北上,攻击曹魏在荆州的重要据点襄阳和樊城,与曹仁、于禁、庞德等人率领的曹军展开激战,双方展开了多次攻防战,关羽在此战中曾经中过箭倒也有可能,但正史并未记载。除此之外,最重要的分歧还是为关羽"刮骨疗毒"的医生。《三国演义》说是华佗,《三国志》则没有具体记载。华佗死于建安十三年(208),而《三国演义》说关羽"刮骨疗毒"发生在襄樊战役时,也就是219年,中间相差十一年,所以《三国演义》里的这个情节与史实严重不符。

如果按正史记载看,关羽"刮骨疗毒"应该发生在什么时候呢?《三国志》把关羽"刮骨疗毒"一事的记载置于刘备称汉中王后、关羽发动襄樊战役前,按该书叙述习惯,这件事也应大体发生在此阶段,而这时华佗已经被杀了。那么,如果关羽中箭在建安十三年(208)之前,华佗有没有可能为其疗伤呢?这种可能性当然不能完全排除,但很小,建安十三年(208)之前华佗很长一段时间都被曹操指定为"私人医生",难以四处行医,更无法给曹魏的对手去治病了。

曹操促成"文姬归汉"的真实目的

1

郭嘉死了，曹冲死了，华佗也死了，都发生在同一年，加上这一年曹操还杀了孔融，赤壁之战前夕，曹操碰到的都是烦心事。不过，也有一件开心的事，就是"文姬归汉"，也是在这一年，即建安十三年（208），曹操把故友蔡邕的女儿蔡文姬从匈奴人那里接了回来。蔡文姬是有名的才女，又是名门之后，她的归来成为一件文化史上的盛事。

蔡文姬名叫蔡琰，是大学者蔡邕的女儿，小时候就很聪明，梁代一个叫刘昭的人编了一部《幼童传》，里面记载了两位三国时代神童的故事，一个是讲曹操小时候在河里大战所谓"蛟龙"，另一个就是蔡文姬，说她"六岁能辨琴"，也是一个神童。蔡文姬很有名，不仅因为她是蔡邕的女儿，还因为她本身就很聪慧。董卓被杀后蔡邕被王允杀了，当时蔡文姬大约不到二十岁。蔡文姬的命本来就很苦，她的父亲虽然是一名朝廷官员，但还在幼年时代她"干部子女"的身份就没有了，她的父亲因为招惹宦官而被流放。在那个年代，被流放者的身份如同奴隶，命运可想而知。董卓启用蔡邕的时候蔡文姬十二三岁，到十四五岁时，与当时大多数少女一样，她也嫁了人，丈夫名叫卫仲道，是河东郡人。不幸的是，刚过门不久丈夫就因病死了，她又回到了娘家，当时蔡邕在长安，蔡文姬就由河东郡来到了长安。

在长安，蔡文姬过了一段安稳而又相对快乐的日子，但好景不长，因为一声叹息，父亲又身首异处。蔡文姬从此又无依无靠，就在她不知何去何从之际，长安陷入了更大的动荡，董卓旧部重新杀了回来，长安成了人间地狱。作为一名普通百姓，蔡文姬没能躲过这一劫，她被凉州军中的"胡骑"虏获，成了这些异族的战利品。古人一般把北方各少数民族统称为胡人，俘获蔡文姬的是匈奴人。在东汉，匈奴分成了两部分：北匈奴和南匈奴。南匈奴亲汉，一部分居住于河东郡平阳,即今山西省临汾市附近;另一部分居住于所谓"西河美稷",这个地方在哪里至今仍存在争论,有人认为它是内蒙古自治区的伊克昭盟,也有人认为它在山西省的离石。史书记载,蔡文姬落入左贤王的部落中,南匈奴的首领称单于,有呼厨泉、于扶罗等著名单于,左贤王应该是他们手下的部族首领,叫什么名字不得而知,到底生活在平阳还是生活在"西河美稷"也无法推断。所以,蔡文姬落入匈奴人之手后,可能生活在内蒙古大草原,可能生活在今天山西省的北部,也可能生活在山西省西南部的临汾一带,而且后面两种可能性更大,这与一般印象中的情形会有所不同。

与一般印象有所不同的还有蔡文姬在南匈奴人那里的身份,通常认为蔡文姬是左贤王的妃子,即阏氏,甚至有人说她是左贤王最宠爱的妻子,但史书上并没有这方面的记载,史书只说她"没于左贤王",并未提及她与左贤王本人的关系。北方游牧民族有杀到哪儿抢到哪儿的习惯,不仅抢金银财宝,抢粮食牲畜,也抢妇女和孩子,孩子将来就是战士或奴隶,妇女可以生孩子。被抢的妇女地位很低,与奴隶没有什么区别,也不排除因为貌美而被匈奴人首领看中从而改变处境的可能,但围绕蔡文姬却找不到这方面的具体记载。蔡文姬到南匈奴人那里又嫁人了,而且生下了两个儿子,但她嫁的人不大可能是左贤王,她的儿子也不大可能是王子。

2

蔡文姬命运出现转机是在建安十三年(208),曹操正准备南征荆州,这时还忙中偷闲,想到了蔡文姬,把她从南匈奴人那里接了回来。曹操跟蔡邕是忘年交,蔡邕担任议郎时曹操也担任这个职务,二人曾是同事,更重要的是,曹操很敬重蔡邕,对蔡邕的死他一定会觉得很可惜,如果蔡邕有儿子,曹操一定会设法找到并加以培养。

在那个兵荒马乱的年代,蔡文姬流落到匈奴人那里并不是一件多么重大的事,也许没有太多人知道,曹操又是怎么知道蔡文姬下落的呢?这个史书没有交代,不过有一些线索可供推测。曹操知道蔡文姬的消息可能与一个人有关,这个人名叫卫觊，受曹操之命协助钟繇处理关中事务。卫觊字伯儒，是一位法律专家、书法家，也出自河东郡卫氏家族，他字伯儒，蔡文姬的丈夫叫卫仲道，都是一个地方的人，他们之间极有可能存在着联系。汉末取名基本上都是单字，说起来这是王莽改革唯一保留下来的"成果"，王莽当年规定取名只能用单字，所以我们所看到的汉魏时期人名里，除姓氏以外很少有两个字以上的，卫仲道的名叫什么不知道了，仲道是他的字。古人取字常以"伯、仲、叔、季"区分长幼，卫觊卫伯儒跟卫仲道极可能是兄弟，卫觊是老大，卫仲道排行第二，如果这个推测成立，蔡文姬就是卫觊的弟媳。卫觊长年在关中一带工作，离南匈奴很近，他可能也在打听蔡文姬的下落，经过不懈努力，终于打听到了，之后将这个消息报告给了曹操，请求把蔡文姬接回来。

当时南匈奴人已经归顺朝廷，如果直接去要人，会让南匈奴人很没有面子，影响民族团结，于是曹操想出了一个办法，把人赎回来。曹操派周近为使者前往南匈奴，用大量黄金加上一对玉璧去赎蔡文姬。给了这么多钱，南匈奴人觉得面子很足，于是同意放人，但儿子不能带走。不太清楚蔡文姬离开南匈奴时的心情，想必有即将得到自由、回到故乡的喜悦，更有与骨肉就此分离的痛苦。但蔡文姬还是毅然回来了，这揭示出两个事实：一个是蔡文姬不可能是左贤王的妻子，要是那样，估计曹操会打消把蔡文姬接回来的念头；另一个是，蔡文姬可以"赎"，进一步说明了她的身份，在南匈奴人内部，她可能连正式户籍都没有，身份与奴隶差不多。

关于曹操赎回蔡文姬的动机，有一种说法很流行，说曹操跟蔡文姬从小青梅竹马，因为念旧情才这么做的，一些影视剧还以此为主题进行艺术加工、演绎，但这个说法是完全不靠谱。曹操跟蔡文姬的父亲蔡邕曾是同事，二人在朝廷都担任过品秩六百石的议郎一职，他们于那时相识并成为挚友，蔡邕是曹操的"故人"，曹操因此在很早的时候就见过蔡文姬是有可能的，但说到二人"谈过恋爱"，那又是完全不可能的。曹操出生于公元155年，蔡文姬出生于哪一年史书没有记载，根据她的婚姻状况以及主要经历推测，多数人认为她出生于公元177年前后，二人年龄相差了二十多岁。曹操跟蔡邕做同事的时候已经三十来岁了，而蔡文姬那个时候还是十岁左右的小朋友，他们没法"青梅竹马"。

3

蔡文姬回来后,曹操很重视,亲自接见了她,因为没有所谓的青梅竹马,所以对蔡文姬今后生活如何安排,曹操完全听从蔡文姬自己的意见。对蔡文姬而言,坎坷的人生际遇和刚刚经历的骨肉分离让她什么都不再想了,只求安安稳稳地度过余生,在她的请求下,曹操把她安置在她的故乡陈留郡圉城,这个地方在今天河南省开封市杞县的圉镇,是一座历史名镇。后来,蔡文姬三十五岁时,在曹操的安排下嫁给了屯田校尉董祀,这是蔡文姬的第三次婚姻。结婚不久,董祀犯了法,按律当斩,蔡文姬专门去见曹操求情,曹操破例赦免了董祀。

历代以来,"文姬归汉"的故事都被传颂,对于曹操为什么竭力促进这桩文化史上的盛事历来有不同的认识,除"青梅竹马说"外,还有一种说法,认为曹操是为加强民族团结才这样做的,这个其实也并不具有充分的说服力。"文姬归汉"的确加深了民族之间的交流和文化融合,但具体到当时的情况,这一点其实无法作为曹操的动机,因为南匈奴在政治上倾向于朝廷,听从曹操指挥,对曹操来说南匈奴是附庸或者盟友,曹操出面要一个人当然不是问题,但这个人已经嫁到南匈奴多年,还生下了本族的后代,硬要接走,于情于理又很勉强。应该说曹操给南匈奴人出的是道难题,曹操不笨,当然知道这些,他知道去接蔡文姬不是一件轻松的事,所以专门派出了使团,还带上了丰厚的礼物。

还有人说曹操接蔡文姬回来是为了发展曹魏的文化事业,这一点似乎也很难有说服力。曹操虽然抽空写写诗、写几篇文章,并取得了很高的成就,但他满脑子整天都是军事问题、政治问题,"加强文化事业建设"一时还提不到他的议事日程。更何况曹营并不缺"文化人",曹操的儿子曹丕、曹植都是大文学家,养子何晏是大哲学家,还有"建安七子"以及没有排上号的一大堆文人,曹操并不缺蔡文姬这一个。

说来说去,上面这些都不是理由,唯一说得过去的理由似乎还是旧情,不过不是儿女之情而是故人之情,因为对老朋友蔡邕的情谊,曹操想把他的后人接回故乡来。但仅为这一点又派使者、又带礼物,还冒着破坏联盟的危险去要人,理由仍有些勉强。那么,曹操这样做的目的究竟是什么呢?这一点也许可以从蔡文姬与众不同的身份上去分析。

蔡文姬是蔡邕的女儿，大家都知道蔡邕是大学者、大音乐家，也是耿直的朝臣，其实他还有一个身份：当朝国史的修撰者。蔡邕参与了《东观汉记》部分篇目的撰写，并且所撰写的内容最多。西汉的历史有班固的《汉书》，东汉有范晔的《后汉书》，都是正史，不过在东汉本朝，汉光武帝时就设立了官方修史馆，任务是写"当代史"，书名叫《东观汉记》，历史每向前发展一段，就写一段，东汉的许多学者都参与了这项工作，汉灵帝时蔡邕、杨彪、卢植、韩说等人参加了编撰，其中蔡邕撰写了《灵帝记》及其他列传四十二篇、志十篇。所以，王允要杀蔡邕时，蔡邕提出《东观汉记》还没修完，他愿意像司马迁那样受刑赎罪接着续史，正是这句话提醒了王允，王允决不允许当代历史由他的对手蔡邕书写，坚定了杀蔡邕的决心。蔡邕作数十篇纪传是史书中提到的，具体篇目由于天下纷乱而遗失了，在蔡邕之后，《东观汉记》的主要撰写者是杨彪，也就是杨修的父亲，曹操对杨彪没多少好感，曾找借口整治过他，这是一个政治上不在"同一个战壕"里的人，书写历史的笔掌握在这样的人手里，曹操当然不放心。

在当时，修史没有现在的条件，现在可以去档案馆、图书馆以及数据库里查资料，那时资料匮乏，人才也难找，做学问更依赖私学以及家传。朝廷东奔西走，国家档案、图书早已散失迨尽，在修史中个人所藏图书可作为一个补充，同时还要靠学者们的另一个苦功：默诵。蔡文姬归来后，曹操曾当面问她："听说你们家原来有很多书，不知道你还有多少印象？"蔡文姬回答："先父给我留下了四千多卷书，流离涂炭，已经没有保存下来的了。根据我自己的记忆，也只能保存四百来篇。"能背四百多篇文章已经很惊人了，说明当年蔡文姬在父亲左右，对蔡邕的创作很熟悉，其中也包括修史方面的工作。

现在，蔡邕虽然不在了，但蔡文姬还在，让她靠着记忆续写《东观汉记》才是曹操接她回来的主要原因。这项工作只有蔡文姬才能完成。那么，我们为什么没有看到蔡文姬续写的《东观汉记》呢？这是因为，后来政治形势发生了变化，曹丕受禅，汉朝灭亡，汉献帝成了山阳公，《东观汉记》写到汉灵帝就终止了，而《汉灵帝记》蔡邕生前已经完成了，所以蔡文姬续写的篇章就没有流传下来。

第六篇 天下三分

没有三顾茅庐诸葛亮还会不会出山

1

建安十三年（208），曹操忙完一系列杂事，之后就准备南征荆州了，后面所发生的就是赤壁之战。在说这场大战之前，还需要交代一件事，那就是诸葛亮出山。诸葛亮出山发生在建安十二年（207），也就是赤壁之战的前一年，那时诸葛亮虚岁二十七，此前他在荆州的襄阳隐居，时间长达十年左右。刘备三顾茅庐请出诸葛亮，改变了诸葛亮的人生轨迹，也改变了刘备的命运。

三顾茅庐的故事早已家喻户晓，为了求贤，刘备亲自去诸葛亮隐居的小山村登门拜访，但前两次都扑了个空，"凡三往，乃见"。看来诸葛亮经常外出，这似乎又与诸葛亮的性情和追求有些矛盾，正是因为不愿意住在繁华的襄阳城，诸葛亮才来到山村居住，为何又总是频频外出呢？有人说，这是诸葛亮故意考验刘备，看看刘备是否有足够诚意，但这样想就把诸葛亮的格局看小了，诸葛亮不是那样的"心机男"。

诸葛亮是随叔父诸葛玄来荆州的，叔父去世后，诸葛亮决定从襄阳城里搬出去，另寻一处住所继续潜心学习和积累，这个地方就是隆中，在襄阳城西北20里处。汉代1里合今0.7里，20里相当于现在7公里，要去城里，说走就能走。诸葛亮与弟弟诸葛均二人来到隆中，在这里修建了一处简单草庐，整理出十来亩耕地，住了下来。这是一种典型的隐居生活，汉末时节，隐而不仕也是士人一种风尚，"得时则行，不得时则退而息意"，面对社会动荡，人身安全无法保全，一部分士人自动退居山林，过起了与世隔绝的生活。

诸葛亮没有用这个小环境来封闭自己,相反,在躬耕隆中的这段时间,他积极与外界沟通,随时掌握外部世界的任何变化,广泛拜师交友就是诸葛亮居住隆中期间所做的主要事情之一。当时的著名学者宋忠、庞德公、司马徽、颍容等人都生活在荆州,庞德公是诸葛亮的亲戚,诸葛亮通过庞德公又拜司马徽为师,并与庞统、向朗等人成为同学。除了这些师友,诸葛亮这一时期交往的挚友还有崔州平、石韬、孟建、徐庶等人,他们经常在一起切磋聚会。

诸葛亮在隆中并不是死读书、读死书,别人读书务求精通、熟练,而诸葛亮"独观其大略",诸葛亮刻苦读书不是为了成为一名寻章摘句的儒生,他读书为的是积累和思考。诸葛亮虽生于乱世,又连遭家庭变故,但命运总算还是青睐和眷顾着这个有志青年,不仅给了他如此安静优美的读书场所,也给了他名师的指点,还有一帮志趣相投、出类拔萃的俊才相互砥砺。在纷乱的世事中,诸葛亮获得了良好的学习氛围,可以心无旁骛、如饥似渴地学习。众多因素集合在一起,加在诸葛亮身上,是诸葛亮的幸运。

2

说到诸葛亮隐居在小山村,有人说或许诸葛亮未必喜欢清静,也许是襄阳城里房价太高,诸葛亮买不起房子,他才到山村里自建了个茅草屋居住。这样说是不了解诸葛亮的显赫家世,当时荆州有"七大家族",分别是蒯氏、蔡氏、庞氏、黄氏、马氏、习氏、杨氏,相当于"荆州富豪榜"上的前七名,他们个个身家亿万,诸葛亮几乎与他们都有非亲即友的关系。

来看一看诸葛亮的"朋友圈":大姐嫁到蒯家,二姐嫁到庞家,夫人出身于黄家,岳母出身于蔡家,与习家的习帧、庞家的庞统、向家的向朗都是同学,与马家的马良和马谡、杨家的杨仪是好朋友……诸葛亮可以和弟弟依附两位姐姐生活,以两位姐夫随便哪一家的实力,他们的生活肯定都不会差。除此之外,诸葛亮岳母姓蔡,她的姐姐就是刘表的妻子蔡氏,刘表是诸葛亮的姨夫,诸葛亮也可以利用这层关系谋一份职。

但诸葛亮没有这样做,因为他只想静下心来学习。针对诸葛亮显赫的"亲戚圈"，还有人说诸葛亮很精明，尤其知道利用婚姻为自己铺路，他把两个姐姐先后嫁入豪门，又娶了名门之女，他是一个利用政治婚姻的高手。这个说法也是错误的，诸葛亮两位姐姐的婚事由叔父诸葛玄做主，如果不是叔父，一个不到二十岁的异乡青年怎么可能把姐姐们嫁到豪门里去？另外，所谓政治婚姻，是把所要达到的目的放在第一位，把感情放在第二位。与诸葛亮有关的这三桩婚事并没有给他带来任何变化，他没有以此谋求任何个人利益，哪怕一官半职。所以，诸葛亮并不是把婚姻当作个人奋斗手段的人。

　　说到诸葛亮的妻子，这个大家都知道，她的名字叫黄月英。但是，黄月英这个名字史书里并没有记载，史书只说她是"黄氏"，说诸葛亮出山之前，襄阳本地名士黄承彦有个女儿还没出嫁，黄承彦亲自向诸葛亮提亲。黄承彦不是普通的名士，因为黄家那时是荆州的大族之一。以黄承彦的实力和影响力，如果想出来当官自然是轻而易举的事，但他跟庞德公、司马徽这些无意官场的名士一样，对当官没有兴趣。由于志趣相投，黄承彦和庞德公交往密切，诸葛亮的二姐嫁给了庞德公的儿子庞山民，诸葛亮一向对庞德公很尊敬，由于这个关系黄承彦知道了诸葛亮，并对这个志向远大、学识一流又为人沉稳的年轻人抱有深深好感。以黄家的实力和地位，女儿自然不愁嫁，可黄承彦看好诸葛亮，一般来说这样的事最好通过第三方来转达，以免对方不同意带来尴尬，而且最好由男方首先提出才更符合礼节。但黄承彦觉得没必要，他自己直截了当地向诸葛亮说了这件事："听说你还没有成家，我有一个丑女，黄头发、黑皮肤，但是才能和品格与你相匹配。"诸葛亮一听就答应了，并且很快成了亲。史书说诸葛亮"身长八尺"，约合今天1.88米，而且是个仪表堂堂的美男子，又年轻有为、前途无量，却娶了个丑媳妇，有一部史书说，这件事传开后大家经常拿来逗乐，还编了个乡谚："莫作孔明择妇，正得阿承丑女。"

　　正是由于受这段记载的影响，历代以来对诸葛亮的这桩婚姻，世人便颇为关注，大家赞赏诸葛亮不以貌取人。但是，这里面也许有误解，黄夫人未必很丑，因为能证明她丑的那句话是从黄承彦嘴里说出来的，因而更多的是出于自谦。黄承彦的这个女儿可能算不上美女，但未必像书上说的那样，长得"黄头黑色"，按照人之常情，如果自己的女儿真惨成那样，黄承彦大概不会主向诸葛亮提亲的。黄承彦只是谦虚的说法，至于那句流传在襄阳的谚语，可能只是根据黄承彦的话所演绎出来的。

3

诸葛亮虽然隐居在山村里，但并不想当一名隐士，他是一个有理想、有抱负的人，随时关注着天下形势，自比管仲、乐毅，是一定要出来干一番大事的人，不会终老于山林。在三顾茅庐之前，诸葛亮迟迟没有出山，按理说他跟刘表是亲戚，亲戚关系还挺近，诸葛亮如果想求得一官半职，是很容易做到的，但诸葛亮没有轻易走上仕途。他的好友庞统首先出来工作，担任南郡功曹，相当于郡政府人事局局长，干得不错。诸葛亮的能力、名气都在庞统之上，如果诸葛亮想当官，肯定能做到郡功曹以上的职位。

但诸葛亮没有把这个看在眼里。有一次，诸葛亮与孟建、崔州平、徐庶三人聚谈，说起了未来的打算，诸葛亮有感而发道："你们三个人将来至少都能当上刺史、郡太守。"三人问诸葛亮自己能做到什么官位，诸葛亮笑而不言。这个"笑而不言"，不是说诸葛亮不想当官，不想出来干事，而是他的目标远在刺史、郡太守之上。当然，对于一介布衣来说，一张口就说出那样的大话，未免让人觉得狂傲，所以诸葛亮笑而不言。

史书上说诸葛亮"每自比于管仲、乐毅"，这两个人，一个是名相，一个是名将，都建立了不凡功业。当此乱世，要拯救国家和百姓，就需要管仲、乐毅那样有能力的人，这正是诸葛亮给自己的人生定位。隆中至今还有一处抱膝亭，相传诸葛亮这段时间里常在此抱膝长啸。亭子是后人附会的，但抱膝长啸确有其事，史书上说诸葛亮"每晨夜从容，常抱膝长啸"。长啸指大声呼叫，也指通过调整口腔和声带，发出悠长清越的声音，汉魏时节很多人常以此述志。抱膝长啸，说明表面平静的诸葛亮内心里其实并不平静，他无时不思考着未来。虽然目标很明确，但现在还没有机会，诸葛亮为此有些苦恼。

诸葛亮之所以不选择刘表，是因为他对刘表不太看好，认为刘表这个人虽然有雄才却没有大略，为人太保守，干不成大事，失去了很多机会，别看现在事业发展得不错，但未来格局会越来越小。诸葛亮也不会选择曹操，主要原因是曹操已经过了创业期,事业正步入鼎盛阶段。创业阶段对人才较为渴求,荀彧投曹操、郭嘉投曹操那样时代已经过去了,曹操身边不缺顶尖智囊,对人才没有太大渴求了,诸葛亮以布衣之身前去投曹操,担心自己去了未必有施展空间。除此之外还有一个比较隐蔽的原因,跟诸葛亮少年时代的记忆有关。诸葛亮少年时代生活在家乡琅琊国阳都县,也就是现在的山东沂南一带,曹操当年从兖州征徐州时,手下的军队曾路过诸葛亮的家乡。曹军初期军纪比较差,很多队伍是从匪盗武装改编过来的,到处杀人放火,诸葛亮目睹了这一切,对曹操印象很差。

当时能投奔的人也就这几个,除了刘表、曹操,还有一个刘璋,但诸葛亮也不会去益州投刘璋,刘璋被诸葛亮评价为"暗弱",还不如刘表。这么说来,如果没有刘备的话,诸葛亮岂不是只能隐居一辈子了?其实也不是,刘备不三顾茅庐,诸葛亮或许会主动上门去见刘备。史书里除了有三顾茅庐,也有诸葛亮主动上门去见刘备的说法,这推测起来也并非不可能。当然,如果真的没有办法辅佐刘备,诸葛亮其实还有选择,一个可能是去辅佐刘表的大儿子刘琦,诸葛亮跟刘琦是亲戚,之前也打过交道,刘琦对诸葛亮很信任,刘琦后来去了夏口,手里有一万多人。同时,诸葛亮也有可能去辅佐孙权,尽管诸葛亮后来拒绝过孙权,但那是因为已经有了刘备,在没有更好选择的情况下诸葛亮也许会考虑孙权。诸葛亮的哥哥诸葛瑾在孙权手下做事,诸葛瑾跟张昭是儿女亲家,张昭对诸葛亮的评价很高,诸葛亮如果真要去江东谋发展,不愁没人引荐。

刘表临终前以荆州相托但刘备不敢接

建安十三年(208)八月,曹操率领的大军已经在路上了,六十七岁的刘表一病不起。刘表曾是大将军何进的属下,算是个文人,也小有名气,但他一点儿都不文弱,颇有胆识和谋略,依靠荆州大族的支持,在荆州站住了脚。刘表治理政务、发展经济都有一套,是个实干家,这些年把荆州治理得不错,在一片纷乱的时局中,荆州一度成为中原人避乱的最佳地点,人才的大量涌入又进一步推动了荆州的发展。

但是,与曹操相比刘表没有打过什么像样的大仗,大部分时间是在和平的环境中度过的,舒舒服服过了二十年的太平日子。这是幸运,同时也是不幸。现在,身经百战的曹操携统一北方的雄威率大军向自己杀来,刘表才明白,和平是美好的,但和平得太久了也害人。刘表手下军队的人数应该超过十万,而且水军方面优于曹军,但刘表心里明白,这是一支在和平年代成长起来的军队,岂是能征惯战的曹军的对手?刘表越想越发愁,竟然病死了,所以有人说他是被曹操吓死的。刘表死于一种叫背疽的病,心情不好、压力大的确是这种病的主要诱因。

刘表死时,长子刘琦不在跟前,他在夏口,刘表妻子蔡氏以及荆州主要将领蔡瑁、张允等人共同扶持刘表的次子刘琮继位。不过,史书上还有一种说法,认为刘表临死前留下了政治遗嘱,指定的接班人既不是刘琮也不是刘琦,而是刘备。根据这个说法,刘表病中曾向汉献帝上表,推荐刘备代理荆州刺史。刘表把刘备叫到病床前,对他说:"我的儿子们都不是大才,而手下将领们也没有特别突出的,我死之后,你来统领荆州。"对刘备来说,这已经是第二次有人"以国相托"了,上一次是徐州的陶谦,这一次是荆州的刘表,看来刘备不仅很有个人魅力,就连一向孤傲的陶谦和叱咤风云的刘表都十分认可他。不过,跟初听到陶谦让徐州时一样,刘备也是拒绝的。他对刘表说:"将军您的儿子们都很贤能,您不必为此烦心。"刘表大概让刘备不要急于表态,而是回去想一想再回话。下来之后,有人劝刘备接受,刘备说:"刘景升一向厚待于我,今天如果接受这件事,大家必定认为我薄情,我不忍心这样做呀!"

上面这件事至少有两部史书同时有记载,分别是《汉末英雄记》和《魏书》,这个记载看起来有些突兀,所以遭到后世很多史学家的否定。但是,仔细分析一下刘表当时的处境和心理,如果他在病重期间真的见到过刘备,这种可能性是完全存在的,不仅因为刘表和刘备都姓刘,而且因为刘表心中的苦衷除了刘备恐怕已无人能理解。人在病中，尤其即将不久于人世时，想的会很多，有些过去的想法也会改变。刘表知道荆州的覆亡难以避免，他最不愿意看到的是死后刘琦和刘琮兄弟相争，袁绍死后儿子们斗得你死我活，刘表都看在眼里，还写长信给他们进行调解，这是刘表所忧虑的。思来想去，刘表觉得只有把荆州托付给外人，才能避免儿子相争情况的出现，和陶谦临终前的想法一样，刘表心中最合适的"外人"非刘备莫属。

但是，面对如此诱惑刘备也只能拒绝，不是他清高，也不是他更重仁义，而是他的政治斗争经验已经很丰富了。刘备对荆州的时局看得很清醒，荆州虽然是刘备做梦都渴望得到的，但却不可能属于自己。刘表的话可以相信是真诚的，但对刘备而言却毫无用处，原因很简单，此时的荆州其实已经不在刘表掌握之下了，刘表平时就对蒯越、蔡瑁、张允等地方实力派很倚重，现在刘表病重，大权更是被那些人掌握，病床上的刘表其实已徒有虚名。当初陶谦让徐州，刘备最后敢接，是因为经过一番推让后，刘备确认徐州的地方实力派们大多拥护他，现在他不敢接荆州，理由刚好相反。面对刘表的托付，如果刘备贸然接招，荆州必定掀起新的乱局，以刘备目前有限的实力，是无法收拾这种局面的，反而会陷自己于更大的风险中，没有一点儿把握的事刘备不敢做。

刘备在长坂坡脱险有隐情

刘备拒绝了刘表的好意，他还幻想刘琮能全力对抗曹操，如果那样，他愿意与刘琮一起死守荆州。其实，刘琮心里也有这样的想法，刘琮虽然不具备雄才大略，但也知道寄人篱下的日子不好受，所以也想一战。但是，刘备、刘琮联手抗击曹操的想法最终没能实现,因为荆州的实权人物们几乎都是投降派,他们围着刘琮掀起了一场规模浩大的"劝降运动",刘琮招架不住了,只得同意投降。

刘琮已决定投降,却没有及时通报刘备,刘备还蒙在鼓里。刘备当时驻扎在樊城,与刘琮所在的襄阳只隔了一条汉水。等曹操过了新野,离襄阳、樊城不远了,刘备才知道消息。刘备又怒又急,赶紧从樊城撤出,向南行军,对外声称要去抢占江陵。江陵就是现在的荆州市,这是刘表的后勤基地和水军基地。曹操听说后,也不去搞襄阳的入城仪式了,他把受降的事交代给其他人,自己亲率领一支数千人的精锐骑兵去追击刘备。曹操的骑兵很厉害,其中最精锐的是虎豹骑,个个百里挑一,曾创造过斩杀袁绍长子袁谭和乌桓首领蹋顿的辉煌战绩,曹操每逢大战必带上这支队伍,现在要追击刘备,带的自然也是这支铁军。曹操率领虎豹骑行军速度很快,"一日一夜行三百余里",在当时这是行军速度的极限。

刘备率领的南逃队伍行进速度是多少呢?每天只有十多里,这没有夸张,是史书里说的。逃命为什么还这么慢悠悠呢?因为刘备的队伍太庞大,一路上不断地有向南逃避兵灾的荆州百姓加入,人数很快多达十多万。人数不少,可惜这是一支没有战斗力的队伍,有点儿像黄巾军远征,家属、百姓、逃亡的地方官吏,什么人都有,夹杂着各式各样的车辆,有数千辆之多,这样的队伍行进起来只能用蠕动来形容,史书上说"众十余万,辎重数千辆,日行十余里"。有人看到这种情况,向刘备建议:"现在我们人数虽多但能战斗的人少,如果曹军杀到,如何迎敌?应该加快行军速度尽快赶往江陵。"这个建议有一定道理,如果想抢在曹操之前到达江陵,就不能再带上眼前这些官民百姓。但是,刘备没有接受这样的建议:"夫济大事必以人为本,今人归吾,吾何忍弃去?""以人为本"这几个字如今已耳熟能详了,据说最早就是刘备在这个危急情况下说的。

刘备难道不知道虎豹骑正急速向这里靠近吗?刘备当然知道,他并不傻,他可能有自己的想法,但不便明说。刘备大概想过,既然曹操拼命来追,即使自己率几千人抢先一步赶到江陵,也未必能得手,江陵水军的总兵力应该在三万人左右,还不包括一定数量的步兵和骑兵,他们效忠于刘琮和蔡氏集团,让他们在自己和曹操中间做选择,他们肯定不会给自己当垫背。刘备大概认为,江陵就别再想了,能过眼下这一关才是关键。如何逃命呢?刘备想起了多年前亲自经历过的一幕，那就是官渡之战中的延津之战，曹操在战场上实现了以少胜多，依靠的正是成千上万的百姓。刘备深受启发，他知道这十多万百姓也许能帮助自己躲过一劫。

果然，曹军在长坂坡追上了刘备一行，刘备军一触即溃，但刘备、张飞、赵云等人却安全脱险了，甚至连这诸葛亮这样的文人也脱险了，这些都得益于刘备的精心安排。可以想象一下当时的情形，数千名曹军精锐骑兵杀到，虽然打散了刘备的队伍，但很快曹军将士就傻眼了，因为他们在长坂坡一带看到的全是人。推测一下，刘备的兵力至多不过三四千人，他在樊城的总兵力也许更多些，但南下之前刘备做了分兵，命关羽率一部分人乘船由汉水南下，目的地是夏口，也就是现在的武汉一带，此时刘备手上的兵力很有限，但刘备等人混在十多万百姓中间，曹军想马上找到攻击目标比较难。虎豹骑虽然勇猛，但没残暴到见着老百姓就杀的地步，所以他们纵马乱冲，而刘备等人这才借机脱险。

曹操真打算率八十万大军灭孙权吗

建安十三年（208），曹操只准备了几个月就率兵南下荆州了。虽然准备得很仓促，但曹操运气看起来很不错：刘表在关键时刻死了，继位的刘琮主动投降，刘备被迫南逃，曹操不费太大力气就取得了襄阳、江陵等荆州重镇，尤其是占领了刘表的后勤基地和水军基地江陵，让曹操在长江之上也无所顾忌起来。

在江陵，曹操召开军事会议研究下一步的行动。也许胜利来得超出预料，所以曹操的智囊和武将们普遍比较乐观，除贾诩等个别人外，大家都认为不用再等了，应该抓紧时间将荆州全境占领。当时荆州的夏口还在刘备和刘琦手中，大家认为应当乘胜追击。这次军事会议也讨论了孙权的问题，不过看来似乎许多人都产生了误判，有人还认为孙权不会与刘备联合，会把刘备杀了向曹操示好。这种奇怪的想法其实也不奇怪，就在一年前，袁绍的两个儿子在曹操追击下逃到辽东，想投奔公孙康，公孙康慑于曹军的威势把二袁杀了，将首级呈来。乐观人士估计，在气势如虹的曹军面前，孙权就是第二个公孙康。

此时已进入冬季，北方将士已有人出现水土不服的症状，但这些都没有阻止曹操进军的决心，就在这一年的年底，在江陵的曹军主力出发了，他们大部分人是坐船东进的，这样可以节约时间和体力，但他们进军的目标不是什么赤壁，因为直到此时，这个叫赤壁的鬼地方，曹军将士们大概还很少有人听说过。他们的目标也不是江东，孙权的地盘还很遥远，曹军刚刚拿下荆州，不到三个月就再发动一次攻江东之战，曹操再自信、再狂妄，也不会这么用兵。

那么，曹军的战役目标是哪里呢？应该是夏口。汉水下游亦称夏水，夏口即夏水入长江之处，也就是今武汉所在的位置，刘备和刘琦在这里，曹操其实下面想打的是一场"夏口战役"，以消灭刘备、刘琦为目的，此战役目标达成，他才算彻底取得了荆州。有人认为不对，曹操不是给孙权写了一封信吗？信中提到自己正率八十万大军前来，要找孙权"会猎"。这封信的确是有的，不只是在演义里，它记载在《江表传》中，信中写道："近者奉辞伐罪，旌麾南指，刘琮束手。今治水军八十万众，方与将军会猎于吴。"会猎不是打猎，而是"找地方练练"的意思，这封信可以理解为挑战书，但它更像一封恐吓信。

"八十万"是根本不可能的数字，汉末全国总人口迅速降到一千多万，刘表、刘璋这样有实力的割据军阀，总兵力也就在十万上下，当时天下各路割据群雄的总兵力之和大概也不过八十万，所以曹操这是在搞心理战。曹操写这封信的目的，是担心孙权与刘备、刘琦联合，所以才写信来吓阻，当时孙权及其主力在柴桑即今九江一带，距夏口尚有数百里，曹操如果真想跟孙权"会猎"，那也应该在夏口之战结束后，况且真要动手的话，还提前写不写信告知就很难说了。所以，曹操此行只想打一场"夏口战役"，消灭孙权不是此战的目标。

赤壁之战中双方兵力相差不算太大

即便曹操不是直接针对自己而来的，孙权也不敢怠慢，现在不动手，迟早也会动手，对孙权来说，既然迟早与曹操有一场决战，那晚些再战还不如趁着刘备、刘琦还在，大家团结起来早点儿开战，所以孙权派鲁肃去联络刘备。但是，孙权的手下意见并不统一，大部分人主张投降，这与刘琮遇到的情况一样。鲁肃对于大家的这种心理有深刻的分析，他对孙权说："我鲁肃可以投降曹操，但是将军你不可以，为什么呢？我鲁肃要是投降了曹操，曹操一定会给我官做，我继续吃香的、喝辣的，最少也可以弄个太守、刺史当当。将军投降曹操，曹操会怎么对你？"这些话说到了孙权的心坎里，所以孙权决不投降，在周瑜、鲁肃等人的支持下迅速调集军队，准备与曹操一战。

战事不可避免，实力决定一切，双方实力对比情况如何呢？先分析一下曹军的情况，曹操为追击刘备而率一部分人马先来到了江陵，曹军的主力还在襄阳一带，以后陆续有一部分人马到了江陵，加上刘表在江陵的水陆两军，曹军整个荆州地区的人马被分成了两大部分，襄阳附近的姑且称"北路兵团"，江陵附近的姑且称"西路兵团"。根据《三国志》各人传记中的记载，随曹操南下的主力包括曹纯、曹真、曹休统领的虎豹骑，许褚统率的宿卫军，以及徐晃、满宠、任峻各部。徐晃此时的军职是横野将军，满宠是奋威将军，任峻是长水校尉，也就是说曹操亲自带来的这一路大体上有两个"军"，再加上数千人的虎豹骑和一部分宿卫军，任峻的水军应该是曹操在北方训练出来的，人数不会太多，以上各部加在一起说五万都是高估。除此之外就是原荆州的水军，大体上有两三万人左右，有各式战船数千艘，基本上都参加了即将开始的江夏战役，加上一部分陆军，至多也就在五万上下。

也就是说，曹军在江陵大概有十万人左右，但曹操不能把这些人马都带走，他留曹仁守江陵，从此地穿越如今的三峡库区即可到达益州，刘璋虽表面臣服，但不得不留一手，所以曹操让曹仁守在这里监视上游的情况，而曹操从江陵带走的主力应该有七八万人。"北路兵团"包括于禁、张辽、张郃、乐进、路招、朱灵、冯楷各部，他们此时的军职全部是将军，也就是说北路兵团主力是这七个"军"，按照汉代军制一个"军"满编状态下有一万多人，这个兵团约十万人左右。在"西路兵团"东进的同时，曹操命"北路兵团"沿汉水而下，目标也是夏口，曹操的打算是两支人马在夏口会合，把刘备、刘琦彻底消灭。综合以上分析，参加"夏口会战"的曹军有两支主力，总人数不到二十万。周瑜为孙权分析敌情时说曹军主力远没有八十万，大约二十多万，其中十五六万是自己带来的，荆州降卒有七八万。应该说，作为密切关注曹军动态的高级将领，周瑜的判断是大致不错的。

再说孙刘联军，孙权请周瑜任联军总指挥时，周瑜向孙权提出要五万人，孙权一下子拿不出来，只能先交给他三万人，刘备所部此时已不到一万人，刘琦所部约一万多人，三方相加约五万人左右。五万对二十万，这仍然是兵力悬殊的，但周瑜很聪明，没有在夏口摆好阵式等曹军来，他主动出击，率船队过了夏口向西去迎着曹军的"西路兵团"求战，双方最后相遇于赤壁，这样一来，在汉水上的曹军"北路兵团"没有参加赤壁之战。所以，直接参加赤壁之战的双方兵力对比不是八十万对五万，而是八万对五万，虽然兵力不对称，但说不上太"悬殊"，赤壁之战中孙刘联军最后能取胜，这一点其实很关键，试想一下，如果曹军两大兵团实现了会师，总兵力达到了二十万，孙刘联军再想打赢，恐怕就困难了。

赤壁之战未能立即促成天下三分局面

现在，长江上就有两支大军相向而行：从上游顺江而下的是曹军的"西路兵团",由曹操亲自率领；从下游逆流而上的是孙刘联军，由周瑜指挥。一方志在必得，一方斗志昂扬，两支大军终于在长江上相遇了，相遇地方大家都知道，名叫赤壁。赤壁的具体位置历来有争论，归纳起来居然有二十多种说法，比较流行的有五种，包括蒲圻赤壁、江夏赤壁、汉阳赤壁、汉川赤壁、嘉鱼赤壁等，它们不仅有在长江上的，还有在汉水之上的。一般来说，现在公认的地方是湖北省蒲圻县，如今该地已改名为赤壁市。如果从曹军出发地江陵算起，以曹操的目的地夏口为终点，蒲圻赤壁大体位于其四分之三处，曹操率水军走了四分之三的路，眼看快到夏口，遇到了周瑜率领的孙刘联军。

此时是建安十三年（208）农历十月，眼看一场大战就要爆发了，然而正史对这一仗的记载却十分简单，全部检索出来也就那么几条，看起来不像是一场有谋划的大战役，而是一场没有准备好仓促打起来的遭遇战。围绕这场大战的其他故事，如舌战群儒、借东风、草船借箭、蒋干盗书、周瑜打黄盖、关羽义释曹操等，在正史上都查无出处。而且，曹操虽然在这一战中被打败了，但损失非常有限，即使在赤壁曹操军全军覆没，其失去的也只是一个"西路兵团"。曹操很快退回江陵，而沿汉水南下的"北路兵团"也全数退回到襄阳，此时在荆州的曹军主力部队仍有十几万，远超孙刘联军总和，荆州最重要的三座城池襄阳、宛城和江陵也尽在曹军手中。

所以，说一场赤壁之战就彻底打败了曹操，马上出现了"三分天下"的局面，这是夸大了赤壁之战的影响。对孙权和刘备来说，现在还根本不可能幻想什么"三分天下"，他们的目标是把曹操的势力尽量从荆州多挤走一些，至少也要把江陵夺过来，从而占领整个长江防线。但曹操没有从江陵撤军的意思，孙权不得已，亲自率军攻击曹军的左翼，打了一场合肥之战，曹操无力兼顾，在坚持了一年多之后，这才放弃了江陵，但荆州重镇襄阳、宛城仍在曹军手中。之后，荆州的局面相对稳定下来，原来荆州的七个郡里曹操占有整个南阳郡和南郡的一部，孙权占有江夏郡和其他一些地方，刘备占有大部分南郡以及零陵郡、长沙郡、桂阳郡和武陵郡，三家瓜分了荆州。刘备在荆州新设了襄阳郡、宜都郡，孙权新设了彭泽郡、汉昌郡，曹操新设了章陵郡、南乡郡。

所以，赤壁之战的结果并不是"三分天下"而只是"三分荆州"，真正意义上的"三分天下"应该在刘备进入益州之后,也就是赤壁之战结束五年之后,刘备在益州北部的葭萌关起兵夺取成都,这才正式拉开了"三分天下"的序幕。

刘备"借荆州"其实只借来半个郡

1

赤壁之战后,曹操的军队仍然控制着荆州的三大重镇——襄阳、南阳和江陵,孙权的目标是把曹操的势力从长江沿线向北压缩,让曹操远离长江,这样江东才安全。为此,孙权将江陵作为进攻的重点,在周瑜指挥下发动了江陵之战,曹军在江陵守了一年多,最后不得不撤走。孙权趁机把西至江陵、东到柴桑的这一片广大地区纳入自己的控制范围,而刘备的收获非常有限,为了生存和发展,刘备亲自面见孙权,提出"借荆州"的请求。

在人们的印象中荆州不是刘备打下来的吗,他为什么还要"借"?要回答这个问题,首先要说一下荆州的概念。这里的荆州,指的不是某一座城池,比如现在的湖北省荆州市,而是东汉十三个州之一的荆州刺史部,它是由七个郡组成的,分别是南阳郡、南郡、江夏郡、零陵郡、桂阳郡、武陵郡、长沙郡。盘点一下赤壁之战前荆州的形势:当时荆州的七个郡里有六个是在刘表控制下,不在刘表控制下的是大半个南阳郡,它在曹操的控制中,还有少半个江夏郡,随着前江夏郡太守黄祖被孙权消灭,至少有半个江夏郡在孙权手中。赤壁之战发生在赤壁,当时属于南郡,范围有限,如果再加上整个荆州之战,战场范围也只是在南郡和江夏郡境内,并非在荆州全境开打,襄阳、当阳、长坂坡、江陵、赤壁、华容这些耳熟能详的地名都在南郡，夏口、樊口在江夏郡。赤壁之战本身打得很简单，关键是战后扩大战果，周瑜率兵进攻江陵，目的仍是争夺南郡，这时候孙权还没有夺取襄阳的想法，更不打算攻打曹操占领下的南阳郡。

周瑜在江陵进展得还算顺利，最终将曹仁逼出了江陵，占领了大部分南郡，但南郡北面的重要城市襄阳仍在曹操手中。这时孙权占地盘的速度极快，因为周瑜是孙刘联军的总指挥，有指挥上的便利。孙权任命周瑜为南郡太守，驻守江陵；任命程普为江夏郡太守，驻守沙羡；任命吕范为彭泽郡太守，驻守柴桑。这个彭泽郡是孙权新设的，以柴桑为中心，后来郡治改为彭泽，大部分是扬州刺史部豫章郡的地盘。也就是说，曹军撤出江陵以后，西自今天湖北省的宜昌市、荆州市，包括中间的武汉市，一直到东边江西省的九江市，近两千里的长江沿线全被孙权占据了。不过，这仍然不是荆州的全部，孙权新占的所谓三个郡，其实是江夏郡的大部分和半个南郡，南郡和江夏郡北部的一部分仍在曹操手中。荆州七郡其他各郡的情况是：南阳郡已全部被曹操占领，江南的四个郡目前处于自治状态，不属于孙、刘、曹中的任何一方。

2

赤壁之战胜利了，刘备有什么收获呢？由于实力有限，再加上孙刘联军的总指挥是周瑜，所以刘备抢地盘的速度很慢。还有一点，赤壁之战前刘备对于能否打赢这一仗心里并没有把握，在兵力部署上有保守的地方，没有打算全力进攻，而是留了随时逃跑的后手，这样一来，赤壁之战后刘备的行动就较为迟缓，最后只占领了一个叫油江口的地方。油江口就是油江汇入长江的入江口，是一个镇子，连县城都不是。这时孙权表奏刘备为荆州牧，按理说刘备应该到襄阳去上任，但襄阳在曹操手中，刘备只能在油江口建立"临时州政府"。刘备把油江口改名为公安，升格为县城，但也仅是个县城，它归南郡管，南郡太守周瑜就在离此不远的江陵，时时监视着刘备。

总之，荆州很大，以刘备的实力以及在赤壁之战中的表现，他却没有抢到什么地盘。"荆州是刘备打下来的"这种错觉，主要来源于小说的演绎和民间故事，提起赤壁之战，人们想到的往往是舌战群儒、借东风、草船借箭、华容道这些故事，说的都是刘备、诸葛亮在赤壁之战中是如何发挥了关键作用，但其实这与历史事实不符，刘备在赤壁之战中的作用有限，战后的作为也有限。油江口这个地方实在太小，安放不下刘备这个"荆州牧"，刘备这才向孙权提出，能否让出一些地盘出来。

有个歇后语："刘备借荆州——有借无还。"刘备的信誉因此大打折扣，还有《三国演义》说到"三气周瑜"时，也多围绕荆州的"借"与"要"展开，给人的总体印象是要债的快被逼疯，欠债的一味要赖，不管做了怎样的艺术处理，对刘备显然不利。正史对"借荆州"也多有描述，《三国志》中的鲁肃传、吕蒙传多次提到荆州是"借"出去的，刘备的传记（《先主传》）提到孙权要讨回荆州，不过这些记载往往又比较含糊，既没有详细说明刘备是怎么借到荆州的，更没有具体指出这个"荆州"指的是什么。上面说了，荆州不是一座城，而是荆州刺史部，刘备向孙权去借整个荆州，这是不可能的，因为荆州刺史部里还有相当一部分被曹操占着，孙权也没有整个荆州。刘备当时在公安，也就是之前的油江口，周瑜是南郡太守，南郡的郡治在江陵，刘备看中的其实就是南郡。

但这也不是整个南郡，而只能是半个，襄阳郡也归南郡，作为荆州的州治，襄阳此时在曹操手中，并且以后始终都在曹操手中，刘备和孙权到死都没能占领过襄阳。也就是说，南郡的北半部归曹操，南半部归孙权，论面积孙权占得可能多一些，但襄阳的重要性又高于江陵。地盘是大家的命根子，在地盘面前大家都是寸土不让的态度，刘备怎么能开了借地盘的口呢？但刘备觉得自己是有把握的，因为孙刘是联盟，好比合股做生意，以赤壁之战为例，孙权投入了三万人，相当于三万股，刘备和刘琦投入了两万人，相当于两万股，生意做成了，盈利颇丰，按理说应该按股份比例分成，但孙权占了三个郡，刘备只占了一个县，等于孙权拿走了利润的百分之九十五，刘备只有可怜的百分之五，作为联合股东的刘备当然有理由开这个口。面对利益分配的不公，刘备一直坚持忍耐的态度，为了换取孙权的支持，刘备主动表奏孙权为车骑将军，至少从表面上看，双方的关系还是挺密切的，所以刘备决定亲自去面见孙权，当面提出把南郡的其他地区都让给自己。

3

赤壁之战后孙权回到京口，即今江苏省镇江市。听刘备说要去京口见孙权，刘备身边的所有人都大吃一惊，诸葛亮更深表忧虑，劝他不要去，以免遇到危险，但刘备执意前往，并于建安十五年（210）冬天出发。刘备的举动让孙权也吃了一惊，但又不能拒绝。刘备于是到了京口，开门见山，说出来意，孙权没有思想准备，让刘备先别急，他和属下们商量商量。江东内部对此事的看法出现严重分歧，身在江陵的周瑜认为，如果割地给刘备，刘备必然如蛟龙得云雨，一定不是池中之物。周瑜的看法得到时任彭泽郡太守吕范的支持，他建议孙权趁机把刘备扣留，不要放他走。另一派意见以鲁肃为代表，认为应该答应刘备的请求，鲁肃建议把南郡的江北部分让给刘备，理由是给曹操树个对手，给自己添个盟友，"多操之敌，而自为树党，让之上也"。

鲁肃考虑得更加长远，赤壁大败后曹操把主攻方向放到了东线的合肥，目前正整顿人马以谯县、寿春、合肥等为基地向孙吴发起攻势，荆州虽然重要，但当务之急是全力以赴保东线，现在没有力量增兵荆州，所以不能和刘备闹翻。只要孙刘联盟在，曹操就不能不有所忌惮，在荆州一线就得保持足够兵力，这样东线的压力可以减轻。最后，鲁肃等人的建议被孙权接受，孙权决定撤出南郡，把这里让给刘备。对孙权来说让地盘只有这一次，所让出的其实只是刘备实际控制的公安等以外的半个南郡。从战略上看这的确是高明的一招，受益的不仅是刘备，还有孙权自己，《三国志》记载"曹公闻权以土地业备，方作书，落笔于地"。

但需要注意的是，史书里对这件事一会儿说的是"给""与"，一会儿又说是"借"，例如《三国志》鲁肃传说"备诣京见权，求都督荆州，惟肃劝借之"，《三国志》吕蒙传说"后虽劝吾借玄德地，是其一短，不足以损其二长也"，《三国志》程普说"周瑜卒，代领南郡太守。权分荆州与刘备，普复还领江夏"，《江表传》说"周瑜为南郡太守，分南岸地以给备"。"借"与"给"是不同的概念，"借"是要还的，但考察一下汉末三国的历史，"借地盘"的事似乎比较稀罕，还没有过"好借好还"的例子，从刘备一方来说估计也没有过"借"的概念，地盘拿来了就归自己。

但孙吴方面肯定想强调荆州是"借"出去的,唯有如此后来袭杀关羽、重夺荆州才有了说辞,所以在一些史书里开始出现了"借"的说法,《三国志》是集采众多史书写成的,因而在荆州的"借"与"给"上出现了矛盾。但即使是"借",当年"借"出去的也只是半个南郡,而后来夺回去的却是数个郡,在这桩历史陈案里刘备显然吃了大亏,最后竟然还落下信誉不好的名声,冤枉透顶。

孙权把妹妹嫁给刘备还有其他动机

孙权把半个南郡借给了刘备,为把"好事"做到底,又主动提出"进妹固好",也就是把妹妹嫁给刘备。一般认为,孙权的这个妹妹名叫孙尚香,围绕着这段政治婚姻还有许多传说故事,京剧里的著名剧目《甘露寺》说的就是这段故事。但是,史书对这桩政治婚姻记载得相当模糊,《三国志》、《汉晋春秋》和《华阳国志》等略微提过几次,至于孙权的这个妹妹叫什么名字,史书里并没有说是孙尚香,只有《汉晋春秋》提到了她的名字,说她叫孙仁献,不太像女人的名字,后世一些书籍和文艺作品也有叫她孙仁、孙尚香的,皆属附会。

女方主动提亲,又是孙权的妹妹,刘备无法拒绝,于是和这位孙妹妹成婚。刘备当时已近五十岁了,孙权那时还不到三十岁,他的妹妹至多二十多岁,双方年龄相差一倍。但是,这个孙妹妹不是娇妻,而是个典型的野蛮女友。孙坚是有名的虎将,一生在刀尖上行走,杀人不眨眼。虎父无犬女,孙坚的这个女儿在女人中算是相当另类。《三国志》记载,孙妹妹挺有才,还跟孙策、孙权等几个哥哥一样作风泼辣刚猛,浑身透着男人气,随她而来的还有一百多名侍卫婢女,个个执刀弄枪。刘备每次去见孙妹妹,看到身边那么多舞刀弄枪的人,"内常觉凛然惊惧"。《云别传》记载，孙妹妹仗着是孙权的妹妹，平时骄横得很，她手下的那些人常"纵横不法"。

所以，也有人揣测，孙权把妹妹派到刘备身边没准还肩负着某种特殊使命，比如必要时可以把刘备抓起来作人质都有可能，所以刘备见了才会害怕。或者也可以这样推测，孙权答应把半个南郡借给刘备，也并非无条件，这桩政治婚姻大概就是条件，答应联姻，成了一家人，这才好把地盘借给你，而这其中有孙权的盘算，所以不仅让妹妹去了刘备那里，跟前还带着不少武装的亲兵。这种推测并非小说家的想象，其实有一定道理，后来孙妹妹趁刘备入川，强行要带刘禅回孙吴，幸好被赵云等人拦下才没有得逞，如果当时孙妹妹真的把刘禅带到了江东，那就成了人质，刘备不拿出自己占领的荆州，估计是换不回来的。

刘璋请刘备带兵去益州的真正原因

刘备借来了半个南郡，有了立足之地，便迅速出击，大力扩充地盘，主要目标是荆州在江南的几个郡。刘备是孙权表奏的荆州牧，去接管荆州的郡县也说得过去，加上南郡地理位置很好，离江南几个郡最近，所以刘备收获颇丰。同时，益州的刘璋也突然派人来邀请刘备带入川，而派来的法正、孟达再加上张松等人私下里向刘备表示，愿意协助刘备攻占益州。对刘备来说，这段时间真是好事一件接一件，天下掉下来了一个又一个大馅饼。

益州牧刘璋也是汉末割据一方的诸侯，由于地处四川盆地，位置相对安全，所以群雄争霸进展到了这个时候他才开始登场。刘璋真正参与群雄争霸中，就是从邀请刘备进益州开始的，他之所以邀请刘备来，公开理由是借助刘备的力量去攻打汉中的张鲁，但这其实只是刘璋的动机之一。那么，刘璋请刘备入益州还有其他动机吗？在分析这个问题之前，可以先分析一下刘璋在益州的处境。刘璋是前益州牧刘焉最小的儿子，刘焉一共有四个儿子，其中两个死在了长安，留在身边的只有三子刘瑁和四子刘璋，刘瑁有"狂疾"，也就是精神病，所以汉献帝兴平元年（194）刘焉病死后，益州主要官员联合上书朝廷拥戴刘璋为继承人，朝廷于是下诏任命刘璋为新的益州牧。

刘焉也算是一代雄主，但刘璋就差远了，他生性软弱，才能一般，尤其在平衡各方势力的方面远不如父亲刘焉。刘璋继位后，任命赵韪为征东中郎将，所有事情都听他的，这造成了派系发展的不平衡，沈弥、娄发、甘宁等带兵将领起事反对刘璋，后被赵韪打败，但赵韪手中的兵权也越来越重了。刘璋让赵韪去防备刘表，赵韪却秘密与刘表手下的官员联络，通过贿赂收买的方式与荆州官员们建立起关系，同时又秘密联合益州本地的大族于建安五年（200）聚众起兵，益州多地响应，幸得刘焉留下来的嫡系"东州军"拼死一战，叛军才被打败，赵韪逃到江洲，不久被部下庞乐、李异反攻，最终被杀。历经了这些动荡，益州元气大伤，不仅如此，刘璋还与汉中的张鲁关系决裂，成为仇敌。赵韪死后，益州另一位实力人物庞羲崛起。庞羲和赵韪都算是刘焉的"托孤重臣"，刘璋继位后庞羲担任巴西郡太守，为拉拢庞羲，刘璋还让自己的儿子刘循娶庞羲的女儿为妻，双方结成儿女亲家，但庞羲居功自傲，私下里扩充人马，也想起兵反叛。

虽然有父亲创立的基业，但刘璋在位时益州一直处在风雨飘摇的状态，刘璋没有能力结束这种状况，只能勉强维持，所以诸葛亮在隆中对策中说他是益州"暗弱"的主人。"暗弱"有两个意思：一是不明事理，二是软弱。如果说后者来自与生俱来的性格，那前者则说明刘璋的后天努力也不足，他的失败并不是起点不够高，也不是遇到了无法克服的困难，而是自身努力不够。当然，再"暗弱"的人也不希望成为别人的傀儡，刘璋也希望有所改变，为打破益州的政治生态环境，刘璋觉得靠自己的能力还不行，必须引进外力，以此削弱地方实力派的力量。当然，刘璋不可能对庞羲等人说，我请外面的人来就是要收拾你们，得找个借口，攻打张鲁就是最好的借口。刘璋确实也想消灭张鲁，而他最关心的，则是借这个名义从外面引进来一个强人。

刘璋的心理被别驾张松掌握。别驾相当于副州长，是个重要角色，可以经常接触到刘璋，了解刘璋的心理变化。张松是益州本地人，他有个哥哥叫张肃，是益州刺史部广汉郡太守，兄弟二人都是益州本地实力派的代表。张松觉得刘璋这个官二代确实没有能力领导益州走出危局，为了让益州百姓少受灾难，刘璋应该投降，只是张松比较讨厌曹操，而喜欢刘备，希望由刘备来主持益州大局。张松政治倾向的形成是有原因的，早在曹操南下江陵时，刘璋其实想过归附曹操，于是前后派出多个观察团赴荆州，一方面向曹操示好，另一方面观察形势，张肃、张松先后担任过观察团的负责人。

在张松出使荆州时曾见过曹操，但印象极差。《汉晋春秋》记载，这时曹操大约刚拿下江陵，有些志得意满，对刘璋特使的重视程度降低，对张松本人也不太客气，这让张松很不舒服。张松回到益州，说了曹操不少坏话，劝刘璋不要联合曹操，可以转而联合刘备。赤壁之战后，益州面临的外部压力一度降低，这个话题也就暂时不提了。后来曹操准备进攻汉中，来自曹操的威胁突然加大，张松又劝说刘璋，认为只有邀请刘备来益州才能增加益州的防卫力量，既可以打败张鲁，抢在曹操之前拿下汉中，又能对抗曹操，让曹操不敢窥视益州，张松的建议与刘璋内心的隐秘想法不谋而合。

在益州，张松并不是一个人在战斗，他还有几个坚定的支持者，主要有法正、孟达、射援、上官胜等人，这几个人的祖籍刚好都是关中地区的扶风郡，有人也称他们为扶风派。益州的政治格局比较复杂，有益州本土派，还有随刘璋父子来益州的所谓东州派，而在这两大派系之外，还有一些人既不出身于本土，也和刘璋父子没有太深渊源，比如扶风这一派。刘璋父子的策略是依靠东州派对本土派进行打压，维持政治上的平衡，对扶风派这些人基本放在眼中。扶风派人单力薄，历来不受重视，但他们个个都是人才，很有能力也很有想法。可以想象，在对待是否引入刘备这件事上本土派肯定是反对的，他们在益州本来过得挺好的，来了个刘焉、刘璋，已经把他们搞得很不爽了，再来个刘备，岂不是再无出头之日了？至于东州派，可能还没有拿定主意，不过本土派如果势头上升，他们这些人内心里会更倾向于有外人来帮帮忙，这样既能对付曹操，也能弹压本土派。扶风派则很坚决，他们强烈希望改变现状。张松是益州人，本来属本土派，但他和法正、孟达关系一向很好，政治观点接近，成为扶风派的成员，至少是坚定的支持者和盟友。张松在刘璋跟前有一定影响力，加上法正、孟达等人的策划，刘璋的态度逐渐明确，最后下决心请刘备来益州。

张松究竟有没有给刘备"献地图"

张松等人说服了刘璋，刘璋决定先派人去到刘备那里联络一下，张松顺势推荐了法正。法正这时大概三十五岁左右，才当了个新都县令，说明刘璋对扶风派成员确实不太重视。法正受张松推荐，为了不引起刘璋的疑心，他假模假样地推辞了一番，"不得已而往"，之后受命出使。消息传出，益州内部炸了锅。刘璋的主簿黄权劝刘璋说一国不容二君，希望刘璋慎重考虑。有个叫王累的官员更绝，《华阳国志》记载，这位王兄为劝说刘璋，不惜把自己倒悬在州政府大门上，来了个以死相谏。还有之前逃到交州的刘巴，也认为刘备不是能屈居于人下的人，把他弄来必然是引狼入室，"入必为害，不可纳也"。但是刘璋主意已定，命法正按计划行事。

法正一行沿江而下，走了近两千里路，在荆州的孱陵见到了刘备。当着众人的面，法正办完公事，待没人时，立即向刘备把话挑明，"阴献策于先主"。法正对刘备说："以将军的英才，应该乘刘璋的懦弱而有所作为。张松在益州是个重要人物，他可以从里面响应您，得手之后就拥有了益州的殷富以及天府之国在地理上的险阻，以此成就大业易如反掌！"刘备正为益州的事犯愁，面对孙权咄咄逼人，刘备虽然扛过一时，但他知道并非长久之计。然而马上就去攻打益州，刘备还没有把握。法正的到来，让刘备信心大增。

法正回到成都后，就荆州之行的情况又与张松进行了密谋，张松虽竭力称颂刘备，但其实他并没有见过刘备。法正回来后，"为松称说先主有雄略"，他们迎请刘备的决心更加坚定了。但这时刘璋的态度却出现了松动，曹操收复关中后没有立即发动汉中之战，刘璋感到危机还没那么迫切，加上以本土派为主反对请刘备来益州的人在他面前不断进言，刘璋有所犹豫。眼看扶风派的政治理想只开了个头就要夭折，张松、法正等人哪能放弃？张松劝刘璋说："现在益州庞羲、李异等人都自恃有功而十分傲慢，心里各有想法，如果不请刘豫州来，到时候就会出现敌人攻于外、自己人攻于内的情况，必然失败。"张松的一番话可谓对症下药，直指刘璋的心结，刘璋于是不再犹豫。

　　刘璋派法正率领四千人去迎请刘备，并给刘备带去了大批军费，"前后赂遗以巨亿计"。刘璋的想法是，让刘备来益州后，趁曹操没有南下汉中，帮助自己打败张鲁，占领汉中，之后共同抵抗曹操。随法正一起去的还有扶风派的另一员干将孟达，刘璋让他当法正的副手，四千人马中他们二人各领两千。法正、孟达再次见到刘备，这一回他们还给刘备带来一份大礼。据《吴书》记载，刘备之前和张松、法正谈得很投机，对于他们二人的建议刘备都倾心接纳，双方都很满意，"尽其殷勤之欢"，在与他们谈话中刘备多次询问蜀中情况，尤其关心军事部署及山川地理情况，张松等一一做了回答。此次他们干脆画了地图，标示出各种重要事项，将益州的虚实全部列出，献给刘备，这就是人们所熟知的"张松献地图"的来历。

　　有人认为这条记载不可靠，因为张松和刘备还没见过面。张松之前曾出使过荆州，但他见到的是曹操，那时刘备已逃至夏口，不可能见面。其实这并不重要，张松、法正、孟达等人已经有私心于刘备，他们所掌握的情报对刘备一定会毫无保留。以法正和孟达的地位，平时接触的重要情报不会太多，张松不一样，作为相当于副州长的益州别驾，他知道的东西肯定很多，把一些重要内容写成书面材料或画成图，让法正、孟达带去献给刘备，是完全可能的，《吴录》只是没有说清楚这些细节而已。

葭萌关起兵才是三国鼎立的开始

1

汉献帝建安十六年（211），刘备留诸葛亮、关羽、赵云等人镇守荆州，自己带着数万马人马来到益州，刚到时，张松、庞统都劝刘备立即起事，袭杀刘璋，但刘备没有同意。按照刘璋的安排，刘备带着本部人马来到益州北部的葭萌，在这里驻军，准备攻打汉中，但刘备迟迟没有向汉中进兵。益州地盘很大，情况复杂，此行任务艰巨，不是三五个月就能办完的，人马带少了不行。但是，这次来益州，关羽、张飞、赵云等将领刘备一个都没带，之所以做出这样的安排，刘备有他的考虑，主要有两个方面：

一方面，荆州是刘备的大本营，不能有丝毫闪失。曹操不可怕，他近来的战略重心是东面的合肥和西面的关中，连续几场大仗下来，从荆州方向再发起大规模攻击的可能性小，而盟友孙权却必须时刻提防，刘备从孙权手里借来半个南郡，之后就以飞快的速度抢占了荆州的江南四郡，虽然现在是三家分荆州，但刘备在荆州的地盘反而成了最大的，孙权有些后悔了。于是，孙权向刘备提出要"借道"，所谓"借道"，就是要通过刘备目前的控制下的南郡去攻打益州，这有双重目的，一是孙权确实想抢占益州。这时周瑜已经去世了，周瑜在临终前给孙权提出了一个战略规划，非常宏大，与诸葛亮的"隆中对策"异曲同工，也是要占领益州。二是孙权想通过"借道"来个"搂草打兔子"，顺便把刘备也收拾了。刘备当然能看出来孙权的动机，所以坚决不同意"借道"，双方一度闹得很僵，刘备寸步不让，表示如果孙吴的军队要来硬闯，他不惜一战，孙权考虑再三，还是没有动手，但对刘备这个这个妹夫怨气很深。如果听到刘备抢先一步带兵去了益州，孙权肯定更为恼火，说不定会做出什么过激之事来。刘备留下诸葛亮、关羽、张飞、赵云等人，其实主要是防范孙权。

另一方面，此次入益州打的是助战的旗号，夺取益州只能相机行事，时机不到不能轻举妄动，在此之前一切应低调，不能引起刘璋和益州士人们的疑心。世人皆知关羽、张飞等是出了名的猛将，也是刘备的左膀右臂，没带他们来，说明刘备没有别的想法。诸葛亮那时虽然名气还不是特别大，但关羽、张飞、赵云虽英勇却在智谋方面尚欠缺，刘备担心自己走后一旦突发大事，益州、荆州之间千里阻隔，难以及时通达信息，如果处理不当，势必会误大事，考虑到这些，刘备决定把诸葛亮也留下。

诸葛亮处理问题周到细密，虽然年轻但临危不乱，赤壁之战他立了关键一功，战后这两三年里他前后奔忙，为拓展和巩固荆州发挥了重要作用，又与江东方面关系不错，尤其和是江东负责荆州方向防备的总指挥鲁肃私交甚好，把诸葛亮留在荆州，刘备才能放心。至于益州那边，刘备倒也不担心，因为诸葛亮这个"伏龙"去不了，刘备身边还有一位"凤雏"，也就是庞统，刘备把庞统带在身边，帮助自己出谋划策。诸葛亮此时的职务虽然军师中郎将，相当于师长，比关羽、张飞至少低两级（关、张二人已经是将军，相当于军长），但史书上说"先主留诸葛亮、关羽等据荆州"，也就是说诸葛亮的排名已到了关羽等人之前。刘备的做法跟孙权有点儿像，不论资排辈，而是按照实际能力用人，在根据实际情况做出的各种临时性安排中，常常以下制上。

西征军方面，刘备提拔庞统为军师中郎将，所任职务与诸葛亮相同，让他随军听命。除庞统外，刘备还带上了简雍、黄忠、魏延、廖立等人，安排好这一切，刘备一行才在法正、孟达的陪伴下，率领大军，浩浩荡荡地沿长江西进。

2

刘璋听说刘备如约而至，还带来数万精兵，很高兴。更让刘璋感到欣慰的是，刘备手下的重要将领关羽、张飞等一个都没来，说明刘备此行是帮忙的，而不是抢他地盘的，于是刘璋亲自赴涪城与刘备相会，涪城也就是今天四川的绵阳。刘璋盛情欢迎刘备的到来，他是率领三万多步骑去的涪城，一路上车乘帐幔，精光曜日，十分威风和热闹。到了涪城，刘璋与刘备相见，无比亲近，刘璋下令摆下盛宴，给刘备以及手下将士们接风洗尘。双方"欢饮百余日"，参加的人数多达数万，不知道能否创造一项古今中外的喝酒纪录。刘璋不仅跟刘备喝，还和刘备手下的将士喝，喝得很高兴。

张松没有随刘璋来涪城，不过他通过法正悄悄转告刘备，可以借此大会之机一举将刘璋拿下，大事可成。对这个建议，刘备拒绝了，他的解释是："此大事也，不可仓卒。"与此同时，庞统也提出了和法正一样的建议，庞统觉得现在时机正好，可以一举拿下刘璋，夺取益州。庞统进一步建议借着这个机会，正好把刘璋抓起来，免去用兵之劳而可坐拥一州了，对此刘备一样拒绝了，理由是才入益州，恩信未立，不能这么做。

应该说，张松、庞统的建议具有可行性。在涪城，刘备有数万人马，刘璋只有三万人，人数方面不吃亏，更重要的是，干这种事情先动手的一方肯定占便宜，可以打对手一个措手不及。尤其是先设法控制住刘璋，逼迫刘璋命令手下投降，刘璋束手就擒，作为别驾也就是副州长的张松可以趁机在成都遥相呼应，刘璋在益州的控制力本来就弱，这样一来整个益州就唾手可得，可以用最小的代价达成占据益州的目标。张松、法正、庞统都是一流的智囊，他们不约而同想到的事情，应该是十拿九稳的。

但是刘备分别拒绝了他们的建议，虽然都是拒绝，不过刘备给出的理由却不太一样，给张松、法正的理由比较笼统，感觉是刘备自己没把握，所以不干，而说给庞统的理由才道出了刘备的心里话，也就是，相对于地盘来说刘备更在意的是人心。人们都知道他是受邀而来的，刘璋又如此盛情厚义，自己对益州没有任何建树，却趁机发动政变，即使得手，也会让益州官民心寒。张松、法正以及庞统考虑的是战术层面的胜利，而刘备考虑的是战略层面的成功，这并不奇怪，因为智囊们通常首先考虑的是战术成功，政治家则考虑的是战术、战略都要成功。自出道以来，刘备已经经过了二十多年的磨砺，到这时已经成长为一名成熟的政治家了。

3

涪城大会后，刘备带兵继续北上，来到葭萌，也就是今四川省广元市昭化区，这里现在也被称为昭化古城，附近的白水关有刘璋的驻军，刘璋特别明确指出，白水关守将杨怀、高沛可以听从刘备的调遣。刘备到了葭萌，就住了下来，在这里住了一年，期间没有向张鲁用过一次兵，他在这里到处做好人好事，收买人心，树立个人威望。

庞统认为葭萌不可久留，"若沉吟不去，将致大困"。为此，庞统制定了三个方案供刘备参考：第一个方案是悄悄选派精兵，昼夜间行，直接袭取成都，刘璋实力不强，防备力量不足，如果突然发起攻击，可一举将其拿下；第二个方案是告诉白水关的守将杨怀、高沛说荆州那边有事，要回荆州救急，之后做出要回去的样子，这二人既惮于将军的威名，又高兴将军现在离去，必然会轻骑来见，到时候一举将其擒拿，进而攻取成都；第三个方案是暂不用兵，退回白帝城，与荆州相连，益州之事徐图缓进。

上、中、下这三策摆在了刘备面前，经过思考，刘备一定觉得出其不意地攻取成都在军事上是胜算最大也是最有效的方案，但和之前的顾虑一样，不明不白地突然反戈一击，势必造成极大震动，为日后治理益州留下后患。至于下策，等于这一年白忙活了，基本上也不在考虑范围内，刘备最终选择了中策。其实这大概正是庞统预料之中的，他也知道上策虽好，但刘备不会采纳。至于下策，说出来也只是做个陪衬，庞统的真实意图大概就是中策。给领导提建议、做方案，要会揣摩领导的心思，把自己的真实意图不露痕迹地隐藏起来，引导领导自己去选择，所有聪明的下属都会这一手。几个方案一块提出来，领导便有了选择的过程，选择是思考也是创造，比被动接受更容易获得成就感。目的达到了，又让领导享受了创造的过程，这才是高明的下属。

这时已经到了建安十七年（212）的年底，刘备在葭萌正式起兵，与刘璋决裂，行动前刘备先用计召来了白水关的正副军督杨怀、高沛，将二人杀了，之后率兵南下，进攻成都，这一仗打得很曲折，前期进展得很顺利，一路势如破竹，但快打到成都平原时刘璋做了殊死反抗，刘备进军受阻，在雒城之战中刘备的主要谋士庞统不幸遇难。刘备不得已，写信给诸葛亮，让他火速率兵增援。建安十九年（214）五月，诸葛亮把荆州交由关羽镇守，自己率张飞、赵云等部开赴益州。诸葛亮指挥的各路援军进展都很顺利，连克刘璋的多座重镇，最后来到成都外围，与刘备一起展开对刘璋的围攻。建安十九年（214）夏天刘璋开城投降，刘备占领了益州。

刘备占领益州前，势力范围仅限荆州的部分地区，大概有几个郡，力量远远没法与曹操相比，与孙权也差了很大距离，天下仍无法称为"三足鼎立"。占领益州后刘备的势力范围猛增，地盘与孙权不差上下，这时才有了"鼎立"的格局。从这个意义上说，刘备在葭萌关起兵，才是"三分天下"的起点。

刘备刚进成都时发生了一场经济危机

夺取益州虽然历经波折，但目的最终还是达到了，过程也基本圆满，不仅掠了土地，而且收了民心，凭着耐心的等待，一点点分化和瓦解敌人，刘备初步树立了威信，为下一步治理益州奠定了一个好基础。在围攻成都时，刘备与众人约定："若事定，府库百物，孤无预焉。"也就是，如果成都攻破，府库里面的东西都归大家，他自己不要。这条命令造成了混乱，进城后，正需要大家各司其职做好各项工作时，许多人却找不到了，"士众皆舍干戈，赴诸藏，竞取宝物"——将士们都放下武器，奔向各个官府仓库，自行拿取那里的财物，几天后这种混乱才结束。

益州十分富有，刘备下令开置酒大会，犒劳三军将士。刘备拿出城中大批金银颁赐给将士，把谷物布帛还给百姓。刘备的这次赏赐出手十分阔绰，赏赐按功劳大小分成不同等级，享受到最高一档的有四个人，分别是诸葛亮、法正、张飞和关羽，赏赐的标准是：黄金五百斤，白银一千斤，钱五千万，锦缎一千匹，折算一下，不算锦缎，也合六千万钱以上。汉桓帝时一石米的价格是五十钱，六千万钱可以买一百二十万石米，汉代一石合现在的六十斤，一百二十万石米相当于现在的3600万公斤。按照现在的市价，以一公斤米五元计算，相当于刘备赏赐给他们四人每人1.8亿元。除了诸葛亮等四位"亿万富翁"，其他人也都受到了不等的赏赐，跟随刘备一路披荆斩棘的将士们个个兴高采烈，这些年他们吃够了苦，受够了累，现在总算有了回报。

可有个别人还嫌不过瘾，提出了更宏大的想法。有人向刘备建议，说成都城里还有不少官家的房产地产，城外还有许多公家的园地桑田等，不如把这些也分赐给诸将。分了钱，还要分房、分地，可见富贵如毒品，容易上瘾。但这样的提议一般都会受到大家的强烈欢迎，谁反对谁就是跟大家过不去。赵云不管这些，表示反对，认为益州士民初罹兵革，遭受战乱之痛，田宅都应归还其主人，令其安居复业，然后制定差役、赋税政策，这样才能让大家安心。刘备当然不傻，知道赵云说得很对，采纳了他的建议。

刘备出手这么大方，他的底气或许来自对益州这个"天府之国"的认识。成都周围地形舒缓，东部是广阔平原，西部众山拱卫，河流纵横，沃野千里，气候湿润，"水旱从人，不知饥馑"，粮食素来旱涝保收、稳产高产，稻米经常外运。汉末，中原地区亩产十斛即为良田，而当时益州的绵竹、雒县一带亩产稻谷三十斛，更有高达五十斛的。中原混乱，益州在刘璋父子治下相对平静。东汉益州下辖12个郡国、118个县，汉顺帝永和五年（140），益州总户数151.73万户，总人口720.05万人，对照一下，曹魏后期其辖区内的总人口一度下降到400多万，益州的繁盛就可想而知了。

但是，在刘璋治理益州其间，由于内外不稳，益州的经济缓慢，"天府之国"也渐渐失色。更为重要的是，刘备突然间把一大笔财富赏赐出去，造成了严重的经济问题，这个问题主要集中在金融方面。刘备赏赐的那些钱原本是藏在府库之中不拿出来用的，即相当于货币储备，一投放到消费市场，将士们或用来买房置地，或购置其他物品改善生活，市场供不应求，直接抬高了物价。更严重的后果是，大量财富转移到私人手中，政府财政出现了困难，甚至影响到军队建设，造成了军用不足。当时曹操的势力很强大，孙权的综合实力也强于刘备，刘备远道伐蜀，最担心的是失去民心，所以他刚到益州时迟迟不敢动手，怕操之过急,现在经济形势突然恶化,问题如果不能迅速解决,之前的努力将付诸东流,益州有得而复失的危险。

刘备搞政治行,打仗也还行,但抓经济却是外行。刘备问诸葛亮该怎么办,诸葛亮趁机向他推荐了刘巴。刘巴是荆州零陵郡人,刘备、诸葛亮早就认识他,当初在荆州时,诸葛亮想把刘巴争取到刘备麾下,但不知何故,刘巴看不上刘备,宁愿逃到交州也不愿意效力于刘备。后来,刘巴又从交州到了益州,在刘璋手下任职,刘璋请刘备来益州,刘巴曾坚决反对,这样一个人,刘备当然不太喜欢。但诸葛亮很欣赏刘巴的才干,多次在刘备面前为刘巴开脱。这场经济危机爆发以后,诸葛亮觉得刘巴对经济问题有研究,所以又推荐给刘备。

经济确实是刘巴的强项,加上他来益州的时间较长,对本地情况比较了解。面对问题,刘巴只说了两个字:"易耳!"但刘备要的不是决心和态度,而是具体办法,于是刘巴给出了四个字的建议:"平诸物贾。"物贾即物价,平诸物贾就是平抑物价。在刘巴看来,当时益州经济受到的是暂时性破坏,物价飞涨,百姓怨气很大,要收回人心,就要先平抑物价。刘巴提出的具体措施也很简单,就是铸造一种新的货币,1枚新币等同目前市场上流通的100钱,然后以行政手段强制推行。

没有钱就印钞票谁不会,这是什么好办法?但是,在刘巴看来,以当时益州的具体情况,这正是对症下药的唯一办法。物价上涨,问题不完全是供应不足,钱不够用也是一大难题,尤其是官府,出现了财政危机。在此情况下,默认货币贬值,通过增加货币投放建立起新的物价秩序,虽然不能解决根本问题,但可以用最迅速的方式渡过眼前的金融危机,为从根本上解决问题赢得时间。

刘备采纳了刘巴的建议,下令由官府专断发行大面值货币,增加货币供应量。刘备下令铸造的新钱又称蜀钱,形制有3种:一是4铢重、面值100钱;二是8铢重、面值150钱;三是5铢重、面值100钱。为推行货币新政,刘备下令收集旧钱和铜铸造新钱,他自己身体力行,连睡觉床上挂帐子用的铜钩都捐了出来("取帐钩铜铸钱,以充国用")。货币贬值的直接后果是现有财富的缩水,这其实是一种变相的财富掠夺,但由于有强力的军政手段作后盾,这一措施收效甚快,货币新政推行几个月后,财政状况就得到了好转。当然这只能解燃眉之急,在诸葛亮的协助和具体组织下，刘备同时大力发展益州经济，加强农业生产，推行盐铁官营，发展蜀锦等特色经济，加强商业和边境贸易，蜀汉的国力不断上升。

三国争霸中也有一场激烈的"金融战"

刘巴建议铸造所谓"大钱"，即采取宏观调控让货币贬值，除了对内起到了一定作用外，对外方面也会产生一定影响，比如，蜀汉与孙吴接壤，蜀汉实施货币贬值政策，就会让孙吴方面承受很大压力。蜀汉推出了"大钱"，如果孙吴继续使用五铢钱，孙吴在货币上就吃亏了，在这种情况下，孙吴后来也推出了自己的新货币，名字叫"大泉五百"。所谓"大泉五百"，就是一种面值五百钱的大钱，一枚相当于五百枚五铢钱！但是它的重量仅有十二铢，相当于两枚五铢钱多一点儿。这种贬值的力度可谓空前，蜀汉的"直百五铢"不能望其项背。但这并不算什么，仅仅过了两年，孙吴觉得这种钱还无法满足需要，又推出了一种新货币"大泉当千"，每枚面值一千钱。

与蜀钱不断减轻钱币自身重量进行货币贬值的"小打小闹"不同，孙吴采取的货币贬值手段就是直接加大货币面值，在"大泉当千"后，到了孙权在位的后期，孙吴还推出了"大泉二千""大泉五千"两种新钱，把货币战争推向了空前的高度。蜀汉的"直百钱"，孙吴的"大泉五百""大泉二千""大泉五千"，对外来说，都可以理解为货币战的武器，三国时代，各方在军事战场之外，在经济战场其实也充满了这样的刀光剑影。相对而言，曹魏在这场"货币战争"中头脑相对清醒，当蜀汉和孙吴竞相推出"大钱"的时候，曹魏仍坚持使用五铢钱。

曹魏之所以敢这么做，有一定的基础：一来曹魏幅员广阔；二来自曹操开始就特别重视发展生产，通过推行屯田制、大搞水利工程等恢复农业生产，经济上有一定实力；三来曹魏长期以来同时与孙吴、蜀汉敌对，边境封闭，蜀钱和吴钱无法在其统治区内流通。但毕竟处在战争时期，曹魏的经济发展也受到严重破坏，以五铢钱为基础的金融体系越来越难以支撑，于是曹魏想出了一个办法，"罢五铢钱，使民以谷帛为市"，就是停止使用金属货币，用谷和帛两种生活必需物资暂时充当货币，所有商品都按照与谷和帛的比价进行兑换。实物货币本身就是货币发展史的倒退，选用谷和帛作为货币还有明显的弊端，于是有不法商人把谷子浸上水增加重量，把绢帛里的丝抽出一些让它更薄，通过这种手段牟取暴利。曹魏政府发现这些问题后，立即严厉打击，但"虽处以严刑，而不能禁也"。同时，曹魏的实物货币政策也只实行了六年，很快又恢复到了五铢钱。

战争固然需要智慧和勇气，但拼的还是综合实力，是后勤保障和经济基础。为摆脱经济困局，蜀汉和孙吴都使用了币制改革的手段，在解决自身所面临的经济、财政问题的同时，也试图从金融方面打击对手。面对蜀汉率先发起、孙吴紧跟的货币战争，曹魏的应对较为冷静。基于对整体形势的正确分析和把握，曹魏没有盲目跟进，坚持了原有的币制，尽管也遇到了很多困难，但总体上取得了成功，在曹魏政权基础上诞生的晋政权最后统一了中国。

蜀汉推出"直百五铢"并一再减轻其重量，虽然解决了朝廷部分财政困难和巨额军费支出问题，但也由此加重了对百姓的剥削，无法使国家真正富强，造成了"民穷兵疲""百姓凋瘁"，诸葛亮虽然也采取了很多办法试图缓解经济上的压力，但他不得不承认"今天下三分，益州疲弊"。蜀汉后期，随着"直百五铢"越铸越薄、越来越轻，货币体系事实上已经崩溃，即使刘禅不傻，即使诸葛亮再活几年，恐怕也无力回天。

当孙吴推出了惊人的"大泉五千"时，意味着它也是这场货币战争的最终输家，虽然孙吴后来对一些大钱进行了停用，但货币混乱、经济衰败的局面已无法扭转，加上孙权后继统治者的无能、贪婪，孙吴也毫无起色。早年，孙权和曹操抗衡，屡次以弱胜强打败了曹魏，曹操感慨"生子当如孙仲谋"，曹丕也曾临江长叹。那时，孙吴曾涌现出了周瑜、吕蒙、陆逊等一代名将，但到了后期，孙吴在军事上只有被动挨打的份了。所有这些，都是经济实力所决定的。

第七篇 孙刘联盟

马超全家被杀自己反受世人指责

在赤壁之战前的天下格局里，关中地区并不在曹操实际控制之内，曹操虽然也任命著名书法家钟繇以司隶校尉的身份驻留长安，在关中也有一定人马，但关中地区的主要军事力量是马腾和韩遂两支，除此之外还有一些小股割据势力，人数比较多。汉献帝建安十三年（208）曹操率大军南下荆州，出发前曹操为保证关中不出乱子，以朝廷名义征召马腾到许县做官，让他把军权交给马超。诏书下达，马腾十分犹豫，但最后还是答应了。此时负责关中地区事务的还是司隶校尉钟繇，他担心马腾变卦，就让人通知周围各县储备粮食物资，以备不测，同时发动在关中地区的高级官员都去为马腾送行，弄得马腾没有办法，只得入朝。

马腾入朝后被任命为卫尉，虽然是九卿一级的高官，但只是个名义而已。马腾有三个儿子，马超是长子，下面还有两个弟弟，分别是马休、马铁，朝廷征召马腾的同时还征马休为奉车都尉，征马铁为骑都尉，但也都是名义。不仅如此，马腾、马休、马铁在许县任职，而他们的家眷却被送到了曹操的大本营邺县，一家老小成为曹操手中的人质，这样一来曹操就不怕马超闹事了。

到了建安十六年（211），曹操命令钟繇进攻汉中的割据势力张鲁，为此准备派夏侯渊率一支人马进入关中。此时曹操的嫡系人马在关中仍很有限，关中是马超、韩遂的天下，除他们外还有杨秋、李堪、成宜等割据将领，称为"关中诸将"。夏侯渊率领的人马刚开到与关中相邻的河东郡，立即引起马超、韩遂等人的疑虑，他们一直担心曹操迟早会兼并自己，现在看到曹操动了手，决定豁出去干一场。马超联络了韩遂，还有侯选、程银、李堪、张横、梁兴、成宜、马玩、杨秋等"关中诸将",加在一起刚好十路人马,总兵力约十万。

关中联军依仗潼关天险与曹操的大军对峙,占据了地利上的优势。曹军强攻,但无法得手。如果相持下去,对曹军无疑有诸多不利,一方面敌人可趁机完成集结,另一方面相持太久自己一方的后勤保障压力就会增大,运粮通道一旦出了问题,粮草接济不上的局面随时可能出现。事实上,每天都有各部敌军开到,这方面的情报不断呈报到曹操这边。听到这样的报告,曹操不仅不发愁,反而很高兴,史书上说"贼每一部到,公辄有喜色"。这场战役结束后,手下将领们曾问曹操当初为何听到敌兵纷纷开到时反而那么高兴,曹操回答说:"关中地域广阔,如果各路敌兵依险据守,我们要征讨的话没有一两年不能完成。现在他们自己集中起来,人虽多,但缺少统一指挥,我们趁机一举歼灭,那不就容易多了,所以我感到高兴。"众将领才恍然大悟,敢情丞相考虑的不仅是打赢眼前这一仗,他想得更长远。

表面看,曹操派钟繇出击张鲁,派曹仁移师河东郡增援钟繇,意外地导致了马超等人的反叛。但另一种可能性也十分明显,那就是曹操当初派钟繇出击张鲁根本就是虚晃一枪,目的就是逼着关中诸将造反,从而彻底解决关中地区的历史遗留问题。所以,大家考虑的是战役的胜负,曹操考虑的则是战略问题。这一仗完全如曹操预想的那样,最后马超、韩遂以及其他"关中诸将"都失败了,曹军占领了关中,马超逃往凉州,韩遂下落不明,"关中诸将"降的降、死的死,关中问题全面解决。到了建安十七年(212)五月,曹操才下令将在邺城的马超族人,包括马超的父亲马腾、二弟马休、三弟马铁等三家人全部斩杀,具体人数,有的史书说"数十口",有的说"百余口",马超自己说近二百口,推测起来应该是一百多口。

曹操的确有些残酷,马超造反,马超的家人毕竟是无辜的。不过,在这件事上大家并没有众口一词地谴责曹操,反而对马超有许多批评和指责。马超后来逃到了汉中,张鲁准备把女儿嫁给他,有人劝阻,对张鲁说:"如果连自己的亲人都不爱,怎能去爱别人?"这句话打动了张鲁,张鲁再看看马超,觉得确实如此,就打消了收马超为"乘龙快婿"的想法。不批评曹操反而对马超有微词,这是因为凡事讲因果,马超起兵在先,而一家人被杀在后,史书对此记载得很明确,马超无法争辩。在一般人看来,明知自己的亲人在那里做人质还要起兵,无论什么理由都是不仁和不孝。

张鲁是割据群雄中结局最好的人

解决了关中问题,就打通了解决汉中问题的通道。到了汉献帝建安二十年(215),曹操亲率大军征讨张鲁,于当年七月到达汉中西大门阳平关前。张鲁自知不是曹操的对手,准备投降,但遭到弟弟张卫的反对。于是张鲁派张卫、杨昂等人率兵数万,在阳平关与曹操打了一仗,结果运气不太好,在具有一定优势的情况下被曹军逆转,阳平关被曹军攻下了,汉中的中心城市南郑无险可守,张鲁还想投降,他的手下阎圃劝道,说投降可以,但不要这么轻易就降,理由是:"现在就这么投降了,必然没有什么分量;不如先投奔杜濩、朴胡,然后看情况再说,到那时再投降功劳也大些。"

于是张鲁带领一部分人南入巴中。巴中即巴郡,在汉中以南,大巴山地区多在其内,包括今天四川省和重庆市所辖的万州、达州、南充等地,杜濩和朴胡是当地部族首领。张鲁临走前左右建议搞一些破坏,把仓库等设施烧毁,不留给曹操。张鲁不同意:"本来打算归顺朝廷,现在离开是暂避锋芒,没有恶意,仓库里的东西都归朝廷所有。"张鲁让人贴上封条,然后才走。曹操到了南郑,果然对张鲁的做法很高兴,他从中也看到张鲁归降的本意,就派人到巴郡寻找张鲁,劝他投降。不久,巴郡部族首领朴胡、杜濩率部出降,曹操下令分巴郡为巴西郡和巴东郡,任命朴胡为巴东郡太守,杜濩为巴西郡太守,都封为列侯。张鲁看到曹操厚待朴胡、杜濩等人,于是率家属从大巴山出来投降,曹操以天子的名义拜张鲁为镇南将军,封阆中侯,食邑一万户,封张鲁的五个儿子以及阎圃等人为列侯。曹操把马超的妻子董氏赐给阎圃为妻,把马超的儿子马秋交给张鲁处置。张鲁亲手把马秋杀了,除了内心里对马超背叛自己有所愤恨之外,更多的是向曹操表示忠心。

在汉末三国的割据群雄中张鲁的结局是比较好的,鉴于他在汉中一带拥有很高的威望,为进一步拉拢他,曹操让儿子曹宇娶张鲁的女儿为妻,双方结成儿女亲家。张鲁死后被追谥为原侯,爵位由儿子张富继承,张富在曹魏先后担任过丞相掾、黄门侍郎,还回到汉中当过郡太守。张鲁的另一个儿子张永先后担任过曹魏的奉车都尉、议郎,张鲁还有一个儿子叫张溢,历任牙门将军、驸马都尉、讨寇将军,也担任过郡太守,还被封为阆中侯。

与袁术、公孙瓒相比,张鲁得到了善终;与刘备、孙权相比,张鲁虽然没有称王称帝,但子孙也都过得挺好,也可以算"光耀门庭"了。之所以如此,一方面因为张鲁是个识时务的人,大概是别人的怂恿,他也有过称王的想法,但经手下人一劝,他也就明白了自己的实力和地位,放弃了想法,这说明他不是个自不量力的野心家。同时,张鲁也知道自己不是曹操的对手,早就想投降,所以逃出汉中时不破坏府库,赢得了曹操的好感。

另一方面,张鲁没有做过什么恶,他在汉中采取政教合一的办法治理地方,虽然也是割据称雄,但没有"权力的任性",更没有胡作非为,治理政策虽然带有宗教色彩,有些地方不一定合理,甚至有些愚昧,但总体来说张鲁的治理是宽惠的,基本上得到了百姓的拥护,史书上说"民夷便乐之",张鲁在汉中也享有很高的威望,"流移寄在其地者,不敢不奉"。正因为如此曹操才肯接纳并厚待他,如果他在汉中不得人心,或者做出过大奸大恶的事,相必曹操也不会容他。

曹操得陇不望蜀并非过于保守

曹操夺取了汉中，时间是建安二十年（215）夏秋之季，就在去年年底，刘备攻入的成都，时间差了不到一年。所以，曹操手下的谋士们认为不应该就此止步，此时都担任丞相主簿的司马懿和刘晔都认为应当趁势攻取益州。司马懿向曹操的建议是："刘备以骗术取得益州，蜀人未必肯服，此时他们与孙权为荆州的事相争于江陵，这是一个机会。如今攻克汉中，益州震动，进兵攻之，益州必然瓦解。圣人说过，做事不违背天命，但也不能失去时机呀！"刘晔对曹操的建议是："攻克汉中后益州震动，对手正在恐惧之中，如果发起进攻，敌人会不攻自破。如果失去这个机会，必然给今后留下难题。"

司马懿和刘晔的建议并非没有道理，刘备得益州后，孙权趁机索要借出去的南郡等地，孙刘联盟出现了裂痕，这倒是一个机会。但是曹操迟疑不决，得到汉中有很大偶然性，如果不是天佑曹魏，说不定此次也是无功而返，这次行动的目标是汉中，既然目标已经实现就应该退兵了。曹操没有接受他们的建议，而是说了一句很有名的话："人苦无足，既得陇，复望蜀邪！"人最怕的就是不知足，既然已经得了陇地，为什么还要再去想蜀地呢？

这里说的"得陇望蜀"是个典故，说的是东汉初年，有两个反对汉光武帝刘秀的地方势力，一个是割据巴蜀的公孙述，另一个是称霸陇西的隗嚣。公元32年，名将岑彭随光武帝亲征陇西隗嚣，将隗嚣围困起来，公孙述派来援兵，刘秀把公孙述的援兵也包围了起来。不过敌方城池坚固，一时无法攻克，光武帝就给岑彭留下一份诏书，自己先回京城去了。岑彭接到诏书一看，上面写着："如果攻占了陇地两城，便可率军攻打蜀地的公孙述。人总是不知足的，我也一样，已经得到陇地，又希望得到蜀地。"刘秀在这里的原话是"人苦不知足,既平陇,复望蜀"，曹操是对刘秀意思的反用，意思是不要既得陇又想得蜀，不要贪心不足，后世"得陇望蜀"这个成语的含义与曹操所说的意思相同。

不过，有的史书说曹操很快就后悔了，他意识到失去了一次进军益州的好机会，据《傅子》一书记载，曹操占领汉中不久，有从益州那边投降过来的人报告说，听到曹军攻占了汉中，蜀中"一日数十惊"，刘备虽然连杀了不少人但都不能让局面安定，这时候曹操动了南下益州的念头。曹操问刘晔是否可行，刘晔回答："时机已经错过，现在那里的局面必然已初步安定，不能再进攻了。"按照《傅子》的说法，曹操得陇不望蜀的判断太保守了。但《傅子》的这个记载值得怀疑，战机虽稍纵即逝，可进攻益州这样的大会战不是突袭，战机不会在几天之间就发生太大逆转，即使前面曹操决定用兵，杀到成都耗时也得数月，怎么可能刚过几天就变化得这么快？

应该说，曹操没有采纳司马懿和刘晔的建议是明智的，如果仓促决定从汉中直接进军益州，那将是赤壁之战的重演。当年曹操南下荆州，本来只想夺取荆州，但开局实在太顺，结果在没有站稳脚的情况下就从江陵直接发兵去攻打夏口，招致赤壁大败。现在的形势还不如当初在荆州，所以只能一步一个脚印地走，先稳住汉中再说。

益阳城外真实的"单刀会"

建安十九年（214）年底到建安二十年（215）年底，整整一年时间曹操都在忙汉中的事，这就是第一次汉中之战。对孙权和刘备来说这是一个好机会，如果孙刘联盟还像赤壁之战那样牢固，这个时候他们可以联起手来，从荆州和合肥方向同时向曹魏发起攻击，曹操抽调十万人马去了汉中，后方空虚，结果可想而知。可惜孙权和刘备没能把握住这次难得的机会，他们不仅没有联手进攻曹魏，自己反而差点儿打了起来。

起因是，孙权看到刘备夺取了益州，心里不平衡了，于是再次向刘备提出归还荆州的事。前面说过，所谓"借荆州"只是从孙权手里借到半个南郡而已，不过刘备现在不能把这半个郡还给孙权，因为这半个南郡目前是刘备在荆州的核心部分。刘备对付孙权已相当有经验，他很正经地回复道："须得凉州，当以荆州相与。"这简直是欺负孙权的智商，凉州在曹操手里，连名字如今都不存在了，曹操把它改成了雍州，你刘备何时能抢过来？即使能抢来，你又该拿关中说事了，不用这么费劲，你直接说等生擒曹操再还荆州算了。一再被刘备耍弄，孙权不禁大怒："猾虏乃敢挟诈？"——刘备，你这个狡猾的家伙，敢跟我玩阴的！

其实是孙权太天真，群雄相争，除了拼武力，剩下的不就是玩阴的吗，又有什么好惊讶的呢？孙权盛怒之下，决定对刘备还以颜色。孙权单方面对荆州的地盘进行了重新划分，将刘备控制下的长沙、零陵、桂阳三郡划归自己，之后任命了这三个郡的官吏，让他们去"接收地盘"。这就是孙权不讲道理了，"好借好还，再借不难"是对的，但借多少还多少也是基本道理，借了半个郡，现在要人家还你三个郡，即便想收点儿利息，也没有这么个收法。结果，这些被派去的官员都被关羽拒绝，关羽还算客气，没杀他们，只是把他们赶了回去。孙权更恼了，命吕蒙率两万人马去抢三郡。吴军渡过湘水到达长沙等三郡，吕蒙向三郡官民发布公告，刘备任命的官员先后投降。

刘备急了，这时候他还在成都，于是亲自从成都赶到公安坐镇指挥，派关羽率兵与吕蒙展开争夺，孙权当仁不让，也从后方赶到陆口，孙刘大战眼看一触即发。双方争夺的焦点集中到鲁肃亲自驻守的益阳，也就是今天湖南省益阳市，关羽率三万人马来攻，孙权急命甘宁率部支援，但甘宁来得匆忙，带来的人马并不多。直到这时鲁肃仍没有放弃和平解决分歧的希望，他知道双方一旦真的开战，后果将不堪设想，那将是曹操最想看到的结果。鲁肃还想做更多努力，他想面见关羽当面陈述利害。甘宁等众将都认为太危险，劝他不要去，鲁肃说："今日之事已到关键时刻，刘备明显理亏，在是非未定之时，关羽也不敢轻举妄动吧！"

鲁肃主动邀请关羽见面，双方约定，兵马都停在百步之外，只有鲁肃和关羽两人带单刀上前相见。关羽是一流猛将，但鲁肃毫不示弱，一见面就斥责关羽："我们把土地借给你们，当初是因为你们败军远来，无所依托。现在已经得了益州，却没有奉还之意，只求三个郡还不接受。"鲁肃的话还没说完，关羽身后有一人高声喊道："土地这个东西，谁有德谁占有，何人能永远拥有！"鲁肃厉声呵斥这个人，声色严厉。关羽操起刀，对身后说话的那个人道："这是国家大事，不要随便议论！"关羽自知理亏，瞪了此人一眼，这个人离开。

关羽说不过鲁肃，就把话题岔开："乌林之战时我们刘将军亲临前线，寝不脱甲，戮力破曹，最后岂能只落得个徒劳，而无一块土地安身，足下是来收回土地的吗？"鲁肃反驳说："不对吧，开始我与刘将军相会于长阪坡，刘将军的人马不过千把人，走投无路，士气低落，还打算逃往远方，我们主上有感于刘将军无处安身，给了他土地和人民，让他渡过难关。可刘将军隐藏自己的野心，违背道义和准则，破坏双方的联盟。如今刘将军既已得到益州，却还想全部占有荆州，这是普通百姓都不会做的不义之事，何况像刘将军这样的英雄呢？我听说祸患起于贪婪和背信弃义，关将军如今身负重任，难道不能辨别是非吗？反而要凭借弱旅与我们抗争，你们能不失败吗？"这番话，更让关羽无言以对。

刘备甘愿吃亏实为迫不得已

上面就是"单刀会"的过程，这件事史书上有记载，发生在益阳城外，不过，与大家印象中的"单刀会"可能有所不同，这场相会的"男一号"不是关羽，而是鲁肃，从现场气氛看，关羽最后被鲁肃说得哑口无言。当然，并非因为鲁肃绝对占理，"借荆州"是事实，"还荆州"也应该，但借的是什么、还的是什么这个得明确，而且怎样还得有个章法，不是这样带着兵就来硬抢的，毕竟大家还是盟友。在某种意义上说，孙权的做法并不占理，站在同盟关系的大局，孙权应该忍让。

但这时孙权对孙刘联盟的态度已经发生了微妙变化，原因在于刘备实力增长得太快，轻而易举就拿下了益州，这让孙权有点儿接受不了。你弱小，对我不构成威胁，我自然可以帮你，现在你强大了，咱们平起平坐了，那么咱们之间的账该怎么算就得怎么算了，你以前借过我的东西，对不起，现在就得还，而且刻不容缓，马上就得还，这就是孙权的心态。

刘备是什么心态呢？刘备是个"老江湖"，当然知道地盘的重要性，别说荆州、南郡，就是一个县城也不会轻易给孙权，但刘备现在也有苦衷，那就是曹操的威胁。这时，第二次汉中之战还没有打响，但刘备已决定向汉中进军，接下来跟曹操就是一场大决战，这个时候不能再跟孙权闹翻。汉中之战一旦打起来，刘备还指望孙权在东线战场帮帮忙、去牵制一下曹操的人马呢，所以刘备尽管心有不甘，但也得退让，史书上说"刘备惧失益州，使使求和于权"。

在这样的背景下，"单刀会"上关羽与鲁肃当场达成了和解协议，双方以湘水为界，湘水以东归孙吴，湘水以西归刘备，一场危机以和平手段化解。双方在益阳罢兵后刘备赶紧返回成都，准备对汉中的作战事宜，孙权怕他再耍赖，马上派诸葛瑾到成都商谈湘水分界的具体安排。诸葛瑾到了成都，见到了离别二十年的弟弟诸葛亮，但他们只谈公务，不谈私事，私下里也从不会面。之后双方达成正式协议，以湘水为界将荆州一分为二，湘水以东的长沙郡、江夏郡、桂阳郡归孙权，湘水以西的南郡、零陵郡、武陵郡归刘备。当初孙权让出的地盘仅是半个南郡而已，如今却拿回来差不多三个郡，孙权如果要表达谢意的话，有个人一定应当感谢，那就是曹操，如果不是曹操的帮忙，刘备又怎能让步？

对刘备来说，除了让出三郡还有没有其他方案呢？比如，当初借了多少，现在就还多少，毕竟三个郡和半个郡相比，谁都知道哪个大。其实刘备已经没有了这样的选择，因为吕蒙动作比较快，已经占领了湘水以东的这三个郡，造成了既定事实，谈判固然是一方面，靠实力说话才是王道，现在想让孙权从这三个郡撤出已经很难了。而且，南郡是刘备在荆州的核心区，刘备在荆州有两个军事重镇，分别是江陵和公安，它们都在南郡，刘备也不能让出这里，所以只得拿江南的三个郡来换取与孙权的妥协。

刘备汉中称王时劝进名单上的排名

建安二十四年（219）七月，也就是刘备在汉中打败曹操的两个月后，刘备在汉中称汉中王。这个汉中王，还是东汉朝廷治下的汉中王，类似于曹操的魏王。曹操的魏王是朝廷册封的，有汉献帝签发的诏书，不管汉献帝是不是真心要那么做，至少程序上是合法的，刘备不具备这个条件，但他也不能自己任命自己，当时各地军阀通用的表奏、遥拜这些手段似乎也不合适，刘备的称王形式是劝进。

所谓劝进，就是大家一齐来劝你称王称帝。据《三国志》记载，刘备手下的重要官员一百二十人联名向远在许县的汉献帝刘协上了一份奏表，报告汉献帝，说我们大伙儿一致推举刘备为汉中王，并兼任大司马。这一百二十人中排在前面的几位主要包括：平西将军都亭侯马超、左将军长史镇军将军许靖、营司马庞羲、议曹从事中郎军议中郎将射援、军师将军诸葛亮、荡寇将军汉寿亭侯关羽、征虏将军新亭侯张飞、征西将军黄忠、镇远将军赖恭、扬武将军法正、兴业将军李严等。

在这份名单中诸葛亮排在第五位，但这不意味着诸葛亮是此时刘备集团的第五号人物。这样的排名方法，有的是出于职务上的考虑，诸葛亮此时担任的实际职务是军师将军，相当于军长，马超担任的平西将军相当于西部战区副司令，诸葛亮如果是个少将的话，马超至少是中将，比诸葛亮职务更高，理应在前。许靖的职务是镇军将军，也是军长，但他兼任着刘备左将军府的长史，相当于秘书长，从职位上说也更重一些，当然这不是主要原因，主要原因在于许靖是当时天下名士，是曹操年轻时都想竭力巴结、讨好的人，知名度极高，刘备劝进称王，要借用他的知名度，他所以也排在了前面。

另一个考虑是体现代表性，刘璋的旧部中庞羲以前地位最高，跟刘璋还有亲戚关系，虽然他现在只担任了军司马，职务未必高于诸葛亮，但他代表了刘璋的旧部，出于统战的需要排名也往前安排。排在诸葛亮之前的人里只有射援比较陌生些,射援字文雄,是关中扶风郡人,跟法正、孟达、马超是同乡,所以有人把他以及他的弟弟射坚都归为蜀汉内部的扶风派,《三辅决录注》说射援年轻时就有不小名气。但这也不是最重要的,最重要的原因是射援的身份,他除了担任中郎将外,还是前太尉皇甫嵩的女婿,皇甫嵩是汉末名将,是元帅级的人物,是董卓、曹操这些人的老领导,射援的身份也是刘备要借重的。

所以这份名单的排名是有讲究的,诸葛亮以及关羽、张飞等是"自己人",尽量往后排,而把更能体现统战色彩的人物往前排。这个名单是出于政治考虑的,有人仅据这份名单就得出结论,认为在刘备生前诸葛亮的地位并不高,甚至说刘备其实并不喜欢诸葛亮,这都是毫无道理的。

刘备任命的"四方将军"中没有赵云

刘备以汉中王的身份任命关羽为前将军,张飞为右将军,马超为左将军,黄忠为后将军。前、后、左、右所谓四方将军在军中地位很高,仅次于大将军、车骑将军、骠骑将军和卫将军,高于四征、四镇将军,相当于大军区司令。在这个名单里没有赵云,有人据此认为赵云在刘备心目中分量不够高,还有人甚至认为刘备其实有意识地"打压"赵云。有人甚至提出了一个观点,认为人们所熟知的蜀汉"五虎上将"其实名不副实,应该去掉赵云,是"四虎上将",其实这也是误解,是就史书上某一个记载所做的片面解读。与此次被任命的"四方将军"相比,赵云当时的军职只是一个翊军将军,相当于军长,的确低了不止一两级,但这是历史原因造成的。

本来,赵云结识刘备的时间很早,比诸葛亮都早了十几年,在刘备集团可以称得上老资格，但中间有相当长一段时间赵云离开了刘备，原因是他的兄长去世，要回家乡料理丧事，这段时间大约有七八年，而在这段时间里，关羽、张飞一直追随刘备，去平原、战郯城、守小沛、镇徐州，军功不断增多，军职不断上升，等赵云以布衣百姓的身份再次回归刘备军中时，关羽、张飞已经是偏将军、中郎将了，相当于副军长、师长这个级别，赵云与他们之间军职有悬殊自然可以理解。

但这不影响刘备对赵云的信任，赵云的地位和作用丝毫不亚于关羽、张飞。赵云与刘备第一次分别，以后还能不能相见难以预料，刘备对赵云依依不舍，"捉手而别"，赵云深受感动，对刘备说："终不背德也。"赵云再次回归，刘备特别高兴，一刻都舍不得离开赵云，怕他再走，"与云同床眠卧"。长坂坡之战，刘备与赵云走失，刘备身边有人说赵云投降敌人了，刘备听完很生气，用手戟敲打说话的那个人："子龙不弃我走也！"到这次汉中之战时，赵云的军职"一路小跑"地追上了关羽、张飞，赵云是翊军将军，关羽、张飞分别是荡寇将军和征虏将军，大家都是相当于军长的杂号将军。

这时，刘备要酝酿"四方将军"的人选，无论如何马超得算一个，他早已是天下名将，而且他的军职是平西将军，比杂号将军高，除此之外关羽、张飞当然得算，那么只剩下了一下"名额"，给赵云当然也可以，但赵云是刚刚被提升为翊军将军的，不宜再升，而恰恰有一位汉中之战中大放异彩的黄忠在那里，黄忠是讨虏将军，虽然也是杂号将军，但在定军山之战中斩杀了夏侯渊，立下了无人企及的战功，刘备于是把"四方将军"的最后一个"名额"给了黄忠。当然，这是比较难取舍的，诸葛亮曾有不同意见，他对刘备说："黄忠的名望一向不如关羽、马超，现在和他们同列，马超、张飞在跟前还好办，亲眼看见了黄忠的功绩，尚可以理解；而关羽不在跟前，他听说了，恐怕不会高兴，是不是再慎重考虑一下？"表面看来，诸葛亮是提醒刘备，要注意关羽对此事的看法，但还有一种可能，在诸葛亮的心目中或许赵云比黄忠更合适，所以想替赵云争取一下。刘备一向尊重诸葛亮的建议，但这次刘备仍坚持了自己的看法，这是因为黄忠在汉中之战中的功劳实在太突出了，而且黄忠本人的资历也不低，经多方权衡后，刘备仍然将后将军给了黄忠。

刘备出人意料提拔魏延守汉中

刘备在汉中称王，办完这件事，刘备决定返回成都。对于谁留下来镇守汉中，大家议论颇多。汉中虽然是一个郡，但在大家的心中的地位跟荆州不相上下，汉中与荆州如同益州的两个臂膀，按照诸葛亮为刘备设计的方案，它们未来是出击曹魏的两只铁拳，必须挑选一个与关羽旗鼓相当的人镇守这里。

众人议论较多的人选是张飞，就连张飞自己都"以心自许"。但是，当刘备把留守汉中正式人选公布后，所有人都大吃一惊，刘备选的人不是张飞，也不是黄忠或赵云，而是魏延，这个任命太出人意料，"一军尽惊"。魏延此时的军职是牙门将军，刘备下令改任他为镇远将军，兼任汉中郡太守，负责汉中一带的军政事务。

刘备也深知，重用魏延有人心里肯定不服，所以刘备有意力挺魏延。离开汉中前，刘备搞了个群臣聚会，会上专门把魏延叫到跟前，刘备故意当着大家的面问魏延："今委卿以重任，卿居之欲云何？"魏延气壮山河地回答："若曹操举天下而来，请为大王拒之；偏将十万之众至，请为大王吞之！"刘备立即表示赞许，大家也被魏延的豪言壮语所感染。

刘备提拔魏延确实让人意外，曹操用人一向讲究程序，越级提拔是孙权常干的事，现在刘备也出人意料地干了一回。对于刘备做出这个重要决定的深意，历来也有较多猜测，有人认为这表明刘备不仅防范诸葛亮，连关羽、张飞都防范，提拔新人，目的是培养和强化绝对听从于自己的势力。这样理解，表面上看似乎有一定道理，毕竟这一决定完全出自刘备自己的想法，又是那么让人不可思议。作为一位强势领导，一般不允许出现除自己之外的权力集中，最高明的"老大"不是如何防范和算计"老二"，而是根本不允许存在"老二"，从权力平衡的角度看，刘备重用魏延大概就是出于此意吧。

但是，真实的情况恐怕并没有这么复杂。汉中确实太重要了，刘备善于识人，他了解每个部下的优点和缺点，张飞虽然资历老、威望高，对自己的忠诚更没有问题，但现在要的不是将而是帅，有的人永远是将才而非帅才，同样都很勇敢，同样能打硬仗，张飞或许显得头脑有些简单，而魏延就灵活得多。有人也许不同意这样的看法，因为张飞不行，还有赵云，还有黄忠。其实，赵云、黄忠也都不合适守汉中。

先说赵云，刘备不存在不信任赵云的问题，但汉中仍然不能交给赵云去守，因为刘备暂时还离不开赵云。赵云追随刘备的时间很长，仅次于关羽和张飞，立下的功劳也很多，不亚于关、张二人。赵云在刘备身边从担任主骑开始，负责的都相当于刘备中军的角色，长坂之战中有人认为赵云已投敌，被刘备当场严厉呵斥，因为刘备深知赵云对自己忠心耿耿。关羽在外，张飞镇守另一处要地巴中，作为相对机动的兵团，赵云所部是益州的总预备队。

至于让黄忠镇守汉中，也不太合适。黄忠和魏延虽然都是降将出身，但魏延追随刘备时地位较低，他的个人事业可以看作是从刘备这里开始的，而黄忠是以曹操所授高级将领裨将军的身份投降的，这其中有着微妙的区别。刘备即使不介意，也得考虑手下众人是否会多心。还有一点，黄忠此时年纪有些大，虽然史书没有记载黄忠出生于哪一年，但刘备称帝一年后黄忠就因病去世了，推测起来他的年纪已经不小了。

刘备留魏延守汉中，考虑的应该只是各位将领的实际情况，在张飞、赵云、黄忠等都人无法分身或不太合适的情况下，只能提拔魏延，除此之外没有什么更深的动机。

曹操知人善任造就了"八百破十万"

1

汉献帝建安二十年（215）八月，孙权调集十万人马，由自己亲自率领进攻合肥，这时曹操刚刚率主力攻入汉中的南郑，以解汉中之危，根本无力顾及合肥。此战孙权志在必得，几乎带来了吴军的全部精锐，吕蒙、甘宁、蒋钦、凌统、陈武、徐盛、贺齐、潘璋等最能打的将领都来了，而曹操留在合肥的守军只有七千人。

七千对十万，这个仗看起来真没法打，但这一仗却打得很激烈，也很精彩。曹操之前其实已经考虑到孙权会趁自己远征汉中之机前来进攻，他已想好了对策，但没有公开，而是写在一封密函里，交给留守部队的护军薛悌。密函就是密信，《三国演义》里说装在一个木匣里，从外面封上。

薛悌担任的这个护军，类似于留守部队的联席参谋长。曹操走后薛悌谨遵指示，没有打开过那个密函，直到孙权率十万人马向合肥杀来，薛参谋长想时候应该到了，赶紧当着张辽、乐进、李典诸将的面打开来看。大家还以为丞相留下了什么秘密武器，期望值挺高。谁知只看到上面写了这样几句话："若孙权至者，张、李将军出战，乐将军守，护军勿得与战。"

大家有点儿失望，当前的形势明显寡不敌众，宜采取守势，等待援军到来，如果主动出击，能否取得胜利实在很难说。只有张辽认为曹丞相的指示是正确的，他说："曹公远征在外，如果我们坐等待援，敌人必然会击破我们。所以曹公命令我们趁敌人没有集齐之时发起攻击，挫伤他们的锐气，以安定军心，然后才能守住。"乐进、李典等人还有些犹豫，张辽有些生气："成败之机，在此一战。诸君如果还要怀疑，我张辽愿意单独一战！"李典跟张辽平时就较劲，此时慨然说道："这是国家大事，我不能以私心而忘记公义，请让我随你前进！"

这一仗曹军打赢了，除张辽等几位将领的英勇善战之外，后人对曹操的知人善任也给予了高度评价。曹操在留下的密函里仿佛已经预知了一年后发生的情况，对于如何用兵给出了清楚的指示，他知道张辽、乐进、李典等人互相不服气，平时都不买对方的账，所以把拒敌方案暂时秘而不宣，他相信关键时候张辽等人能以大局为重，且互相激励，一定能出奇制胜。之所以让张辽担任主攻，让乐进守城，是因为曹操了解他们的性格，张辽作战勇猛，有狠劲，乐进打起仗来比较冷静，适合守城。密函里还特别强调薛悌不能参战，是因为薛悌作为护军，起到的作用是沟通与协调，曹操留下他就是为了避免张辽、李典、乐进等人发生摩擦，越是到紧要关头薛悌的作用越重要，所以曹操专门交代不让薛悌出战。

2

曹操让张辽主动出击，于是张辽连夜招募敢死队，选了八百人，给他们杀牛飨食，饱餐一顿，到了天亮，张辽亲自披甲持戟，率领这八百名勇士杀入敌营。对于曹军的这一手，吴军没有任何思想准备，面对十多倍于己的对手，脑子只要还正常，就会选择死守待援，能多撑一天就多一分生的希望，主动发起挑战无异于自杀。哪知敌人不仅杀了出来，而且士气很高昂。

张辽一边杀，一边大呼自己的名字，他们连杀数十名敌人，其中还包括两员将领。他们冲锋的速度极快，转眼杀到孙权的指挥部——"冲垒入至权麾下"。孙权几乎来不及反应，跟前有一个土堆，孙权顾不了那么多，抱着一把长戟就上了土堆。张辽站在土堆下，高喊让孙权下来一战，孙权不敢动，这时孙吴的众将们杀了过来，将张辽围住，张辽率身边数十人又往外面杀，刚杀出重围，听见后面有人求救："将军，您要抛弃我们吗？"张辽回头一看，见是自己带来的人里有被孙吴的士兵围住不能脱身的，张辽于是又往回杀，敌兵人马披靡，没人敢挡，张辽顺利将被围的士兵解救出来。这一战从早晨一直打到中午，张辽就用这八百人在孙权大营里连冲带杀，孙吴军队居然无奈，看着他们杀进杀出。孙吴士气大损。

上面是此次合肥战役的首战，张辽用八百名敢死队员打了孙权一个措手不及，这就是后世传扬的"八百破十万"的故事，但是，这只是首战，并不是此次战役的全部，曹军虽然取胜，但孙权的力量仍然强大，双方实力悬殊的局面依然存在，说八百人就打退了孙权的十万大军，是不准确的，而且，此场首战也不是发生在大家熟知的逍遥津。

接下来，孙权指挥人马将合肥围住，发起猛烈进攻。但孙吴军队攻了十多天，都被士气高昂的曹军挡在城下无法得手，孙权决定撤兵。吴军接到命令陆续撤退，孙权和吕蒙、甘宁、凌统、蒋钦、陈武、潘璋等将领留在后面督阵。合肥城外有条淝水，淝水上有一个渡口叫逍遥津，孙权等人正在逍遥津以北等待过河，恰好被远眺敌情的张辽发现。张辽再次率兵突然杀出，目标直指孙权。这一击实在太突然了，孙权等人毫无防备，吕蒙和甘宁拼死保护孙权，凌统指挥身边的人架着孙权就走，把孙权转移到安全地带，才返回与曹军交战。凌统身边的人一个个战死，自己也多处受伤，估计孙权已经脱险，才撤离战场。

吕蒙、甘宁、蒋钦等人死战张辽以掩护孙权，甘宁勇猛异常，不停地引弓射敌，负责鼓吹的士兵大概也伤亡得差不多了，甘宁发现自己一方的军乐队突然没了声响，还厉声询问，壮气毅然。凌统这时也过来，掩护孙权撤退后重新杀回，他跟甘宁默契配合，抵挡住了曹军的猛攻。此战打得很惨烈，偏将军陈武力战而死，宋谦、徐盛、甘宁等人负伤。徐盛受伤后长矛都弄丢了，贺齐过来救了徐盛一命，拣回徐盛的长矛。陈武战死，徐盛等人受伤，他们手下不少士卒纷纷后退，情况异常危急。幸亏潘璋及时赶到，斩杀了两名后退者，才稳住了阵脚。

混战中，张辽遇到一个紫色胡须的吴将，上身长、下身短，在马上很善射。张辽问孙吴的降卒这个人是谁，降卒回答是孙权，张辽懊悔不已，赶紧跟乐进急追。孙权骑马到了逍遥津渡口上的一座桥，这座桥年久失修，桥面已坏，有一丈多宽的地方没有桥板，此时只有他的亲近监谷利在身边，谷利让孙权握住马鞍稳住身体，他在后面挥鞭以助马势，马使劲腾越，最后跳过了断桥。孙权侥幸逃过淝水，遇上贺齐率三千人前来接应，才得脱险。

这才是逍遥津之战的过程，与所谓的"八百破十万"的那场战斗是两场不同的战斗。总的来说，在合肥战役中曹军以七千人打退孙吴十万人的进攻，两次陷孙权于危难，打得吴军损兵折将，创造了战场神话。此战是张辽军事生涯的顶峰，经此战张辽名气更大了，自那时起张辽的名字便与逍遥津联系在了一起。此战也是孙权一生中最大的一次失败，人多势众，猛将如云，却被打得难以招架，士气大伤。

3

在上面的讲述中，有一个细节应引起注意，那就是逍遥津之战前孙权已经决定撤兵了，除了首战中因为没有思想准备而被张辽率领的八百名敢死队员偷袭受到一些损失外，孙权其实并没有再打过更惨的败仗，他为什么主动撤兵呢？

这有两方面原因，一方面是孙权对形势的判断，孙权集合十万人马，这几乎是他能调动的全部的机动力量，可以用"倾国而出"来形容了，他还把最能打的将领都带到了合肥，这样做的目的就是试图一击而破，将合肥拿下。孙权其实不敢在合肥城外打持久战，因为他的总体实力不如曹操，曹操虽然远在汉中，但仍然可以调集各处的军队来合肥增援，或者从别的方向向孙权发起反击，对孙权来说，要么速战速决，要么就放弃。另一方面，这时发生了瘟疫，来势很猛，孙吴军队中里大量流行起这种瘟疫，极大削弱了战斗力。《三国志》说此时吴军"会疫疾，军旅皆已引出"，迫使吴军不得不撤出了发病区，向后撤退。这场瘟疫持续的时间非常长，波及的地区也非常广，受影响的不仅仅是孙吴的军队。一直到建安二十一年（216）十月，也就是合肥之战结一年后，从汉中撤出的曹操来到了合肥，这场瘟疫仍然没有结束，而且漫延的范围更广。曹操任命的兖州刺史、司马懿的大哥司马朗亲自到军中慰问得病的士卒，问医送药，结果自己不幸染病，不治身亡。

发生在建安二十年（215）到建安二十二年（217）间的这场大瘟疫，最终波及包括整个北方以及长江流域，死了成千上万的人。曹植在一篇文章《说疫气》中写道："建安二十二年，疠气流行。家家有僵尸之痛，室室有号泣之哀。"徐干、陈琳、应玚、刘桢等著名文人都死于这场瘟疫，王粲则死于这次行军途中，据推测也与这场瘟疫有关。也就是说，在这场大瘟疫中，"建安七子"几乎同时死去了五个，这场大瘟疫在对曹操的大军进行了重创的同时，也给文学事业造成了无法弥补的损失。

鲁肃为何临终前不推荐吕蒙接班

"单刀会"是鲁肃大放异彩的时刻,在三国时期涌现的众多谋士中,鲁肃是为数不多的几位可以称为战略家的人之一。战略是相对于战术而言的:战略讲的是全局、宏观,战术讲的是局部、微观;战略偏重于规划中长期目标,战术更着眼于当前的具体战役;战略往往更讲求通过军事手段达成政治目标,战术更多地关注每一战的输赢。战术可以灵活多变,但战略却不能随意摇摆,战略一旦制定就应该努力去维护、去追求,在这一点上鲁肃看得也比别人更远。

在曹魏方面,荀彧是一位战略家,他很早的时候就为曹操规划了未来的发展蓝图,并为这个蓝图的实现付出努力;在蜀汉方面,诸葛亮是一位战略家,他与刘备初次见面就提出了著名的隆中对策,隆中对策成为此后刘备集团发展的指导纲领;在孙吴方面,鲁肃就是荀彧、诸葛亮这样的人物,孙刘联盟是他战略规划的最重要成果,为维护这个联盟,他奋斗到了最后。

但是,就在"单刀会"的两年后,也就是建安二十二年(217),横江将军兼汉昌郡太守鲁肃病逝,年仅四十六岁,这让孙权悲伤不已,他亲临鲁肃的葬礼,远在成都的诸葛亮也派人前来吊唁。大家都认为周瑜死后江东人物鲁肃是魁首,鲁肃主持荆州事务以来竭力维持与刘备的同盟关系,基本保证了江东的西边相安无事,鲁肃的去世是孙权一大损失。

周瑜临终前推荐了鲁肃,但鲁肃临终前却没有向孙权推荐继任者,大概鲁肃觉得自己的威望不足以与周瑜相比,或者他心目中还没有合适的人选。在众人眼中,这时候最合适的人当数吕蒙,鲁肃与吕蒙关系也非常好,大家熟知的"刮目相看""吴下阿蒙"等成语典故都是说吕蒙的,而引出这些典故的人就是鲁肃。但是,鲁肃并没有推荐吕蒙接替自己,也许这不是无意中的疏忽,而是二人在战略理念上有很大分歧造成的,鲁肃如果是孙吴的"鸽派",吕蒙就是孙吴的"鹰派",这大概是鲁肃不推荐吕蒙的原因。鲁肃是孙刘联盟的坚定支持者,无论多困难,鲁肃都在维系着联盟不破裂,但吕蒙的想法截然相反。

鲁肃死后，孙权起初确定接替他的是一个叫严畯的人。严畯这个名字大部分人可能没听说过，他是一位学者，喜欢学习，精于诗、书、礼，文章写得好，性格质直纯厚，是个老实人，听说孙权交给自己这么大一副重担，严畯傻眼了，他知道自己的能力和特长，也知道自己根本带不了兵。众人向严畯道喜，他却苦笑着说："在下不过一介书生，根本不懂军事，没有这两下子勉强去，必然会后悔。"严畯说得很真诚，"发言慷慨，至于流涕"，但孙权不放弃，坚持让他干，孙权想试试严畯的武功，就让他骑马，结果严畯一上马就掉了下来。孙权这才收回成命，后来严畯一直担任文职，孙权称帝后，严畯做过朝廷的尚书令，相当于秘书长，发挥了他的特长。严畯不行，孙权这才改用吕蒙，命吕蒙接任鲁肃的汉昌郡太守一职，屯驻于陆口。鲁肃去世，吕蒙上台，标志着孙吴对蜀汉的政策开始发生了转变，为酿成荆州后续的惊天变局埋下伏笔。

关羽突然北伐事先没有请示过

1

"单刀会"后，刘备夺取了汉中，跨有荆州和益州，实现了诸葛亮在隆中对策中提出的北伐"硬条件"。接下来，按照隆中对策的规划，刘备只需要等待曹魏方面内部发生变化，也就是"会当有变时"，就可以同时从汉中、襄阳出兵北伐，到那时天下可定。然而，还没有等到这一天，关羽却在荆州率先动手了。汉献帝建安二十四年（219）底，关羽突然从荆州出兵北上，出击曹军占领的要地樊城，这是一件轰动当时、影响历史发展进程的大事。

诸葛亮的隆中对策是刘备集团的基本纲领,刘备对此深信不疑并坚决执行,为什么?因为隆中对策里提到的东西都一一变成了现实,先是联合孙权打败了曹操,之后"三分荆州",再以后夺取了益州,又拿下了汉中,实现了"跨有荆、益"的目标,诸葛亮的这个"顶层设计"简直太神奇了,历史完全根据这份规划书在走,刘备能不信服吗?刘备迟早要北伐,这是刘备集团的终极目标,隆中对策提出了北伐的三个条件:一是占领襄阳,二是占领汉中,三是曹魏集团内部发生变化。现在这三个条件并没有完全具备,所以还应该等待,镇守荆州的关羽好像有点儿心急,他率先动手,直接就开始了北伐。关羽的这次北伐先胜后败,败得还很惨,让刘备失去了荆州,从结果看,关羽的这次北伐是仓促的、鲁莽的,关羽也是一名有经验的军事将领,他为什么会犯这样的错误呢?

这还得从关羽北伐前发生的事情说起。在关羽北伐的这一年还发生了第二次汉中之战,也就是刘备与曹操的汉中之战。关羽北伐的几个月前,刘备在汉中大败曹操,曹操从汉中退出,刘备在汉中称王。当时举行了很隆重的汉中王就职仪式,不过关羽没有参加,他一直负责坐镇荆州。这个荆州,不是整个荆州,当时荆州刺史部北边的南阳不属于蜀汉,甚至荆州传统重镇襄阳、樊城也不在关羽手中,关羽镇守的荆州,核心地区是南郡,主要城市一个是江陵,即现在的湖北荆州市;一个是公安,即现在的湖北省公安县。

刘备是这一年的七月在汉中称的王,称王之后对蜀汉方面文武官员的职位进行了一些调整,任命了"四方将军",关羽为前将军,成为武将之首,但关羽仍然有意见,不是为自己的"授衔"问题有意见,而是对黄忠与自己平起平坐有想法。为此诸葛亮专门提醒过刘备,刘备对诸葛亮说"吾自当解之",意思是关羽那边我会亲自去给他做工作。不久,刘备从汉中回到成都,尽管很忙,但心里一直惦记着关羽的事,刘备觉得关羽那边确实需要安抚,所以派了一个人去荆州,一方面正式宣布关羽前将军的任命,一方面做关羽的工作。派去的这个人名叫费诗,蜀汉著名外交家,口才超一流,当时全国口才最好的是江东的虞翻,这位费先生至少可以排进前五名。

费诗到了荆州,正式宣布了对关羽前将军的任命,关羽果然很不高兴。"四方将军"中前将军地位最高,关羽已经是蜀汉武将之首了,没有人比他"军衔"

更高，为什么还不高兴呢？让诸葛亮料对了，这一回关羽不高兴不是冲着马超，而是冲着黄忠，关羽说："大丈夫终不与老兵同列！"你黄忠论资历顶多就是个"老兵"，你怎么能与我并驾齐驱呢？一听这话，换个人估计当场就得傻眼，但费诗胸有成竹。费诗不慌不忙对关羽说："夫立王业者，所用非一。"建立王业、霸业，需要的人才不止一种，需要各种人才。费诗接着说："当年萧何、曹参跟刘邦从小相熟，而陈平、韩信是投降过来的人，但后来他们的地位韩信最高，没有听说萧何、曹参为此发过牢骚。如今汉中王因为一时之功对黄忠将军给予厚遇，但他在汉中王心里真正的分量怎么能与君侯您相比呢？汉中王和君侯您早已结为一体，福祸同享，我认为君侯您不必计较官位高低和爵禄多少。在下只不过一介使臣，衔命之人，君侯您如果不肯受拜，我也就回去交差了，不过我替君侯着想，担心您会后悔呀！"这番话说得很有水平，充分展示了费诗作为外交家的风采。面对关羽要横，费诗没有害怕，没有为讨好关羽而乱拍马屁，但也没有跟关羽叫板，而是通过不软不硬的一通话让关羽自己去掂量。由于话说得在理，关羽也不是完全听不明白话的人，所以赶紧接受了任命。

关羽送走费诗，这时候大概是八月份，是长江流域最容易发生汛情的季节，这一年江汉一带就发生严重汛情，下起了特大暴雨，汉水暴涨。曹军在荆州前线的主要据点襄阳和樊城都在汉水边上，一个是汉水南岸，一个是汉水北岸，汉水发了大水，水势很猛，"平地数丈"，城池及军营都被淹了。这正是进攻曹魏的好机会，关羽于是临时决定发起北伐。出发前，关羽对后方的防务也进行了一些安排，命令南郡太守糜芳守江陵，将军傅士仁守公安，留下了一支数量不少的人马，防备老窝被人端了，之后关羽才率军北上。

2

关羽突然北伐，是一次重大军事行动，对于这次行动是如何决策的，史书没有明确记载，所以历来有不同的猜测。一种说法认为，关羽是请示了刘备并经刘备同意的，理由是这么大的事关羽无权决策，成都、江陵虽远，但沟通肯定是畅通的，但这也仅是推测，没有史料作为依据。另一种说法认为，关羽在北伐前没有请示刘备，是关羽自作主张。关羽为什么要自作主张呢？从客观条件上说，刘备汉中得手，上庸三郡连成一片，使襄阳、樊城变得孤立，曹操新败于汉中，曹军士气低落，攻取襄阳、樊城的条件似乎成熟了。

从主观上说，关羽虽然送走了费诗，但心里还是觉得不舒服。不仅黄忠与他平起平坐，而且刘备让魏延守汉中，也让关羽不痛快。汉中的地位与荆州相当，从地位上黄忠实现了与关羽的平等，从实际作用看魏延又与关羽相当，关羽觉得自己这个蜀军"带头大哥"有些水分。当然，有些话不能明说，黄忠、魏延升迁快，是因为他们这几年立的功劳多，立功这种事必须有机会，在益州和汉中天天都有机会，而荆州就没有，没有机会，怎么去立功？关羽心里不太痛快，危机感倒也谈不上，但多少有些焦虑，想找机会建功立业，让大家看看我关羽不只会摆老资格，我是有两下子的，所以北伐这么大的事，关羽就自己决策了。

上面这两种说法哪一种更合理呢？应该说第二种说法更合理，也就是关羽北伐没有经过请示，倒不是关羽不想请示，而是做不到。突然天降大雨，造成的战机稍纵即逝，想请示后再行动，这确实不现实。除此之外，在仔细梳理史料后还会有一些新发现，据史书记载，曹操兵败汉中，退到长安，在那里他曾向驻守在襄阳的曹仁下达了一道命令，让曹仁率兵讨伐关羽，同时派于禁率部增援曹仁，负责增援的还有徐晃所部，这几位都是曹操手下最能打的将领，他们率领的是曹军的精锐。根据这个记载，这场仗其实并不是关羽发起的，而是曹军主动进攻。有人这怀疑这个记载有问题，因为曹操刚在汉中打了大败仗，士气正低落，为什么突然在荆州主动出击呢？

其实这个记载并没有问题，曹操主动出击的原因，推测起来有两种可能：一个是减轻关中方向的压力，汉中已失，曹操担心引起连锁反应，所以在荆州故意挑战，提醒刘备，你别不管不顾，占领汉中就行了，不要趁机图谋我的关中；另一个是减轻合肥方向的压力，曹操还没退到长安，仍在撤退的路上时，也就是这一年的七月，孙权又来了一次趁火打劫，在合肥方向动手，这就是后来在逍遥津打过的那一仗，当时曹操在合肥的兵力只有七千人，合肥方面压力更大，曹操知道荆州不仅是刘备的地盘，也有一小半归孙权，曹操想在荆州制造事端，把孙权、刘备的注意力都吸引到那里来。

综合以上分析，关羽北伐的决策过程是这样的：曹操汉中之战失利后，立即命令曹仁在荆州方向发起一轮攻势，目的是缓解关中、合肥两个战场面临的压力，作为都督荆州军事的关羽，既因为"四方将军"任命一事心里闹着情绪，又看到汉水流域突降大雨造成难得的进攻机遇，几个因素同时叠加在一起，所以就当机立断，在来不及请示的情况下率兵北上迎敌。

3

关羽率大军北上，对手是曹军负责荆州战场指挥的征南将军曹仁，其下辖有于禁、徐晃、庞德等部，曹军的具体部署是：徐晃守宛县，也就是今天的河南省南阳市，作为第二道防线；于禁率庞德屯兵在樊城外，人马有数万，与樊城成掎角之势；曹仁自己守樊城，另一位曹军将领吕常守襄阳，但两座城里的兵马都不多，樊城不到一万人，襄阳城内兵马数量不详，估计和樊城差不多。

为什么做出这样的安排？为什么不把于禁、庞德的几万人马放到城里来，那样于禁后来不是就不会被俘虏了吗？这样做的原因，一方面考虑要形成掎角之势，相互呼应，更主要的是与当时的城池规模有关，樊城的建制为县城一级，古代县城规模大小有定制，所谓"三里之城，七里之郭"，规模很小，不是说你这个地方有钱就能照着郡城、州城去修。如果对此还没有形象的概念，可以去北京卢沟桥边上的宛平城看看，站在宛平城南门可以清楚地望见北门，城里没有几条街，这还是民国时期正在使用的县城，汉末三国时期的县城规模还不如宛平城大，里面驻扎不了那么多军队，也储藏不了太多的粮食。

这时，关羽率领的人马杀到了，他绕过襄阳，把主攻目标锁定在樊城。樊城外面的曹军共有"七军"，一个理解是七支军队，一个理解是七个"军"，后面的理解可能更符合当时记述的习惯，以当时每"军"正常编制一万人左右计算，于禁手里大概有七八万人马，数量不少，在关羽面前有优势，不过，由于汉水大涨，他们受淹情况严重。北方将士对发洪水没有太多概念，面对突如其来的情况也毫无准备，不知道怎么办。于禁等人本能地往高处躲避，这时发现有人乘着大船向他们袭来。来的正是关羽，关羽有水军，曹军没有，这个仗就没法打了，于禁等只能坐以待毙，最后，无奈之下于禁向关羽投降。庞德不肯降，被关羽被俘，关羽劝降不成，把庞德杀了。

樊城外面的曹军主力全军覆没，还在樊城内坚守的曹仁岌岌可危。关羽随即猛烈攻城，城里到处是水，房屋大量崩坏，大家都很害怕。有人向曹仁建议，趁关羽没把樊城全部围住，乘小船趁夜逃走，如果曹仁真这么办了，关羽此次北伐就大功告成，曹魏的损失将无法弥补。关键时刻幸亏曹仁听了汝南郡太守满宠的建议，冒死留在了城里。在"诸夏侯曹"里曹仁是比较能打的一个，官渡之战期间他曾率虎豹骑以闪电战方式解了后方汝南郡之围，赤壁之战后他又在江陵与周瑜周旋，曾亲自率领敢死队冲锋陷阵，是个狠角色。幸亏曹操在荆州安排的守将是曹仁，换个人来，比如换成曹洪来，估计就得出大事。曹仁杀了一匹白马，效仿当年刘邦的白马盟誓，决心与大家同心固守。

此时樊城内仅有数千人，城里没被水淹的地方很少，关羽率部乘船而来，把樊城围了好几层，城内与城外断绝消息，情况到了最危险的时刻。驻守在襄阳的曹军是吕常部，关羽派人把襄阳也围了起来。襄阳和樊城成为大水浸泡下的两座孤城，曹魏方面在周边的驻军和官民纷纷投降关羽，包括曹操任命的荆州刺史胡修、南阳郡太守傅方等高级官员。许县以南的梁县、郏县、陆浑县等地百姓纷纷起事，他们杀了曹魏任命的地方官员，接受关羽任命的职务和印绶，与关羽遥相呼应，关羽的个人声望达到顶峰，史书上说关羽"威震华夏"。

荆州发生了这么大的变局，曹操这时候在哪里呢？曹操当时还在长安，一直到这一年十月才赶到洛阳。对曹操来说，此时可谓"屋漏偏逢连阴雨"，六月兵败汉中，八月关羽北伐，九月大本营邺县发生了一次重大谋反事件，这次谋反是一个叫魏讽的人挑起的，钟繇、张绣、王粲等多位曹操身边的重要人物都牵涉其中，要么因此事被免官、降级，要么有亲属受到牵连。曹操想回邺县处理这件事，但荆州的事更棘手，只好留在了洛阳。

曹操大概在想，如果曹仁等人挡不住关羽的进攻，关羽就将趁势北上，南阳郡境内已有很多地方归顺了关羽，要想守住宛县也十分困难，如宛县再不保，许县以南将无屏障，许县原本也只是座县城，虽经过一定营造扩建，但规模总的来说很有限，难以抵抗敌人长期进攻。丢失宛县、许县也许并不可怕，但汉献帝落入关羽之手将是一场政治灾难,刘备集团的士气将空前高涨,孙权的态度也会发生改变,这将成为一个标志性事件,自己辛辛苦苦建立起来的"魏王国"在敌人的进攻下将节节退缩,最后一泻千里。所以,许县可以丢,汉献帝却不能丢,想到这里,曹操打算把汉献帝和朝廷转移到别的地方,以避开关羽的锋芒。

这时郭嘉、荀攸、荀彧等人已相继故去,贾诩、程昱年事已高,他们通常留守在后方辅佐王太子曹丕,在外征战时,曹操身边的主要智囊是刘晔、蒋济、司马懿等人,这几位谋士一致认为不能迁都,他们建议,一方面死守襄阳和樊城,另一方面联络孙权,共同对付关羽。曹操接受了谋士们的建议,一面命令徐晃紧急增援曹仁,一面派人去联络孙权。

孙权为什么突然从背后袭杀关羽

建安二十四年(219),关羽突然发动北伐,荆州形势突变,这既考验着曹操,也考验着孙权。对孙权来说,关羽的北伐让他既面临着挑战,也面临着机遇。挑战是,关羽势头很猛,照这样发展下去,曹操在荆州的势力将被关羽全部驱逐,关羽腾出手来就会对付孙吴。当年以湘水分界,关羽吃过哑巴亏,以关羽的性格,肯定会回头算账。但也有机遇,关羽其实是在以小博大,是"野蛮打法",不按常理出牌,表面上看关羽势如破竹,但基础不牢,最大的问题是战线拉得太长。关羽已经露出了破绽,如果这个时候在关羽的后方搞点儿事,关羽就会首尾难顾。

孙权经过慎重思考,决定"抓住机遇,迎接挑战",他不想浪费这个大好机会。孙权一定分析了利弊,发现如果不大干一场他的损失会很大,而干了,成功的可能也很大。魏蜀在那边打,为什么孙权会有损失呢?因为对孙权来说,结果是一样的:如果关羽得手,曹魏被迫后退,关羽在荆州的势力更大;如果关羽失败,曹魏将乘胜重占荆州,荆州与孙吴无缘。如果后一种情况出现,那孙权更无法接受,因为家门口走了一只狼,又来了一只虎,曹操如果将荆州占领,形势对孙权而言将非常糟糕。

合肥之战后孙权在逐渐调整与曹操的关系,他虽然自称车骑将军,但那不是朝廷任命的,孙权的正式名义上仍是汉室的讨虏将军,孙权发现曹操势力的确很强大,轻易不能与他硬碰硬,在曹操面前的姿态越来越低。对孙权而言,如何避免可能出现的被动局面呢?孙权决定提前动手去填补关羽失败后荆州出现的权力真空,从战场形势看,孙权也一定能看出关羽虽然势头很猛,但综合实力远不如曹魏,魏军一旦安定下来,等过了汉水流域的汛期,关羽败退是迟时的事。经过形势推演,孙权肯定会意识到关羽欲败而未败时正是自己千载难逢的进兵机会,太早不行,太晚也不行。接下来,孙权让陆逊在前台,吕蒙在后台,二人联合指挥,先麻痹关羽,让关羽不再担心后方的安全,把留守在后方的部队大部分抽调到前线去,之后神不知,鬼不觉,通过"白衣渡江"把吴军的大队人马运到了关羽的后方,关羽留守在后方的主要将领不战而降。

从以下几个因素看,刘备留关羽守荆州其实并不是一个最合适人选。关羽的性格较为刚烈,不擅长处理敏感和复杂的事务。关羽既缺乏政治眼光,也没有政治手腕,他镇守荆州期间,跟孙权的关系就处理得很不好,孙权跟关羽耍心眼,正是利用了关羽性格上的缺陷。《三国志》记载:"先是,权遣使为子索羽女,羽骂辱其使,不许婚,权大怒。"这件事不知具体发生在哪一年,但从关羽"骂辱""大怒"这种举止看,这件事大概发生在"单刀会"后,孙权一再催要荆州,关羽已经很不爽了,益阳城外"单刀会"虽以和平方式解决,但其实蜀汉吃了大亏,白白把三个郡让给了孙权,关羽作为荆州的主要负责人,一定会觉得很没面子,所以看到孙权的使者才会气不打一处来。关羽的这种性格,放在一般老百姓身上并没有问题,敢爱敢恨,有血性,有个性,但放在政治家的身上就是大忌。

刘封不救关羽有难言之隐

关羽后来"走麦城",当时危难之际,有一支友军倒离他挺近,可以过去支援一下,这就是在上庸、西陵、房陵三郡的刘封、孟达所部,这三个郡是刘备攻取汉中后新设的,处在陕南与鄂西北之间,陕南的商洛、安康以及湖北的十堰等地都在其中,大致处在襄阳的西北方向,距离襄阳只有数百里,如果刘封、孟达及时出兵,虽未必能挽回败局,但救出关羽是有可能的。

事实上关羽也关注过这支人马,关羽"连呼封、达,令发兵自助",但令人不解的是,二人根本没听,他们还给关羽陈述了理由,说上庸等三郡刚刚归附,还不够稳定,所以不能接受命令。一般认为这是二人的借口,他们出于自身安全的考虑不愿意出手相救,还有人从"阴谋论"角度去看,认为刘封是刘备的养子,而刘备有暗中除掉关羽的想法,所以刘封才不肯去救。

其实,可以看看当时的情况,上庸等三郡的确刚刚建立,这是实情,这三个郡被称为"山郡",秦岭、巴山横亘其间,长期控制该地区的是一些地方大族,他们虽然臣服刘备,但难免没有二心,让他们出兵去跟曹魏打,他们未必肯干。

关羽前面打得都很顺手,大概没想过要刘封、孟达增援,后来徐晃援军开到,关羽这才要刘封来,时间就有些来不及了。上庸距襄阳虽然只有数百里,但都是山路或水路,大军事行动又得有准备的过程,部队集结、粮草准备、行动路线规划都需要时间,刘封和孟达即使愿意出兵,等他们准备好,又在崇山峻岭间急行军很多天,等赶到樊城,恐怕也找不着关羽了。所以不能怪刘封和孟达,只能怪关羽自己。如果关羽事先考虑到兵力不足的问题,在行动前就做好协调和沟通,与上庸三郡来个南北夹击,那将是另一番局面。关羽太自信,原想一个人包打天下,结果遇到了问题,这时候再去催别人来救援,谁能保证呼之即来、来之能战呢?

但是,不管怎么说,军人以服从命令为天职,关羽既然下达了命令,刘封和孟达就应该无条件执行,不执行就是抗命,刘封和孟达算不算抗命呢?仔细分析一下，还真不算，因为这里有一个问题，那就是刘封和孟达其实并不归关羽指挥，他们不是关羽的部下，而是友军，关羽让他们参战，只能由刘备下达命令。上庸等三郡是从汉中郡等分出来的，传统上属于汉中郡，汉中郡归益州刺史部管辖。刘备取汉中后对行政管辖进行过调整，设立了汉中都督区，相当于一个边防区，与益州刺史部平级，上庸等三郡当时应该归汉中都督管辖，这项行政区划调整的具体时间不详，但上庸等三郡从未归荆州方面管理是确定的，刘备让关羽"董督荆州军事"，而上庸等三郡并不在关羽的辖区里，关羽不能以"董督荆州军事"的身份直接给刘封下命令。关羽能不能以前将军的身份指挥孟达、刘封呢？也不能。前将军不同于大将军、车骑将军，理论上只是某方面军的总指挥或某大军区司令，不能以这个身份调动全国的人马，关羽想调动刘封和孟达，只能按正常程序向成都方面提出请求，由刘备下达命令。

　　刘封、孟达按兵不动，紧接着又发生了很多事。除关羽父子被杀外，孟达投降了曹魏，刘封逃回成都，刘备辛辛苦苦打下的上庸三郡继失荆州之后也丢了。刘备十分生气，不仅怨恨刘封没有出兵救援关羽，更怨他与孟达没有处理好关系，激起了孟达的反叛。对于前一条，刘封实在冤枉；但后一条刘封的确有责任，据史书记载，刘封因年轻气盛，又是刘备的养子，礼贤下士方面没有做到位，平时不把孟达放在眼里，才酿成了孟达的反叛。

　　如何处置刘封？刘备就此征求了诸葛亮的意见，一向做事谨慎的诸葛亮向刘备提出了一个激进建议：把刘封杀掉。诸葛亮之所以这么想，主要考虑的是刘禅刚被立为王太子，刘备登基称帝的准备工作已经展开，刘禅就是将来的皇太子，刘备驾崩后刘禅将继任，而刘封性格刚烈勇猛，这样的人容易冲动，什么事都会干出来，诸葛亮考虑到刘禅继位后很难驾驭刘封，故而建议把刘封杀掉。刘备接受了诸葛亮的建议，将刘封赐死。

诸葛亮借孙权之手除掉关羽的说法可信吗？

关羽被杀、孟达投降，荆州和上庸三郡先后丢失，无疑对刚刚称汉中王的刘备造成沉重打击，但史书对成都方面如何看待这场战役，如何支援和策应关羽都缺乏记载，因此留下了很多让人想象的空间，比如关羽遇到困境，刘备为何不派人马来援救？对此，有人认为刘备坐视关羽被消灭是故意的，因为关羽势力膨胀，时常露出骄傲之色，不太服管，所以刘备和诸葛亮借孙权之手除掉了关羽，近代国学大师章太炎就持这样的观点，他在《正葛》一文中认为"葛氏假手于吴人，以陨关羽之命"，也就是诸葛亮假借孙权之手让关羽丧命，章太炎认为，关羽是公认的所谓"虎臣"，刘备死后其他人无法控制，但关羽功劳多而没有什么罪状，如果直接除掉他，不足以让人信服，所以不惜"以荆州之全土假手于吴，以陨关羽之命"。这个观点未免过于大胆，虽只是猜测，却影响深远，被后来很多人所相信和采用。产生这种观点的"灵感"可能来自诸葛亮对处置刘封的建议，但是这里面至少有几个问题：一是关羽是不是刘封，刘备、诸葛亮事先产生过杀关羽的念头吗？二是诸葛亮有没有这么大的能力，想让关羽死就可以做到？三是在刘备、诸葛亮的心目中，关羽重要还是荆州重要？

关羽当然不是刘封，诸葛亮建议刘备赐死刘封，是觉得刘备也会认同这种看法，刘禅被立为太子后刘封的角色变得尴尬，他缺少深谋远虑，如《三国志》评价刘封"处嫌疑之地，而思防不足以自卫"，身处容易被人误解之地却不想如何自我保护，加上弄丢了三个重要的郡，也的确该杀，所以诸葛亮会提出那样的建议。而关羽不同，之前关羽几次对人事安排有看法，诸葛亮都小心谨慎地予以回应和化解，因为诸葛亮深知关羽在刘备心中的分量，可以杀刘封，却很难想象诸葛亮的脑海里事先产生过要除掉关羽的疯狂念头。

退一步说，诸葛亮即使希望关羽死，恐怕也做不到。按照借刀杀人的说法，所有的事都是诸葛亮策划的，这明显不符合史实，诸葛亮既不能私自调动关羽发起那么大的一场战役，更无法指使孙权在关键时刻做出配合。关羽之败，有必然性也有偶然性，但都不是诸葛亮可以左右的。而且，荆州在诸葛亮的心目中有着重要地位，在隆中对策中，诸葛亮早已明确指出，荆州是未来光复汉室大业的两个支点之一，要取得统一中原的胜利，必须在联合孙权的情况下从汉中和荆州两个方向同时发起进攻，才能打败曹魏。失去荆州，隆中对策就失败了一半，诸葛亮即使担心关羽的存在对未来不利，也不可能拿整个荆州做交易。况且，还有重要一点，诸葛亮由荆州随刘备入蜀，一同追随的还有大量荆州人士，这些人世代居住在荆州各地，亲属、祖业都在那里，荆州丢失，他们将承担巨大的牺牲和痛苦，对此诸葛亮怎能不感同身受？如果这一切出自诸葛亮的设计，为一个关羽而放弃整个荆州，那诸葛亮在众人心目中将是一个什么形象呢？

所以根本不存在借刀杀人，诸葛亮没有，刘备也没有。关羽死于孙权之手，是关羽自己战败造成的，是必然性和偶然性相加的结果。至于战役从开始到结束这几个月时间里，成都方面没有大的动作，主要有以下几个原因：一是因为益州和荆州间道路阻隔，联系不便。关羽北上后，战场移向长江以北几百里的襄阳、樊城一带，关羽与成都间的信息交换一来一去最快也得十天半个月；二是关羽发动此役事先并没有跟刘备、诸葛亮认真商量研究，没有形成战役的整体方案和规划，关羽仓促起事，初期刘备又在由汉中回成都的路上，所以反应不够及时；三是战役虽然于八月发动，但转折点出在十月以后，刚开始时关羽一路高歌猛进，气势压倒对手，不存在紧急救援的问题；四是战役成败的关键是孙权的背后一击，当时孙权是联盟，曹操是敌人，孙权的一举一动只有在荆州的关羽最清楚，而远在益州的刘备和诸葛亮很难把握和预料。

大概考虑到以上这些因素，章太炎后来对之前的观点也做了一定反思，随着人生阅历的增加，章太炎觉得诸葛亮假人之手杀关羽的说法并不成立。章太炎重新修订了《正葛》一文，最初他想把《正葛》的标题改为《评葛》，后来觉得不妥，又将题目改为《议葛》，但最终采用了《思葛》作为文章标题。思念诸葛亮，从题目的反复推敲中可以看出章太炎对诸葛亮的评价煞费苦心。然而，章太炎之前提出的借刀杀人说太容易引人瞩目，以至于人们记住了他之前的说法，他后面的修正反而没人关注了。

关羽被尊为武圣与战绩无关

关羽去世后被民间尊为"关公",历代朝廷对他也多次褒扬、追封,崇其为"武圣",与"文圣"孔子齐名。只是,从军事角度看,关羽一生的真实战绩其实并不佳,这一点与文艺作品的描述很不一致。比如,梳理一下《三国演义》中关羽参加过的战役和战斗,可以发现有三十二次之多,总体战绩是二十三胜、五平、四败,剔除平局因素,胜率高达百分之八十五,不仅在三国时期,放在整个中国古代战争史上都是相当值得骄傲的。但根据对史书的梳理,关羽亲自参加的战役和战斗大约有十七次,总体战绩是四胜、一平、十二败,剔除平局因素,胜率仅为百分之二十五,获胜的四次中曹操指挥的有两次、周瑜指挥的有一次,在战败的十二次中,关羽有两次被俘虏。

"常胜将军"原来是"常败将军",从百分之八十五到百分之二十五,史实与演义竟然差别那么大。但这么说不是为了"黑"关羽,也不否认关羽仍然是一名出色的武将。《三国志》的作者陈寿评价关羽为"万人之敌,为世虎臣",曹操手下的程昱、郭嘉、傅干、刘晔、温恢等人都评论过关羽,程昱说:"刘备有英名,关羽、张飞皆万人之敌也。"郭嘉说:"张飞、关羽者,皆万人之敌也,为之死用。"傅干说:"张飞、关羽勇而有义,皆万人之敌。"刘晔说:"关羽、张飞勇冠三军而为将。"温恢说:"关羽骁锐,乘利而进,必将为患。"此外,赤壁之战的联军总指挥周瑜也说过:"刘备以枭雄之姿,而有关羽、张飞熊虎之将。"最后打败关羽的关键人物吕蒙说:"斯人长而好学,读左传略皆上口,梗亮有雄气。"

应该说,上面这些评价都是真实的,反映出关羽的勇猛和在当时的知名度,这个评价与关羽真实的战绩并不矛盾,大家一致认为关羽的突出特点是"勇猛"而不是说他常打胜仗,个人再勇猛也是个体,取得胜利依靠更多的是集团的力量,刘备集团起起落落,长期处于颓势,多次被打得东流西窜,关羽作为该集团的核心力量,不可能一枝独秀。关羽被后世尊为"武圣",显然与他真实的战绩无关，人们推崇他，看中的是他的勇敢以及忠义精神，比如他能在万马军中毫不畏惧地冲向敌阵，将敌人主将斩于马下，再比如他一生坚定地追随刘备，无论遇到什么样的险恶处境都不改初心。当年在许县，关羽受到曹操的厚遇，但他仍然对刘备念念不忘，一听到刘备的消息，立即冒着风险去追寻。正是有这种勇敢与忠义的精神，关羽才受到后人的推崇和称道。

第八篇 王者之路

曹操颁布《求贤令》的背景与深意

曹操于汉献帝建安十五年（210）春专门发布了一道《求贤令》，在这篇令文里，曹操提出了"唯才是举"的著名观点，这是曹操人才观的集中体现。为了阐述什么是"唯才是举"，曹操举了四位古人做例子，分别是孟公绰、管仲、吕尚和陈平，曹操认为他们四个人都称得上是人才。

孟公绰是春秋时期鲁国大夫，令文中关于孟公绰的话是孔子说的，原意是以孟公绰的才能当个家臣可以，当大夫则能力就不够了，但曹操引这两句话是反着说的，意思是人各有所长，不要求全。如果只有高洁之士才能重用，那么齐桓公成就不了霸业，这是因为促成齐桓公成就霸业的关键人物是管仲，管仲这个人很有能力，是个改革家，但他有缺点，早年与朋友合伙经商时经常欺骗对方，不诚实。吕尚就是姜子牙，他以平民之身垂钓于渭水，终于被周文王发现，受到重用，辅佐周文王一举灭掉了商王朝建立了周朝。陈平是刘邦手下的能人，是西汉的开国功臣，担任汉朝的丞相，但史书却记载着他接受贿赂、与嫂子私通等劣迹。

曹操用孟公绰、管仲、吕尚和陈平的故事，想说的是，人不能求全，不能求其出身，也不能苛求道德品质的完美，只要他有才能，就可以加以任用，只有这样才能建立不凡的功业。曹操要求有关部门发现孟公绰、管仲、吕尚和陈平这样的人才时一定要及时举荐，不要让人才埋没和流失了。在群雄争霸中，庸才不仅干不成事，还会误事，这时最需要的是确实有能力的人，才能应该成为选拔人才的首要标准，至于其他方面，能兼有更好，如果不能兼有，则不必求全。

这里有一个问题：曹操颁布《求贤令》时，曹魏的事业已经进入成熟期，身边的人才也非常多，似乎已经过了人才的渴求期，《求贤令》在此时出台，似乎显得并不是那么急迫。或者换个说法：在曹操最需要人才的时候，没有颁布过类似的法令，现在不急缺人才了，为什么反而要颁布求贤的命令？而从实际效果看，曹操身边的绝大部分人才都是《求贤令》颁布之前加入的，《求贤令》的颁布其实没有收到显著的效果，既然如此，曹操为什么还要颁布这道法令呢？而且，《求贤令》颁布后，曹操又两次颁布过类似的法令，曹操为什么格外重视这样的法令呢？

应该说，《求贤令》颁布的背后另有玄机，并不是只为"求贤"这么简单，这要从《求贤令》颁布前发生的一件事说起，这件事就是田畴让封事件。田畴本来是位隐士，曹操征乌桓时路过田畴隐居的地方，田畴为曹操献策并引路，曹操才得以出奇兵直插乌桓人腹地。田畴是北征乌桓获得大胜的功臣，事后曹操要封侯给田畴，还要授他以高官，但田畴一再推辞，曹操想了很多办法，田畴都坚决不受。这件事影响很大，曹操让手下的文武就此进行讨论，有人认为田畴品格高尚，应该尊重他的决定并给予表彰；有人认为田畴偏狭固执，有违正道，只知固守小节却不明大义，应追究责任。

田畴本人或许确实是一位不慕功名利禄的人，所以一再让封。田畴举动的背后，没有对曹操或者朝廷的不满，相反田畴一再恳切表示，自己对现状已很满足，对曹操也充满了感激之情。对于田畴的忠诚，曹操未必多想，但这件事让曹操有了另外的想法，田畴是一位影响力很大的名士，如果有才能的人都效仿他，甚至连出来做事也不屑于为之，那问题可就大了。为消除田畴事件带来的不利影响，曹操这才颁布了《求贤令》，曹操想告诉世人的是，品行高洁并不是判断人才的唯一标准，甚至不是主要标准，人才首先要有能力，其次要肯为我所用。

汉代以来，品评人才最看重的是名节，所谓孝与廉，还有忠与义等，强调的都是思想品质，以至于选拔人才时专门设有孝廉这样的科目，靠着一般人做不出来孝行或者表现出异乎寻常的廉洁，很多人不仅获得了声誉，而且走上了仕途。先不说这样的选拔是否科学，是否会给那些沽名钓誉、善于作秀的人提供机会，就是真正孝与廉的人，也未必都是人才，仅思想品质好却没有工作能力，干不出业绩，那也是白搭。

曹操亲自撰写的一篇"自传"

在《求贤令》颁布的这一年，也就是汉献帝建安十五年（209）的冬天，汉献帝下诏增加曹操的食邑。曹操当时的爵位是武平侯，武平是豫州刺史部陈国所属的一个县，这个县侯是十五年前汉献帝刚到许县时下诏封赏的，食邑是一万户。十五年来，在曹操主持下，不少人先后封侯，有的一再增加食邑，而曹操的武平侯却一直没有变过。在目前的爵位分封制度里，除刘姓以外的人，大家能到县侯一级也就为止了，如果再增加的话，只能增加食邑数。以曹操的资历和实力，增加食邑是正常的，这一次汉献帝下诏在曹操原有武平县一万户食邑的基础上再增加阳夏县、柘县和苦县等三个县各一万户作为曹操的食邑，使曹操总食邑数达到了四万户。

面对这项荣誉，曹操却不打算接受，他从未考虑过这方面的事。曹操非常看重实际，对于这种没有什么特别意义、反倒容易被人抓住把柄进行攻击的事，他当然不会做。曹操让手下的秘书们拟了一份表进行推辞，这一点不难，田畴为让封的事刚刚上过好几道奏表，再加上有陈琳等大笔杆子在，这份例行公事的奏表一定会一挥而就。但是，奏表写出来后曹操看了并不满意，他不想总说那些冠冕堂皇的大话，他想换个写法。曹操本人就是优秀的文学家，他的文章和诗歌水平都很高，在曹操本人亲自主持下，或者干脆就是由他亲自动的笔，写下了一篇文章，本想写成奏表，但这篇文写得不错，曹操很满意，就以令文的形式对外发布了，这就是著名的《让县自明本志令》。

这篇文章很长，相当于曹操写的"自传"。曹操从回顾自己的奋斗历史开始写起，边叙边议，风格像口述的自传，把参加工作、当郡太守、参军、起兵反董卓、消灭袁绍等群雄一一道来，回顾历史不虚饰，也不回避内心每一个真实的想法，所以读来真诚可信。

这篇文章虽是由让封引起的，但曹操最想表达的是自己对权力的看法。曹操说自己并不贪慕权贵，但也不会让出兵权，原因是出于自身和子孙安全的考虑，曹操强调自己不愿"慕虚名而处实祸",是情不由己。曹操表示,要学习介子推、申胥等前贤的高风亮节,居功不傲,虽然自己有"荡平天下"的重要功绩.但封兼四县的邑土却受之有愧,因而准备让出三个县的封地以表明意向,消除众舆论的攻击。

曹操发布这篇令文,借让封三县之名表明自己的志向,回击那些谤议,文章给人以谦恭礼让的印象,显示出曹操成熟灵活的政治手腕。同时,单从文章本身说,也相当精彩,体现出曹操的一贯文风。鲁迅先生评价曹操是"改造文章的祖师",感叹曹操的文章流传下来的很少,还说曹操胆子很大,做文章时又没有顾忌,想写便写出来。

曹操花大力气修建铜雀台的用意

颁布《求贤令》和《让县自明本志令》都发生在建安十五年(210),这一年的十二月,位于邺县的铜雀台竣工了。关于这座著名的建筑,也有一些神秘传说,最有代表性的是"铜雀春深锁二乔",是说曹操修这座高台原打算用来安置江东的美女大乔和小乔,可惜赤壁之战曹操被打败了,这个想法成了泡影。当然这是杜撰的,因为赤壁之战发生的时候还没有铜雀台。

铜雀台是一座怎样的建筑呢？先来描述一下：这是一座史无前例的巨大建筑,仅台基就高达10丈,台上又建了5层高的楼,最高一层距地面居然达27丈。汉代1尺约合今23.5厘米,折算下来有63米高,相当于现在20层的高楼。如今在一般城市里20来层的高楼早已不算什么了,但在1800年前,3层以上的建筑都很少见到,20层绝对是让人震撼和恐怖的高度。在楼顶上还有一只铜雀,有1.5丈高，展翅若飞，神态逼真，这也就是铜雀台得名的来历。铜雀台不仅高，而且体量硕大，因为它既不是一个细高的大烟囱，也不是一个岗楼，而是一座人工堆起的小山，上面能建一百多间殿宇，台上建筑物即使按五层高度来算，每层也建有二十多间，怎么说也得有大半个足球场那么大吧！铜雀台建在邺县的西南角，台基本身成为城墙的一部分。

铜雀台竣工后，邺县的百姓们吃惊地发现，在他们头顶上高悬起一座巍然的庞大建筑，上面建有宫殿，影影绰绰有人在上面走动，一到晚上灯火闪闪，遇到台上举行饮宴活动或者歌舞演出，悠扬的乐声就会缥缈而至，眼中的一切恍若天宫。如果站在台上往下看，那视觉效果就更有冲击力，全城尽收眼底自不必说，西边的太行山，脚下的漳河水，以及附近数十里内的村庄、道路全部尽收眼底。这座高台是铜雀园的组成部分之一，以后在它前后还各建了一座姊妹台，称为金虎台和冰井台，合称"铜雀三台"。

除铜雀台，值得一说的还有冰井台，据《水经注》记载，台上有三座冰室，每个冰室内有数眼冰井，井深十五丈，储藏着大量的煤炭、粮食和食盐等物资，相当于这座超级堡垒的仓库，《中国煤炭史》一书认为："曹魏冰井台是贮藏煤炭最早的地方。"除了一些生活必需物资，冰井台还储藏着冰块。在没有电冰箱、制冷机的情况下，夏天基本无法制出冰块来，冰井台的冰块是冬天里储藏的，这种藏冰的方式很早就有，《诗经》里便有记载，宋人《事物纪原》也记载："《周礼》有冰人，掌斩冰，淇凌。"冰井台里的冰井就是这样的储冰设施，这项工程在建成一百多年后仍可使用，史书记载后赵时石虎曾在这些冰井里贮藏过冰块，到夏天最热时拿出来分给大臣们。北宋时，名臣韩琦要修休逸台，还从冰井台上搬走过曹魏时期的四根铁梁。

铜雀园相当于曹操的后花园，它向东连着新修建完工的大批官署和府宅，是曹操及其重要文臣武将们在邺县城内办公和居住的地方。所以，铜雀台以及后面的两座姊妹台，其功能主要是防御，就跟公孙瓒的易京、董卓的郿坞原理差不多，只是后面这两项工程在铜雀台面前都有些相形见绌，无论高度还是体量都差了不少。当年公孙瓒的易京曾将强大的袁绍集团拒于门外长达数年之久，曹操北征乌桓路过易水河畔时，一定去参观过那些杰出的建筑，从而留下深刻印象。事实上，"台"这种建筑形式在秦汉时期得到了最大发展，在火药没有普遍使用、攻城技术还很原始的情况下，高大的城堡仍然是最安全的地方。

并且，铜雀台是依托整座城市而建的，与易京这样建在荒野上的防御工程还不一样，这大大增强了前者的生存能力。如果敌人突然来偷袭，曹操可以很快移居到铜雀台上，或者平时干脆就住在那里，敌人即使兵马再多，曹操也可凭借高台坚守一阵，为周边人马来救援争取时间。

选曹植做接班人的结果只会更差

汉献帝建安二十五年（220）正月，曹操从荆州前线的摩陂返回邺县，回程时路过洛阳，在此病倒，于当月二十三日病逝于洛阳，终年六十六岁。随后，魏国王太子曹丕继位为新魏王，开启了一个新的时代。

曹操有二十五个儿子，其中有做接班人可能的大概有四个，曹丕、曹植还有他们同父同母的另一个兄弟曹彰都有这种可能，早期还有一个曹冲，因为特别聪明，曹操很喜欢，但曹冲死得比较早。曹魏没有成为中国历史上的长盛王朝，真正的强盛期只是在魏文帝曹丕和魏明帝曹叡这两代，后面还有三位少帝，基本上都是司马氏的傀儡了。推究根源，有人说曹操接班人没选好，如果当初选的不是曹丕而是曹植，情况会完全不同，但这个观点没有太大说服力，因为选接班人不是选"谁是可爱的人"，而要选"谁是可靠的人"，从政治角度看，曹丕比曹植更可靠。

三曹都是诗人，就身上的诗人气质来说曹植无疑最浓，他有浪漫主义的一面。论文采曹植比曹丕强，论政治才能曹丕明显超过曹植。与工于心计、颇有诚府的曹丕相比，曹植显得更加坦诚、率真。著名书法家邯郸淳记述过一个故事，那是赤壁之战后的某一天，刚刚投奔曹操的邯郸淳有事拜见曹植，当时正值炎夏，外面很热，曹植见了邯郸淳不说一句话，既不问他来做什么，也不搭理他，把这位大书法家撇到那里后自己走了，弄得邯郸淳走也不是，留也不是，颇为尴尬。过了一会儿，曹植回来了，原来他洗澡去了。刚洗完澡的曹植披着头发、光着膀子，坐下就跟邯郸淳畅谈不止。曹植的口才极好，而且有表演天赋，记忆力也惊人，激动时一会儿击剑，一会儿吟诵诗文，一气吟诵数千言不带歇气的。终于，曹植停下来喘口气，这才问："邯郸先生，你来这里做什么？"邯郸淳说了公事之后，曹植进内室换了衣服，整顿仪容，重新回来跟他谈天说地。曹植的知识很渊博，从三皇五帝说到历代贤君名臣的优劣，从古今文章的得失说到如何用兵，曹植谈性不减，索性留邯郸淳一起喝酒吃饭，还叫了一些人作陪，一边吃，曹植一边继续说，中间不忘让人过来添酒加菜，整个席间全是他一个人的事，"坐席默然，无与伉者"。

这是生活中真实的曹植，聪明、博学、热情、充满激情。读曹植的诗文，会深为其才华所感染，三曹中公认曹植的文学成就最高，谢灵运甚至说"天下才共一石，子建独得八斗"。读曹植的诗作，最大感受是里面蕴含着真实的情感，对友人的思念，对弱势者的同情，以及对社会现实的种种看法，都发自于曹植的内心，加上文采卓绝，水平确实很高。

但文采与政治是两回事，历史上像曹操那样集文学家、政治家、军事家于一身的毕竟是极少数，曹植不属于这样的伟人。曹植长于文学而短于政治，是性情中人，不是官场中人，更不是雄才大略的霸主。与曹丕的深沉相比，曹植更随性和浪漫。随性再往前走一步就容易变成任性，浪漫再往前走一步就容易变成轻浮，曹植恰恰走得都有点远，史书说曹植"任性而行，不自雕励，饮酒不节"，这些缺点都能举出具体事例来。曹操一开始觉得曹植坦诚、善良、有同情心，又极具才华，比较喜欢他，有意让他接班，但观察之后发现曹植让人吃不准，所以最终决定把权力交给曹丕，尽管这不是最满意的结果，但在曹操看来仍然比交权给曹植来得保险。失望中的曹植突然变得消沉和自暴自弃，经常酗酒误事，让曹操更加失望。

太浪漫就是轻浮，太温情就是不成熟。同一件事，对普通人来说属于浪漫，对领导者可能就属于不成熟了。领导者肩负着与一般人不一样的责任，因而要求他们更加沉稳、成熟和老练。成熟的领导应该熟悉一切情况，将大局掌握在自己手中，能知人善任，同时能驾驭复杂的局面，也能驾驭各种类型的下属，始终是本集团的核心。曹植有善良、坦诚的一面，在文学方面的成就也是一流的，但在政治上，他缺少必要的城府，也不具备政治技巧，尤其是遭遇挫折后表现出来的不堪一击，更是不成熟的表现。可以肯定，曹操当初即使把权力交给了曹植，他也不会把江山治理得比哥哥曹丕更好。

曹操一生征战未能统一天下

曹操是个很有本事的人，但他一生征战三十多年仍未能统一天下。秦朝末年，刘邦起兵后只用六年就取得了天下；西汉末年，刘秀统一天下用的时间不到四年；东汉末年，曹操打了三十多年的仗，直到临终前还在四处征战，但仍然未能统一天下，其中有很多东西值得分析总结。

从战略层面看，这个结果在很大程度上是三足鼎立这种特殊局势所造成的，三个支点形成一个面，三足可以形成一个稳定结构，具体的政治和军事形式当然更复杂些，但曹魏"一强"对蜀吴"两弱"，这种格局形成了一种较难打破的平衡，蜀吴只要联起手来，曹魏就很难同时战胜他们，这是一种"恐怖平衡"。

除大势外，还有没有主观上的原因可以总结呢？应该也有。从曹操自身来说，就有可以总结的地方，比如曹操用兵的特点。曹操擅长突袭战，擅长孤军深入作战，尽管手下战将如云，其中不乏一流的猛将，但曹操仍然有亲自带兵执行重要任务的习惯，他曾不止一次带兵孤军深入，如乌巢奇袭战、远袭白狼山之战以及当阳追击战等，曹操都是亲自率孤军深入作战，作为一名军人，身先士卒、不怕牺牲是优点；作为一名统帅，过于冒险又是不足。《孙子兵法》说"将者，智、信、仁、勇、严也"，在为将的五种基本素质里勇敢只排在第四位，比它更重要的是智谋、威信和对士卒的仁爱，当然不是说曹操在智谋等方面不足，而是说曹操凡有大事都习惯亲力亲为，这未必是明智之举。刘邦手下有韩信，刘秀手下有邓禹，就连孙权手下都有周瑜、陆逊，这几位都是"元帅级"的人物，可以帮助主公独当一面，而曹操手下没有这样的人。

这又是为什么呢？这是因为重要的事你自己都亲自干了，别人没机会。曹操手下的重要将领以"诸夏侯曹"为核心，无论曹洪、曹仁还是夏侯惇、夏侯渊都不具备"元帅"的资历和气势，具体完成一项任务没问题，但无法替曹操指挥一场大战役。曹操晚年，夏侯渊曾独自镇守汉中，却因一次战场上的冒进而战死。在曹操的管理体系中，无论文武都以他为核心，武将中有一批资历差不多的人，个个听命于曹操，但也往往只听命于曹操，所以经常出现诸将之间互不服气的情况。从管理学角度看，扁平化可提高执行效率，但过于"扁平"会因管理手段的单一而引发内部的矛盾。

曹操的身边如果有一两个韩信、邓禹、周瑜那样的得力助手，就可以在自己指挥一个战场时去领导另一个战场，从而使曹魏能同时打赢两场战争。曹操身边没有这样的人，所以在实战中只能攻一方、守一方，这就让蜀、吴抓住了他的弱点，他们经常从东、西、中三线同时向曹魏发起攻击，让曹魏首尾不能相顾，造成了曹操生前难以捕捉到能够统一天下的机会。

站在历史角度评价曹操这个人

评价曹操，先说生活中的印象，生活中的曹操是什么样的人呢？用一个词来概括的话，就是"真性情"。曹操是一个真性情的人，他平时没有架子，穿戴随意，高兴的时候有说有笑，有的史书说他"为人佻易无威重"，本意是说他为人轻佻、没有威仪，但反过来也可以说他没有架子、平易近人。

曹操临终前病倒了，自感来日无多，于是发布了一道《终令》，要求自己死后文武百官来吊孝的话只哭十五声就行，葬礼完毕即脱去丧服回到工作岗位上。驻守在各地的将士都不得离开驻地，各级官员要认真履行职责。曹操还交代，将自己葬在邺县西边的高岗上，身边的婢妾、歌伎等以后都住在铜雀台上，好好待她们，在台上安放一张六尺长的床，挂上帷幔，一早一晚供上祭物，每个月的初一、十五要从早到晚向着帷幔歌舞。曹操还专门交代侍妾、宫女："你们要经常登上铜雀台，远望我西面的陵园。我留下的香料可以分给各位夫人，不要用香料来祭祀。宫人们如果无事可做，可以学着纺织丝带、做些鞋子卖。我一生为官所得的各种绶带都存放在库房里，我留下来的衣物可存放在另外一个库房，不行的话你们就分掉吧。"这些事看起来有些婆婆妈妈，与大英雄的形象有些反差，但无疑是一个男人真性情的流露，苏东坡一向主张曹操是"奸雄"，但看到这里也不得不说曹操"一生奸伪，死见真情"。

曹操像普通人一样，也有很多爱好，而与普通人不一样的是，曹操把许多爱好都发展到了"专业水平"，这让曹操成了一个多面手。都知道曹操是一位大诗人，史书说他"登高必赋，及造新诗，被之管弦，皆成乐章"，意思是说他经常吟咏诗作，有的被谱成乐曲到处传唱。曹操的文章也写得也好，写诗作文如性格一样，通脱潇洒，没什么顾忌，想写便写出来。曹操还是建安年间文学运动的领导者和组织者，唐朝诗人张说在《邺都引》中说曹操"昼携壮士破坚阵，夜接词人赋华屋"，白天还在外面指挥将士们攻阵夺营，晚上回到铜雀台，马上派人把那些诗人、文人接来办沙龙、搞文学聚会。在曹操的影响和带领下，建安年间出现了"三曹""七子",成为中国文学史上的一个高峰。

曹操还是一位公认的书法家,还很懂音律,史书上说他可以和当时最优秀的音乐家桓谭、蔡邕相提并论。曹操还是一位围棋高手,史书上说他可以与当时最著名的棋手山子道、王九真、郭凯等一决高下。曹操擅长骑射,能"手射飞鸟,躬禽猛兽",还在城市建筑规划和器具设计方面有突出才能,"及造作宫室,缮治器械,无不为之法则,皆尽其意"。

站在历史角度去评价的话,曹操更是一个了不起的人。宋代以前,曹操的形象基本是正面的,陈寿在《三国志》里对曹操一生做出的概括性评价基本被大家所认可,陈寿说,汉末天下大乱,群雄并起,袁绍虎视于四州,强大到无人可敌,曹操依靠智慧和计谋,以武力统一全国,他采用申子、商鞅的法制、权术,吸取韩信、白起的奇思妙计,设置官职,任用人才,让他们发挥自己的才干,同时能克制自己的感情,冷静思考问题,不计较别人的过错。陈寿认为,曹操"终能总御皇机,克成洪业者,惟其明略最优也。抑可谓非常之人,超世之杰矣",也就是说,曹操能总揽朝政大权,完成建国大业,完全在于他的见识和谋略是那个时代第一流的,他是一个非同寻常的人,是一位超越了那个时代的英才。宋代之前,提到曹操人们首先想到的是一位英雄,公开崇拜曹操也不会被大家非议。但到了宋代,尤其南宋以后,曹操的形象突然发生逆转,这与南宋偏安于江南的政治格局不无关系,涉及谁是历史正统的问题,北方政权不再被认为是正统,于是曹操在大家心目中的形象变了,由英雄成了奸雄。

总体来说,曹操不仅是一个英雄、一个有本事的人、一个对历史有突出贡献的人,还是一个精力充沛、个人能力突出、性格丰富的人,是一个真性情的人,也是一个可爱的人。

围绕魏明帝曹叡的一些传说

魏明帝曹叡的母亲一般称甄宓,原是袁绍次子袁熙的妻子。据晋人郭颁《魏晋世语》记载,建安九年(204)八月曹操率大军攻破袁氏的大本营邺城,曹丕也随军进了城,有人向他报告说发现了袁绍的妻子刘氏,曹丕就过来看。刘氏倒没怎么引起曹丕的注意,刘氏身后一个蓬头垢面的女人却引起了曹丕的兴趣。这个女人低着头,浑身脏兮兮的,好像吓得不轻,不停地哭。曹丕问刘氏她是谁,刘氏回答说是袁绍儿子袁熙的妻子。刘氏见曹丕盯着使劲看,心里明白了,于是给这个女子整理了一下头发,又用手巾擦了擦脸,曹丕这才看清了她长的样子,美丽无比。曹丕点了点头,走了,刘氏激动地对儿媳说:"这下好了,我们不用死了!"这个女子就是甄宓,她嫁给了曹丕,成为曹丕的正妻。除了《魏晋世语》外,在曹魏为官的鱼豢所撰《魏略》也记载有这件事,大致意思差不多。

《三国志》说甄宓是冀州刺史部中山国无极县人,父亲甄逸当过县令,家里有三男五女。甄宓从小聪慧过人,心地善良,特别懂事,加上又是个绝对的美女,所以引起袁家人的注意。建安初年,在袁绍主持下,其被纳为袁熙之妻。据《魏晋世语》《魏略》记载,曹丕对甄宓一见钟情,跑去向曹操说明心意,曹操这个父亲看来当得挺开明,他同意了曹丕的请求,并很快把这件婚事办了,曹丕娶了一位美貌的妻子,也算是这场艰难的邺县攻城战取得的战果之一吧。

但到了南朝刘义庆编著的《世说新语》里,这件事又起了新波澜。《世说新语》记载,曹操早就知道甄宓很漂亮,一心想占为己有。邺县攻破后,曹操急忙命人把甄宓找来,但手下人报告说曹丕已抢先一步,曹操听后叹息道:"今年破贼正为奴!"这一条记载是给曹操的,是"父子抢甄宓",还有一条是给曹植的,是"兄弟抢甄宓"。南朝梁武帝萧衍的长子萧统编了中国第一部文学作品集《昭明文选》,在读书人中影响很大。到唐代,这部书里收录的很多文章已经不太好懂了,于是有很多人给这部书作注,其中李善的注本最著名。为了注释这部书,李善引用了很多资料,有些资料在别的地方已经看不到了,因而有一定的史料价值。《昭明文选》中收录了一条没头没尾的资料,其中说:"魏东阿王,汉末求甄逸女,既不遂,太祖回,与五官中郎将。植殊不平,昼思夜想,废寝与食。"曹植后来被封为东阿王,这段话说他想得到甄逸的女儿甄宓,但没有成功,曹操把甄宓给了曹丕,曹植为此心绪难平,吃不下睡不着,害了相思病。

其实,只要稍加思考就会发现"兄弟抢甄宓"这件事并不靠谱。建安九年(204)曹植才十三岁,说他参加了邺城之战都有点儿勉强,再说他与十八岁的哥哥去争二十三岁的嫂子,就太不可能了,所以这件事不仅《三国志》没有记载,连相关的杂史、野史也都没有记载,唯一记载了这件事的《昭明文选》注本,在引用这条记载时也没有说明它的来源,总之这件事极不可信。

除了说曹叡母亲的"绯闻",还有人拿曹叡的身世说事,认为他并不是曹丕的儿子,这个说法有点儿惊人,但它的源头竟然是一向较为严谨可信的《三国志》。《三国志》记载:"三年春正月丁亥,太尉宣王还至河内,帝驿马召到,引入卧内,执其手谓曰:'吾疾甚,以后事属君,君其与爽辅少子。吾得见君,无所恨!'宣王顿首流涕。即日,帝崩于嘉福殿,时年三十六。"这里的"三年"指景初三年,即公元239年。古人在史书中一般很少提到人的年龄,陈寿却在此强调曹叡死时三十六岁,往上倒推,曹叡就是203年出生的,考虑到古人有虚岁的传统,就推后一年,至少也是204年出生的,也就是说,曹丕至少要在203年已经娶了甄宓才行。问题是,204年2月曹军才开始围困邺城,数月后才将城池攻破,如果曹叡出生在204年,那他只能是袁熙的儿子。《三国志》的作者陈寿要么是笔误,要么就是"高级黑",不露声色来了一笔,就像说曹嵩"莫伸其本末"一样,故意制造出一桩疑案。

其实,曹叡是谁的儿子是比较明确的。在曹叡小的时候,爷爷曹操就特别喜欢他,曹操对他说"我基于尔三世矣",也就是从我到你咱们是三代人,说得已经不能再肯定了。对曹操来说,曹叡究竟是不是曹丕的儿子这件事关系重大,是一个必须弄清的问题,显然,只有毫无疑义的情况下曹操才能这么喜欢曹叡,才能让这个孙子"每朝宴会同,与侍中近臣并列帷幄"。

然而,《三国志》的记载又如何解释呢?曹叡究竟是哪一年出生的呢?这得依靠史实去推演。公元204年8月2日夜,负责防守邺城的审配得到消息,自己的侄子审荣打开城门迎接曹军入城，当日该城被攻破。曹丕动作再快，也只能在这一天后见到甄宓，后面的事情发展得再快，曹叡也只能在公元205年6月以后才能出生。曹叡是景初三年（239）正月初一去世的，全部生命只有三十三年零六个月，虚一岁为三十四岁，即使虚两岁也才三十五岁。所以，《三国志》里"时年三十六"固然要考虑虚岁的因素，但即便虚两岁仍然不符合实情，只有写成"时年三十五"，曹叡才不至于变成"袁叡"。

夺嫡失败后的曹植处境尴尬

魏文帝黄初四年（223）四月，曹植被改封为鄄城王，食邑由八百户增至两千五百户，按礼制他得前往京城洛阳，向皇兄曹丕当面谢恩。关于曹植的这次洛阳行，正史一笔带过，完全是礼节性的，而野史则饶有趣味地记载下许多细节。唐人李善为《昭明文选》作的注本里提到，曹植在洛阳期间，曹丕曾请他吃饭，在场的还有曹丕的长子曹叡，按照这部文集注本的说法，曹植看到曹叡，不由得想起了他曾爱恋过的甄宓，也就是曹叡的母亲，心里顿感酸楚。饭后，曹丕把甄宓生前用过的一件玉镂金带枕赐给了曹植，曹植见到后当场流下了眼泪。玉枕是私密之物，曹丕为何把这样的东西送给曹植呢？按照《昭明文选》注本的说法，甄宓是被人用谗言害死的，所谓谗言，就是说她与曹植这个小叔子有私情，而曹丕大概相信了那些谗言，"意亦寻悟"，也就是故意试探曹植。

总之，这是一次不愉快的旅程，不过曹植总算有惊无险地度过了，完成朝觐，他要回到封地鄄城，于是背着伊阙，越过辕辕关，途经通谷，又登上景山，一路向东行进。这一天，曹植一行来到洛水边。日已西下，人困马乏，曹植看到洛水岸边有树林，地上长满了杜蘅草和芝草，于是命随从卸了车，一方面稍事休息，另一方面可以在草地上喂喂马。漫步于夕阳下的林间，纵目眺望水波浩渺的洛水，曹植突然觉得精神恍惚起来，思绪也随之飘散。一抬头，曹植发现有一位绝妙佳人站在不远处的山岩旁，他拉住身边一位车夫说："你看见那边的美人了吗？是什么人，竟如此美丽！"车夫回答："听说河洛之神的名字叫宓妃，您所看见的莫非就是她？只是我看不见，她到底长得什么样，您能不能给我描绘一下？"

曹植于是描绘起他所看到的女神的模样："其形也，翩若惊鸿，婉若游龙。荣曜秋菊，华茂春松。髣髴兮若轻云之蔽月，飘飖兮若流风之回雪。远而望之，皎若太阳升朝霞。迫而察之，灼若芙蕖出渌波……"总之，世间用来形容美丽与美貌的最好的语言几乎都被曹植用在了这里，因而他所描绘出的是无与伦比的美丽，足以征服任何人。但是，那毕竟只是神灵，是飘忽和难以捉摸的，曹植舍低登高，不断移动脚步，只为多看她一会儿，但女神不久就消失了。曹植久久不愿离去，希望她能再次出现，为了再次看到她，曹植甚至想不顾一切地驾着轻舟逆流而上，但女神终究没有出现。当夜，曹植心绪难平，无法入睡，身上沾满了浓霜，直至天明。

曹植不得已命仆夫备马登车踏上返程，当他手执马缰，举鞭欲挥时，又一次怅然若失，以至徘徊依恋，无法离去……人们说，情到深处人孤独，曹植心绪难解，于是就写下一篇深情的赋文，记述了这场奇幻的邂逅。按照唐代《昭明文选》这个注本的说法，曹丕的这篇文章最早的名字叫《感甄赋》，曹植由洛神宓妃想到了自己热恋过的嫂子甄宓，于是才写下这个题目，后来曹叡看到了，认为极其不妥，改为《洛神赋》。

的确，凡读过这篇赋文的人都会对这样的说法深信不疑，因为曹植对洛神妃宓的感情是如此热烈和真挚，若非真爱一场，哪能如此感人至深。而且"宓"作为人名并不常见，"宓妃"这两个字不就说明一切了吗？然而，这些都是讹传和误读。曹丕娶甄宓那年才十八岁，曹植只有十三岁，而甄宓已经二十三岁了，十三岁的小叔暗恋二十三岁的嫂子？似乎于情理不通。更重要的是，《洛神赋》写到的宓妃与甄宓没有任何关联，因为"甄宓"这个名字最早并不存在。唐朝之前，所有史书中都没有提到过"甄宓"，包括各类野史、文集都也没有提到过，凡说起曹丕第一个正妻和曹叡的生母，一律称"甄氏""甄逸女""甄后""后"，人们把她称为"甄宓"，正是在唐代这部文集讲完"叔嫂恋"的故事之后。也就是说，不是因为有甄宓才有"洛神故事"，而是"洛神故事"硬生生地制造出了一个"甄宓"！

那么，曹植写《洛神赋》究竟想表达什么呢？这要从宓妃的传说说起，相传她是伏羲的女儿，因为迷恋洛河美景来到人间，那时洛河两岸住着洛氏，宓妃教他们结网捕鱼、狩猎养畜，还在劳作之余为他们弹奏七弦琴。优美的琴声被黄河河伯听到了，他潜入洛河，看到了宓妃，被她的美貌深深吸引，就化成一条白龙在洛河里掀波逐浪，最后把宓妃吞走。宓妃被带至河伯的水府深宫，她终日寡欢，只能用七弦琴排解愁苦，后羿听到琴声来到宓妃身边，听宓妃讲完不幸遭遇，后羿很气愤，就将宓妃救出，重新回到洛氏族中，并与宓妃产生了爱情。河伯大怒，再次化身白龙潜入洛河，吞没大片良田、村庄，后羿于是大战河伯，射中河伯的眼睛，河伯逃走，来到天庭告状，但天帝知晓人间一切，河伯没能得逞。于是后羿同宓妃在洛水一带住下来，过上了幸福生活，天帝封后羿为宗布神，封宓妃为洛神。对于因受人诬告而身处逆境、孤立无援的曹植而言，后羿的无私帮助，以及天帝的明察秋毫、秉公裁断才是他最需要、最渴望的，他渴望得到公正的对待，更渴望未来不用担惊受怕，能过上美好生活。相对于儿女私情，这大概才是曹植此刻的所思所想。

刘备急于称帝其实有很现实的原因

曹丕是延康元年（220）十二月通过禅让而称帝的，刘备于章武元年（221）

四月在成都近郊的武担山称帝,二人称帝的时间只差了不到半年。荆州丢失后,刘备的势力范围大为缩小,过去他的地盘比孙权略多,现在明显不如孙权,孙权都没有着急称帝,刘备却先匆忙称帝了,似乎显得过于心急。而从蜀汉内外部形势看,称帝似乎也不是必须要做的事,关羽被杀,荆州丢失,蜀汉内部感到了震动,下一步如何应对,如何弥合创伤,如何平复官民的心情,这些都需要做大量工作,似乎不应急于称帝。

但是,从另一个角度看,刘备不称帝又没有办法,他必须赶紧把这件事做了。曹丕逼汉献帝退位,自己当了皇帝,汉献帝没有了,原来的汉室也就没有了,这意味着刘备的汉中王、孙权的骠骑将军也就没有了。孙权那边好办,他的政治立场早已发生了微妙变化,一再向曹操父子示好,目的是把曹魏紧紧拉住,曹丕称帝,对孙权来说影响不大,他的应对办法是马上向曹丕称臣,反正在之前的很长时间里,从孙策到孙权都一直接受曹操以汉献帝名义给的职务和封爵,孙吴的官民对此也习以为常。对于孙权的示好,曹丕也乐意接受,顺手封了个吴王的名号给孙权,孙权的名分问题就这样解决了。

但刘备不能这么做,长期以来他都是曹魏的死敌,从内心里他也不肯投降曹魏。长期以来,刘备集团一直宣扬汉室的正统性,将曹操视为权臣、奸贼,在人们的心中,这些政治理念早已根深蒂固,刘备如果敢冒险转向,也向曹魏示好称臣,就会立即引发内部的极大混乱。所以,无论如何刘备不能走孙权的路,但又不能继续用汉中王的名义领导属下,怎么办呢?诸葛亮建议刘备称帝,母公司既然已经破产解散,干脆单独成立一家公司,自己当法人。所以,刘备称帝跟袁术那种整天急着"开创新基业"的心态完全不同,刘备称帝是被动的,是不得已而为之。

为处理好与之前汉室的关系,刘备给自己的政权仍取国号为汉,说自己不是开国皇帝"登基",而是汉朝皇帝"继位"。从国体上讲,刘备也完全按照原来汉室的那一套体制运行,汉献帝禅让前汉朝实行的是丞相制,曹丕是丞相,刘备当皇帝后也实行丞相制,由诸葛亮任丞相。刘备的这些做法是聪明的,既有效解决了眼前面临的难题,又与之前的政治主张保持了连贯性,避免大家思想上产生混乱。之前刘备一直以汉室的正统性来凝聚内部思想,现在他自己虽然当了皇帝，但仍向外界表明没有背离之前的初衷，说明他是一个政治上可靠而诚信的人。

刘备的做法有些类似于东汉的开国皇帝刘秀，对他们二人来说，前面的汉室虽然已经衰微了，但仍有利用的价值，与其建立一个全新的王朝，不如"借壳上市"，发挥他们都是刘邦后人的这个出身优势，团结起最广泛的力量。刘备打着汉室的旗号，不仅可以争取更多的支持，而且可以更有效地讨伐对手。曹操父子和汉室的关系处理得不怎么好，为此广受诟病，刘备抓住这一点，可以不遗余力地对曹丕进行政治上的讨伐。

至少在统一天下之前，刘备一定会认真地打着汉室这面旗帜，在口号上、行动上都以汉室的继任者自居，如果真能因此而得到了天下，为巩固统治，刘备或他的继任者还会继续打着这面旗帜不放，他们会向天下人揭露曹氏父子是如何迫害汉献帝的，以此肃清曹魏的影响，树立自身的合法性和正义性。如果蜀汉最终成功了，那刘备就是第二个刘秀，在中国历史上，在西汉、东汉之外恐怕还会有一个新的汉朝，这个汉朝不是今天人们习惯上称呼的"蜀汉"，它应该是与西汉、东汉并列的王朝，比如，可以称之"西南汉"或"南汉"，只可惜，刘备建立的政权只延续了两代人，兴复汉室的目标最终未能实现。

诸葛亮为何不劝阻刘备东征？

1

刘备虽然称了帝，但他心里其实只惦记着一件事，那就是为关羽报仇，重新夺回被孙权占有的荆州，所以他的心思并不在登基大典上，他一直密切观察着孙权的一举一动。孙权占领荆州后对曹魏一味献媚示好，孙权接受了曹丕授予的吴王封号。而另一方面，孙权对刘备却摆出强硬姿态，在指挥侵占荆州的战役期间，孙权一直在公安，身临一线指挥。荆州战役结束后，孙权也没有回到建业，而是宣布迁都武昌。孙权已是吴王，所迁是王都，当时的武昌即今湖北省鄂州市。蜀汉章武元年（221）八月，就在刘备武担山登基的四个月后，武昌新城筑就，孙权正式入驻，并向全军发布命令，要大家时刻保持临战状态，摆出了要打大仗的准备，这让刘备的怒火彻底爆发。

刘备一刻都不想再等下去了，决定马上东征，夺回荆州。这将是一场国力之间的对决，或成或败都将改写历史。刘备此意一出，立即在蜀汉阵营引起了争论，有人表示坚决支持，也有不少人表示反对，"群臣多谏"。反对意见主要是，孙权虽然可恨，但曹魏才是主要敌人，现在还不宜和孙权大打出手。但刘备心意已决，对于任何反对意见，一概不听。刘备后来的东征以惨败而结束，所以后世多认为刘备不听大家的意见而一意孤行是严重错误。刘备本人也是一位出色的政治家和军事家，蜀汉这么多大臣能看出来的事，刘备为什么看不出来呢？刘备是不是真的被愤怒冲昏了头脑。人们常说，轻易不要在两种情况下做决定，一是特别高兴的时候，一是特别愤怒的时候，愤怒有时会降低自己的判断力。不过，如果处在刘备当时所面临的情况，设身处地替刘备着想，这一仗他其实是非打不可的。

首先，孙权突然背叛联盟杀害关羽，这是大仇也是大耻，如果刘备没有反应，不仅丢人而且没法向蜀军将士和蜀汉百姓交代。刘备跟孙权是同盟关系，这一点自赤壁之战前就已确立，中间通过赤壁之战、借荆州、刘备娶孙权之妹以及益阳城外"单刀会"等事件一再加强或明确，双方利益上虽然也有分歧，有时闹得还很不愉快，但总体而言这个联盟是双方都认可的，即便在"单刀会"那样的情况下，双方仍能达成和解，刘备之所以让出湘水以东的三个郡，为的就是维护这种联盟关系。关羽北伐，打击的对象是双方共同的敌人曹魏，这一点孙权也是承认的，孙权先派人增援关羽，之后又表示自己将亲自前往荆州助战，都说明孙权至少在形式上不否认孙刘联盟的存在。因此，孙权的背叛更带有欺骗性和突然性，性质十分恶劣，加上杀害了关羽、夺取了荆州，无论面子还是里子刘备都输得一塌糊涂，如果这时还顾虑重重，不敢发兵向孙权讨说法，刘备这个"昭烈皇帝"干脆就别干了，回家卖红薯算了。

其次，荆州是许多蜀汉官员和将士的家乡，那里有他们的亲人和祖产，现在沦陷敌手，刘备不带着大伙"打回老家去"，蜀汉将人心涣散。刘备在成都建立了政权，但他是个外来户，丞相诸葛亮等人也都是外来户，刘备初入蜀中时自己带着三万多人，诸葛亮、张飞、赵云等后来入蜀助战，又带来数万人。这先后入蜀的两批人马就有近十万人，再加上他们的部分家属以及随他们入蜀的官员、商人和百姓，人数更多，这些人大部分来自荆州。荆州、益州本联为一体，入了益州的荆州人，亲属和一部分家眷还在荆州，在荆州的房屋、田地等也都搬不走，荆州丢了，他们的老家就丢了，所以都急于打回去。刘备必须给予响应，如果瞻前顾后，下不了决心，反而会失去人心。

最后，刘备即使不伐吴，也拉不回孙权，孙权将更加远离蜀汉，随着蜀汉国力一天天衰弱，别说统一天下了，蜀汉能不能继续生存都是问题。刘备夺取汉中后，孙权的心态不断发生变化，对刘备的态度陷入矛盾中，出于抗衡曹操的需要，孙权不希望刘备太弱，但显然也不希望刘备太强。孙权战略的改变其实早在益阳城外相争时就表现出来了，刘备当时正在跟曹操争汉中，孙权如果真的维护孙刘联盟，他这时应该从合肥方向对曹魏发起进攻，以缓解刘备的压力，但孙权没有这样做，反而趁机敲刘备的竹杠。孙权在益阳得手，占了很大便宜，按理说应该知足了，但孙权觉得，自己即使实力不如曹操，但至少不能输给刘备，所以孙权仍设法去削弱刘备，这才有了背后一击。从中可以看出，孙权的战略方针很明确且很坚定，那就是不断地打击和削弱刘备，刘备再退缩和让步也无法将孙权拉回来。

2

失荆州后，刘备如何给臣民们一个交代？只能东征。如何最大程度减少自身损失？只能东征。如何在斗争中挽救刘孙联盟？也只能东征。这是当时大势所决定的。在刘备东征这件事情上，作为蜀汉丞相的诸葛亮是什么态度呢？史书没有作记载,不过起码说明诸葛亮没有劝阻过刘备,对此,后世也有一些议论,清代乾隆皇帝就曾发出这样的疑问,他写下一段话:"诸葛亮在隆中对策时说过孙吴可以作为外援而不能讨伐,为何现在东征孙吴,而他却不出来制止,以至于事后去追思法正呢?"

乾隆皇帝的不解也是后世很多人共同的疑问,那就是以诸葛亮的智慧,如果伐吴存在显而易见的战略错误的话,他不可能看不出来,就连赵云等人都能洞若观火,诸葛亮怎么可能视而不见呢?为什么没有看到关于他阻止这件事的任何记载?乾隆皇帝所说的事后追思法正一事,是说在这次东征孙吴失败后,诸葛亮也做过一定反思,说了一段颇为耐人寻味的话:"法正如果还活着的话,就能制止主上伐吴的行动,即使制止不了,也不会败得如此彻底。"从诸葛亮的话里,似乎可以看到他在讨伐孙吴一事上有难言之隐,这会是什么呢?表面看,诸葛亮好像说自己没有能力劝阻刘备,刘备更信任法正,如果法正去劝,结果肯定不一样。诸葛亮的话说得有些含蓄,有两种可能,一种是诸葛亮也劝了,刘备没听,所以有这样的感慨;一种是诸葛亮考虑到他去劝,刘备也不会听,所以就没有劝。但是,这两种情况又似乎都是说不通的,说诸葛亮也劝过刘备,那应该留下记载,刘备即使不听,也会有解释,因为诸葛亮不是一般的人,他是蜀汉的"二把手";如果是后一种情况,那就更不应该了,这么重大的事情,事关生死存亡,怎能以一己之私而废公呢?这不是诸葛亮的风格。

其实,如果放在当时环境下站在诸葛亮的角度去看,也许会理解他内心里的苦衷。在联合孙权一事上诸葛亮是坚定的支持者,不管有多少人反对,也不管刘备心里是不是产生过动摇,诸葛亮都坚定不移地支持和倡导与孙权和平相处。所以,当孙权背叛同盟阴谋夺取荆州后,诸葛亮面对了很大的尴尬和压力,刘备虽不会就此质问他,但朝野上下对于联吴战略是否正确肯定有一些闲话,在这种情况下诸葛亮还要大张旗鼓地坚持原来的看法,就有点不合时宜了。

更为重要的一点,也就是上面所说的,随刘备从荆州来到益州的有一大批人,荆州是他们的老家,荆州有他们的亲人、故旧和家产,对他们来讲,一定要打回老家去,孙吴不仅与他们有国恨,更与他们有家仇。可以想见,除赵云这样的有识之士外,劝刘备不要讨伐孙吴的应该多是益州本地人,黄权、秦宓就是他们的代表,而踊跃出兵的多是荆州人,这从刘备此次东征大军的将领组成上就能看出来。

3

除此之外,还有重要的一点,那就是诸葛亮未必认为伐吴就一定会失败,这看起来跟众人的看法有矛盾,从结果来看也是经不起检验的,但从理性上说,诸葛亮确实可能有过这样的想法。蜀汉与孙吴,从综合实力来看势均力敌,但交战的地区距蜀汉更近,而且多年以来是蜀汉的占领区,蜀汉有一定"群众基础";从道义上说,蜀汉是在复仇,更能得到大家的同情和支持。所以真打一仗的话,胜负其实并不好说。

夷陵之战结束后大家进行了反思,诸葛亮说假如法正在,悲剧就不会发生。以往大家认为,诸葛亮的意思是法正如果在的话,就能劝住刘备,其实诸葛亮未必是这个意思,法正并不是蜀汉集团除刘备以外最厉害的人物,别人劝不住,他怎么就有把握劝住刘备呢?诸葛亮的意思大概是:如果有法正在刘备身边出谋划策,夷陵就不会失败。为什么这样理解呢?在夷陵之战中,刘备亲自上阵指挥,他也使了一些计策,比如诱敌出动等,但效果都不佳。刘备是统帅,不是高参,在谋划方面他不如庞统、法正,庞统帮刘备夺了益州,法正帮刘备夺了汉中,如果没有他们二人,刘备大概还要走不少弯路,甚至未必能成功,这可以用曹操的话作例证,汉中之战时刘备打得相当出色,老对手曹操不相信这是刘备的本事,后来他听说是法正在为刘备出谋划策,说"吾故知玄德不办有此,必为人所教也"。

夷陵之战中没有庞统、法正,也没有带诸葛亮,刘备又急于求成,战法上出现了严重失误,比如有些轻敌、不察地利、分散人马等,这才导致了失败,如果稳扎稳打,再从长江防线的南北两侧不断向外扩散力量,以此水陆并进,面对区区五万吴军,取胜的可能性其实非常大。

刘备东征为何不带诸葛亮和赵云？

刘备东征的具体的部署是：亲自率四万人马由成都出发东进，任命吴班、冯习为左右领军，相当于前敌正副总指挥，任命张南为前锋，偏将军黄权以及赵融、廖淳、傅肜、杜路、刘宁、陈式等分别统领各部；车骑将军张飞率所部一万人马由巴西郡的阆中南下，两支人马相会于江州，即今重庆市。吴班是"国舅"吴壹的族弟，也深得刘备信任；冯习是南郡人，追随刘备由荆州来到益州，最初的地位与魏延差不多，现在进步也很快。赵融等人都是带兵的将领，但事迹不多，在后世的名气也不大。上面的这个阵容里没有关羽、黄忠，他们已经去世了，马超还在，但他的身体状况可能不好，据史书记载，马超在刘备登基一年后也去世了。

赵云也不在东征之列，有人认为，这说明刘备对赵云不信任，尤其此次东征前赵云又提了反对意见，刘备有意疏远他；另一种看法认为，当时蜀汉能独当一面的大将只有张飞、赵云、魏延几个人，张飞随征，魏延守汉中，益州也要有大将留守，所以赵云没有参加东征。相较而言后一种看法更靠谱，因为刘备随后命赵云留守江州，也就是今天的重庆市，这个任务非常重要。

此次随刘备出征的还有：尚书令刘巴，侍中马良，太常卿赖恭，光禄勋卿黄柱，少府卿王谋，大鸿胪卿何宗，太中大夫宗玮，从事祭酒程畿，从事王甫等。赖恭等人身为九卿，是蜀汉朝廷的部长，他们是文官，一般都留在后方，现在多位九卿以及相同级别的文官随征，这种情况还较少发生，是蜀汉人才不足，还是刘备故意显示征吴的决心，已经不太好揣摩了。

刘备也没有带诸葛亮，这不是因为诸葛亮在蜀汉的地位不重要，而恰恰因为诸葛亮太重要了，这也是一种无奈。蜀汉此次倾国而出，根据刘备所带的阵容来看，其主力是随刘备入川的那些人，包括张飞的旧部和荆襄派，如果益州本土势力趁机作乱，就像当年曹操征徐州时张邈、陈宫反叛一样，刘备将有去无回。曹操当年差点儿回不去，帮他扭转乾坤的人是荀彧，刘备那时就在徐州，当然知道这一切。现在，谁能镇住蜀汉的后方，保证不发生叛乱呢？只有诸葛亮。诸葛亮比较注意团结各派力量，跟本土派的骨干都有来往，大家比较认可他，本土派后起之秀张裔、杨洪等人也全力支持诸葛亮，有诸葛亮在，后方就可保无忧。事后看，刘备的这个安排也很正确，刘备东征期间益州一直保持平静，即便听到夷陵大败的消息，死了那么多人，益州仍然总体平静，但后来诸葛亮奉命前往白帝城，刚一动身，成都附近就发生了黄元叛乱，幸亏诸葛亮临走前有所准备和安排，才没有酿成大乱。

所以，诸葛亮必须坐镇成都，这是刘备不带诸葛亮东征的原因，也是唯一原因，没有其他的猜测。刘备为了东征，对后方做了周密的安排，让诸葛亮辅佐太子刘禅留守成都，让赵云带兵留守江州，让魏延继续镇守汉中，有了这三步棋刘备才敢上前线，因为即使前线打得再差，也都有个退路。

夷陵之战没有摆下"七百里连营"

关于刘备在夷陵之战中失败的原因，有一个说法是刘备在战术上出现了错误，不应该摆下"七百里连营"，结果让陆逊抓住了机会，指挥吴军用火攻将其打败。"七百里连营"的说法流传很广，比如《三国演义》第八十三回写道："先主自猇亭布列军马，直至川口，接连七百里，前后四十营寨，昼则旌旗蔽日，夜则火光耀天。"《三国演义》八十四回又写道："细作探知，连夜报知魏主，言蜀兵伐吴，树栅连营，纵横七百余里，分四十余屯，皆傍山林下寨。"甚至正史也有这样写的，如《三国志·文帝纪》："初，帝闻备兵东下，与权交战，树栅连营七百余里，谓群臣曰：'备不晓兵，岂有七百里营可以拒敌者乎！

苞原隰险阻而为军者为敌所禽，此兵忌也。'"

根据上面这些看法，蜀军非常强大，能摆起七百里长的连营，正是这种错误的战术才让对手抓住了机会，最后失败，夷陵之败不在别的，全在刘备的错误指挥。那么，这究竟是怎样的一座营呢？"接连七百余里"又"树栅连营"，所以有人认为这是一座七百里长的、连绵不断的营垒，也有人认为营垒有四十多座，在七百里长的地域内一座挨着一座。但真实的情况与这些理解却相差甚远，无论"一座七百里长的营垒"还是"四十座营垒连接起来有七百里长"都不可能存在，因为这严重夸大了蜀军的实力。

蜀军此战投入了多少人马？《三国演义》上说是七十万，如果真有这么多，摆下"七百里连营"或许还凑合，但刘备实在没有那么多人马，他只带来了四万人，据《三国志·文帝纪》引《魏书》记载："癸亥，孙权上书，说：'刘备支党四万人，马二三千匹，出秭归，请往扫扑，以克捷为效。'"刘备称帝，孙权向曹魏称臣，孙权向曹丕报告说刘备来了，我要帮你打他，你得支持我。如果刘备带来的是七十万人马，孙权只报告说四万，岂不太傻？

四万人马也比较符合蜀国整体军力状况，蜀汉总人口不过百万左右，常备军约八万人，拿出一半力量投入一场战役，已经尽了很大的努力了。蜀军即使以后陆续有所增加，至多也只在五万人左右。有人反驳说，《三国志集解》引《傅子》一书曾有记载，说此战蜀军被歼灭的人数就有八万："权将陆议大败刘备，杀其兵八万余人，备仅以身免。"《傅子》由魏晋著名学者傅玄所著，内容比较繁杂，探讨的大多是哲学、儒学和艺术问题，但作为一个"当代人"，里面也提到了许多"三国故事"，有些是其他史料没有的，所以裴松之注《三国志》时对这部书多有引用。裴松之引《傅子》一书共五十八条，上面提到的这一条却没有引，为什么呢？因为裴松之觉得这个说法与其他史料相抵触，不靠谱。

而吴军的兵力也在五万左右，《三国志》中的陆逊传记记载："黄武元年，刘备率大众来向西界，权命逊为大都督、假节，督朱然、潘璋、宋谦、韩当、徐盛、鲜于丹、孙桓等五万人拒之。"这是一场五万人对五万人的战役，从兵力上说蜀军根本不占优势，而从战场条件来看则完全处于劣势。吴军从最西面的固陵郡一直到最东面的公安，组织起四道防线，刘备只带着五万人马就想突破这四道防线，一口气打到武昌、解放荆州，是绝难做到的。

关于扎营的范围问题，《三国志》陆逊传有另外记载："备从巫峡、建平连围至夷陵界，立数十屯。"这段距离相当于今巫县至宜昌，秭归在正中间，按照这个去理解，东西距离翻上一倍也远远不够七百里。限于复杂的战场环境，刘备在攻击吴军第二道防线无果的情况下只好命各部就地扎营驻守，这是无奈之举。以区区五万人马，在漫长的长江防线两侧扎营，其状况只能"散布"来描述，根本无法做到"连营"。《三国演义》的素材可能来自《三国志·文帝纪》"树栅连营七百余里"这句话，对这句话的理解，似乎在中间加个逗号更合适："树栅连营，七百余里。"可以理解为：在数百里的战线上，用树栅连营的方法分别扎下若干营垒。

所以无论从兵力来看还是战场环境来分析，都不存在"七百里连营"的可能，刘备最后兵败夷陵，指挥固然有些问题，但根本原因不在这里，而是兵力有些少，以五万人马攻击依托复杂地形固守的另外五万人，对手只要不犯大错，这个仗不是不能打，但必须打得更有耐心才行，一定不能急于求成，只能稳扎稳打，而刘备的失误恰恰就在于急于求成，结果被对手抓住了反击的机会。

托孤堂帷帐后不可能埋伏刀斧手

蜀汉章武三年（223）四月，刘备在白帝城病重，临终前托孤给诸葛亮。刘备对诸葛亮说："君才十倍曹丕，必能安国，终定大事。若嗣子可辅，辅之；如其不才，君可自取。"诸葛亮闻言涕泣不已，对刘备说："臣敢竭股肱之力，效忠贞之节，继之以死！"一个要让皇位，体现出对臣下无比的信任；一个感动涕泣，誓死以报。于是在白帝城成就了一段君臣托孤的佳话。但对此并非只有一种解读，有人认为刘备很真诚地说了那番话，有人则认为他很虚伪。史书首先就分成了两派，一派以《三国志》《后汉纪》等为代表，认为刘备说这些话出自一片坦诚，是真心的；一派以《魏氏春秋》等为代表，认为刘备是在试探。

《三国志》认为刘备此言出于至公之心，说明他"心神无二"，是真心想以国相付，而诸葛亮的回答也表明了诸葛亮内心的忠贞，这次托孤事件反映出君臣二人内心的纯正无私，"诚君臣之至公，古今之盛轨也"。《魏氏春秋》持相反意见，认为"备之命亮，乱孰甚焉"，也就是刘备对诸葛亮的遗命实在太糊涂，因为如果所托的人是忠臣贤良，就不用给他说这些话，如果所托的人有篡逆之心，就不应该托付给他，所以刘备这些话属"诡伪之辞"，幸好刘禅昏弱，而诸葛亮没有二心，不然的话一定会引起内部的猜疑和混乱。《后汉纪》则认为刘备此言并无不妥，因为他说的时候没有疑心，诸葛亮听的时候也没有愧色，他们君臣二人的相知和情分值得称赞。元代史学家胡三省认为，刘备对诸葛亮十分了解，他这样说是因为他了解当时的形势，也了解诸葛亮，他说这些话不仅没有猜疑之心，而且体现了他的胸怀坦荡，"自古托孤之主，无如昭烈之明白洞达者"。明末史学家王夫之认为，刘备对诸葛亮是完全信任的，他之所以留下那样的遗言，目的是"以一后主之心"，也就是让刘禅全心全意依靠诸葛亮。

康熙皇帝在披阅《通鉴辑览》时则说，刘备这番话是猜疑之语，既然已托孤于诸葛亮，就不应该再说自取的话，其目的无非是让诸葛亮公开表态效忠之心。康熙皇帝甚至就此引发感叹，认为"三国人以谲诈相尚，鄙哉"。康熙皇帝的观点看似有点儿偏激，影响却很深远。在一部分人看来，刘备表面仁义，其实一生不离权术，否则也不会被称为枭雄了。刘备临死前也不忘记权术，对诸葛亮说的那番话是一种试探，也是一种警告。甚至还有人推测，刘备在向诸葛亮托孤时，帐后埋伏着刀斧手，如果诸葛亮的回答和表现让刘备不放心，刘备就会除掉诸葛亮。

究竟谁说得对呢？这个问题可以从刘备的性格方面去考察，也可以考察刘备与诸葛亮的关系，但比这些更重要的，则是对当时形势的分析。从刘备与诸葛亮二人的感情来看，刘备与诸葛亮相识相知已有十多年，对诸葛亮是充分了解和信任的，不然不可能让他当丞相，甚至称帝后可以不设丞相，因此刘备不可能认为诸葛亮有谋反之心。如果不考虑这些感情因素，只从当时蜀汉内部局势来看，刘备也不会不信任诸葛亮。夷陵大败，造成蜀汉政局的不稳，刘备自知来日无多，必须安排后事，他想得最多的，肯定是自己死后蜀汉如何保持稳定，而要做到这一点，人事安排是最重要的。刘备到益州后主要用了三类人：一是早期追随自己的旧部，二是由荆襄随同入益州的人士，三是攻占成都后投降自己的益州派。第一类虽属"元老"，但人数已不多。益州本土派倒是人才济济，但鲜有进入核心决策层的。荆襄派人数较多，也深得重用。

刘备在用人上比较注重"平衡"，重用早期的旧部关羽、张飞等人，提拔益州派中的法正、孟达、李严、黄权等，又娶吴氏为妻，提拔吴壹、吴班。如果一切顺利，刘备交给儿子刘禅的权力班底应当是稳当的，刘备可以放心了。然而情况不断发生意想不到的变化：先是法正早逝，让刘备痛失"谋主"；接着关羽遇害、孟达投降、养子刘封被杀；夷陵之战前张飞又突然遇难，刘备更始料未及；刘备执意进兵，结果惨败而归，个人名望大损，主将吴班虽没有战死但嫡系损失殆尽，被刘备寄予厚望的"明日之星"黄权竟然投降了曹魏。

一个夷陵之战，不仅让蜀汉军力、国力大损，也让刘备的人事布局几乎全线崩溃，刘备是个政治经验很丰富的人，他十分清楚，此时唯一能将蜀中各派力量整合在一起的人只有诸葛亮。诸葛亮不仅是荆襄派的首领，而且很注重团结各派力量，无论是旧部还是益州派，对诸葛亮都会支持和接受，诸葛亮已成为蜀中各派政治势力的"最大公约数"。在这种情况下，刘备只能依靠诸葛亮，即便诸葛亮真有"异心"，刘备也没有其他更好的选择，因为杀了诸葛亮蜀汉肯定会大乱，要么被曹魏和孙吴瓜分，要么形成四处占山为王的局面，自己的儿子不仅不能继位，而且连性命都难保。所以刘备只能信任诸葛亮、依靠诸葛亮，既然如此，托孤堂后自然不会埋伏什么刀斧手了。

第九篇 鞠躬尽瘁

"七擒孟获"是历史真实还是传说?

1

刘备去世后,诸葛亮按照刘备生前嘱托,立即辅佐太子刘禅继位。这一年刘禅十七岁,诸葛亮作为托孤大臣和蜀汉的丞相开始"开府治事",也就是组建办事机构处理朝廷军政事务。诸葛亮认真履行职责,严格选拔人才,自己率先垂范,保证各机构的有序、高效运转。在发展经济方面,诸葛亮采取了"务农殖谷,闭关息民"的政策,"务农殖谷"就是发展农业,搞好经济建设,"闭关息民"就是关闭边关、暂不对外征伐,让百姓休养生息。当时蜀汉面临的最直接威胁是南中地区的叛乱,蜀汉建兴三年(225)春天,后主刘禅诏准诸葛亮率众南征,诸葛亮只用了三个多月时间就把南中发动叛乱的各部基本平定。

南中指的是益州刺史部南部广大地区,按当时的行政区划来说,主要是牂牁郡、益州郡、越巂郡和永昌郡等四个郡,大体相当于今云南、贵州两省以及四川省西南的一部分,这里虽然远离成都,遍布高山大河,杂居着各少数民族部落,统治相对薄弱,但这是蜀汉的大后方,对蜀汉有着重要的战略意义。蜀汉虽然建国了,但就地盘来说其实只限于益州刺史部,从地图上看,南中又几乎相当于益州刺史部的一半,如果没有南中,蜀汉政权只剩下了半个州。而且,南中的各部族都有好战的性格,遇到风吹草动就可能发生叛乱,南中如果丢失,成都就少了南部屏障,蜀汉必须安排重兵保卫成都,使本来就紧张的兵力被进一步分散。

刘备在世时,曾派安远将军邓方前往南中,邓方很有本事,他以少御多,震慑有方，确保了南中一带没有发生大的祸乱。蜀汉章武二年（222），邓方去世，刘备派益州别驾李恢接替邓方。当时要准备东征，刘备无力增兵南中，全靠李恢维持。李恢也很有本事，虽然兵力单薄，境内也发生了几次小规模的叛乱，但都被他平定了。等到刘备兵败驾崩的消息传来，南中一下子沸腾了，平时就有二心的人纷纷"跃跃欲试"。先是越嶲郡叟人头领高定元起兵反叛，杀了蜀汉任命的郡将焦璜，举郡称王。紧接着，益州郡有人闹事，杀了太守正昂，公然反叛。

诸葛亮"开府治事"后第一件要处理的棘手问题就是平定南中。诸葛亮很忧虑，因为当时大规模用兵南中的条件并不成熟，诸葛亮于是任命张裔为益州郡太守，去南中稳定局势。正昂被杀后，益州郡耆帅雍闿在当地很有势力和威望，但雍闿已暗中投靠了孙吴，雍闿把张裔抓了起来，送到孙吴，公开叛蜀。对于送上门来的这桩好事，孙权自然高兴地接着，他任命雍闿为永昌郡太守，在南中一带扩充孙吴的势力。孙权还嫌不够，干脆自己也设了个益州刺史，治所就定在南中一带的交州、益州交界处。这时候刘璋已经死了，孙权就任命刘璋的儿子刘阐为益州刺史。

2

这一下，南中就成了吴蜀角力的场所，危机的性质随之升级。雍闿为报答孙权，果然十分卖力，在南中一带拉拢地方势力，益州郡的另外一个大姓孟获就受到了他的挑唆。同时，雍闿还编造谣言，攻击朝廷。雍闿一伙编造谣言说，朝廷向南中征要贡品，其中有乌黑的狗三百只，连胸前的毛都得是黑的；螨蛇的脑汁三斗；长三丈以上的斫木三千根。纯黑色的狗还能办好，螨蛇的脑袋一向很小，三斗脑汁得多少条蛇？斫木很少有能长到两丈高的，三丈的木头极罕见，要三千根哪里弄去？这些谣言水平并不高，但很有煽动性，南中到处人心惶惶。就在这令人焦头烂额之际，又发生了越嶲郡太守朱褒举郡响应雍闿的事件，南中的危机不断漫延，这迫使诸葛亮不得不下决心以武力来解决南中的问题。诸葛亮先做出继续争取南中叛乱分子的姿态，写信给雍闿等人去说服他们，而私下里积极备战。

到了蜀汉建兴三年（225）二月，魏文帝曹丕亲征孙吴，诸葛亮认为机不可失,于是上表后主,建议集合大军进军南中。当时盘踞在南中的叛军大致分为三路:西路,主要是所谓的夷王高定元,他据守在越嶲郡,是实力最大的一股;中路,主要是叛乱中最活跃的雍闿,他占据着益州郡,被孙权任命为汉昌太守,但由于吕凯等人的死守,雍闿未能侵入汉昌郡,在益州郡与雍闿合盟的还有夷人首领孟获;东路,主要是已经反叛的原牂柯郡太守朱褒,他的大本营是牂柯郡的治所且兰一带。

诸葛亮在僰道附近把大军也分为三路:第一路,由丞相府门下督马忠率领向西进军,直取牂柯郡的且兰,讨伐朱褒,是为东路军;第二路,由庲降都督李恢率领,由朱提郡向南直取益州郡,讨伐雍闿、孟获,是为中路军;第三路,由诸葛亮自己亲自率领,由安上沿泸水南下,讨伐越嶲郡的高定元。三路叛军中,高定元实力最强,所以诸葛亮亲自征讨。三路大军分头行动,虽然经历了不少困难,但最终都取得了胜利,只用三个月左右的时间,高定元、朱褒、雍闿等部先后被消灭,最后只剩下中路的夷人头领孟获还在顽强抵抗。诸葛亮又率大军越过人烟稀少的山区,在一个叫三疑的地方渡过泸水,与中路军李恢部会合,对孟获展开围歼。

3

南中之战是一场重要战役,但史书记载得都非常简略,《三国志·后主传》只有五十一个字的记载,诸葛亮传中更是少到只有二十个字,一向以翔实著称的裴松之注,也只有不到三百字的记述。在其他各人的传记中,虽然也有只言片语的记载,但都比较零星,难以看出这场重要战役的全貌。记述南中之战比较详细的唯有晋人常璩撰写的《华阳国志》,此书写作时间距诸葛亮南征不到一百年,当时可以看到更多的史料,所以可信度非常高,通过这部书能大致还原出南中之战的整个过程。根据《华阳国志》的记载,蜀军的三路大军中只有中路军的进展不太顺利,雍闿被杀后,孟获成为益州郡少数部族的首领。孟获在南中有很高的威望,夷人汉人对他都很敬重,推测起来孟获应该出自益州郡的大姓,在当地很有势力,所以雍闿要与他合作。

两汉治南中，郡太守多由上面派遣，所谓铁打的衙门流水的兵，这些人来到这里，并没有扎根的打算，干个三年五载就回去，诸事全托付给本地大姓。除此之外，还有一个重要原因是语言，上面来的人不通当地语言，也只能由大姓们从中沟通，所以大姓们在南中势力很大。当朝廷强势时，对南中掌控力量强，大姓们也都比较顺从，一旦朝廷力量衰弱，这些大姓便趁机而起，左右地方，雍闿、孟获、朱褒都是这样的人。孟获的号召力很强，他接手后，叛军的势力不降反升。

诸葛亮指挥各路大军专门对付孟获，最后把孟获所部围困在了南盘江上游一带，将孟获擒获，诸葛亮没有杀他，还请他参观军营。参观完，诸葛亮问孟获："这样的军队怎么样？"孟获回答道："前面不知道你们的虚实，所以失败。今蒙赐观营阵，也不过如此，如要再战定可轻易取胜！"诸葛亮笑了笑，把孟获放了，让他再战，共计七次释放又抓住七次，最后诸葛亮又把孟获抓住，再放他。孟获不走了，对诸葛亮说："明公有天威，南人不再反叛了！"这就是"七纵七擒"典故的由来，诸葛亮按照攻心为上的作战方针，为了让孟获等南人心服口服，不惜一再释放被俘的孟获，直到他不愿意再打了为止。

4

但是，正史对孟获的记载很少，《三国志》甚至没有提到过孟获这个人，"七纵七擒"的故事只记载在《华阳国志》《汉晋春秋》等史籍里。《华阳国志》说，诸葛亮当时把战略重点放在北方，担心南中容易叛乱，所以想到敌人如果有不轨的想法就让他们都使出来（宜穷其诈），于是赦免孟获，让他聚集人马再战，就这样总共七次俘虏又七次赦免，孟获等人最终心服，参与叛乱的夷、汉各族都愿意真心归顺。《汉晋春秋》说诸葛亮之所以释放孟获，是担心没有全部歼灭叛军，故意让他去纠集残部再来交战，偏偏遇上孟获这个死心眼儿，配合得很好，居然前后七次集结又被全歼，按照这个进度，估计孟获最后也找不来什么人了，只得投降。

由于《三国志》等更权威的史书没有记录"七纵七擒"这件事，所以后世也有人认为所谓"七纵七擒"是杜撰的。有人认为，军事行动岂能是儿戏，当时诸葛亮也没有那么多的时间去做这样的游戏，他此时考虑的应该是尽早定南中，好准备后面的北伐。与南中相比，北伐才是诸葛亮更关心的大业，诸葛亮不会只是为了让夷人心服就在此无限期地耽误时日。这种说法比较有代表性，有些近现代学者在谈到这段历史时，往往强调"七纵七擒"属民间故事的范畴，不是正史。但是仔细考察可以看出，仅把该事件当成民间故事、传说是不妥的，《华阳国志》等史料不必说，一向治史严谨的司马光在《资治通鉴》中也照录了这件事。司马光在主编《资治通鉴》时对裴松之注引的很多史料都未予采纳，但对这件事反而采纳了，因为他认为完全确切。清代有一部地方志，不仅确信"七纵七擒"的真实性，而且进行了实地考察，最后归纳出"七擒孟获"的地点：一擒于白崖，二擒于豪猪洞，三擒于佛光寨，四擒于治渠山，五擒于爱甸，六擒于怒江边，七擒于蟠蛇谷。这部地方志所言或许有传说的成分，因为与诸葛亮七擒孟获有关的故事在云南、广西一带广为流传，有很多传说属于后人的附会，但这么多传说故事的出现也反映出事件本身不是子虚乌有。

　　当然，把孟获这样的部族首领放七次再抓七次，的确有儿戏的嫌疑，不仅动机方面不好理解，某种程度上也存在着操作上的复杂性。放一次、纠合人马、进行准备、发起进攻、交战、被抓、再被放，这一套流程下来最快也得个把月吧？实际上，一个月能完成一回那已是相当快了，不可能今天被释放，明天就领几十个人原路杀回，除非孟获有意恶搞，或者精神已经失常，否则一捉一放的时间不会太短。

　　而且每次捉与放的地点肯定不会完全一样，按照清代那部地方志的说法，确实每次都不一样，而且跨度相当大，看起来有眼花缭乱之感，不说认真组织实施战役，就是去这几个地方徒步旅游一遍，没有一年半载也不好完成。总之，捉七次再放七次，如果主角都是诸葛亮和孟获，而整个流程都是单线程的，没有半年到一年的时间是完成不了的，诸葛亮即使不忙，时间很充裕，他也得考虑考虑成本，十万大军要吃要喝要后勤保障，得耗费多少钱？诸葛亮不会不算这些账。

　　其实，换一种思路看，当年诸葛亮的确释放过孟获，孟获也的确再次打上门来，只是诸葛亮把他本人抓了又放的未必有真有七次，所谓七次，会不会是把孟获领导的其他各支叛军加上计算出来的呢？所以，"七擒"是存在的，不过不会用那么长的时间，否则就难以说通。可能的解释就是，每次擒住的不一定都是孟获，而是"孟获集团"里的人，是把他手下的其他主要头目也都算进去了。

诸葛亮多策并举保证南中长治久安

南中叛乱虽然平息了，但诸葛亮还在考虑大军撤走之后这里如何治理的问题，为此，他重新调整了南中的行政区划，将原来的四个郡改为七个郡，削弱大郡的实力，也更便于管理，同时任用了很多夷人首领在各郡任职。根据《汉晋春秋》的记载，南中平定后，孟获本人随诸葛亮回到成都，担任了蜀汉的御史中丞。南中地区一向落后，诸葛亮十分重视发展南中的经济。诸葛亮命人在南中地区推行从成都平原传过来的先进农业技术，当时南中一带还是刀耕火种，诸葛亮命人引进牛耕，使生产者从繁重的体力劳动下得到解脱，受到强烈欢迎，史书上说"夷众咸悦"。

水利是提高农业生产效率的最有效手段，诸葛亮注意在南中一带有条件的地方兴修水利，增加灌溉面积，提高粮食产量。在云南省保安一带，至今还有三个叫诸葛堰的可用水利工程，传说都是当时修建的。有人认为诸葛亮在南征期间从未到过保安，诸葛堰是后人附会的，不是那时所修，诸葛亮虽然没有亲自去过保安，但他下令修建是完全可能的，后人为纪念他而称之为诸葛堰。诸葛亮也把盐铁官营的政策在南中进行推广，他把这里的盐井和铁矿山收归官有，设立盐官、铁官进行统一管理经营。除盐铁外，铜、锡、黄金、丹漆、阑干细布等南中的土特产也大量输往成都，永昌郡所产的一种橦花布销往成都后还很受欢迎，这些都繁荣了地方经济。蜀汉建兴三年（255）十二月，诸葛亮率大军回到了成都，算起来整个南征用时不到一年，诸葛亮果断决策、正确指挥，以雷霆手段迅速解决了南中问题，尤其是推行了和抚的治理政策，保持了南中总体上的长期稳定，史书上说"终亮之世，南方不敢复叛"。

诸葛亮在南中各族中也享有很高威望，有许多关于他的民间故事至今仍然在西南地区各少数民族中流传。如傣族说他们盖房大殿的顶子是依照诸葛亮帽子的式样设计的，佤佤族说他们的祖先会盖房子、编竹筐，都是诸葛亮教的，种水稻的种子也是诸葛亮给的。西南少数民族中广泛使用铜鼓作乐器，有不少地方都把铜鼓称为诸葛鼓。一直到近代，西方传教士到傈僳族那里传教，发现当地人更信奉诸葛亮，据说传教士为了让大家信奉基督，编造说上帝有两个儿子，大儿子叫孔明，小儿子叫耶稣，过去由大儿子管事，现在由小儿子接替了。

诸葛亮发动的北伐究竟有几次

关于诸葛亮北伐，有很多提法，有的称"五伐中原"、"六伐中原"或"七伐中原"，有的称"六出祁山"或"七出祁山"，北伐为什么叫"出祁山"呢？到底是几次呢？

先说有几次北伐，一般公认的是五次：第一次北伐发生在蜀汉建兴六年（228）春天，诸葛亮设疑兵于秦岭山中的斜谷，做出主力出击关中的假象，自己亲率大军西攻祁山，人们所熟知的马谡失街亭以及收姜维都发生在这一次，因为战略要地街亭的丧失，诸葛亮只好撤军返回汉中；第二次北伐是在这一年冬天，诸葛亮率兵出散关，包围了关中西部的重镇陈仓，也就是今天的宝鸡，但攻城二十多天未果，魏军守将郝昭一战成名，诸葛亮不得已又退回汉中，这次北伐从准备时间讲似乎有些仓促，最后蜀军主动撤退；第三次北伐发生在建兴七年（229），诸葛亮进攻汉中西部的武都、阴平两郡，将其占领，留兵据守，自己率部回师，魏军为报复，分三路大军进攻汉中，诸葛亮指挥蜀军加强防守，打退了魏军的进攻，之后又派魏延、吴懿等西入羌中，再次大破魏军；第四次北伐发生在建兴九年（231），诸葛亮率蜀军主力再次包围祁山，这时候魏军西线统帅曹真已死，诸葛亮的新对手司马懿来了，诸葛亮试图在祁山周边与司马懿决战，但司马懿拒不出战，蜀军粮草将尽，诸葛亮无奈回师；第五次北伐发生在建兴十二年（234），诸葛亮率主力出斜谷到达关中，驻兵于今岐山县境内的五丈原，在此与司马懿率领的魏军僵持不下，诸葛亮打算在渭河两岸屯田打持久战，无奈长期积劳成疾，心力交瘁，最终病逝于五丈原。上面是五次北伐的大致情况，之所以出现六次北伐、七次北伐的说法，是将第三次北伐中的三场战斗拆分开来说，但这三场战斗密切关联，更像是一场大战役的三个阶段，所以一般把它们合称为一次北伐，这就是"五伐中原"的来历，这个说法更得到普遍认可。

　　再说"出祁山"。祁山是汉水上游一条连绵五十多里的小山脉，位于今甘肃省礼县以东，《水经注》介绍说这条山脉里的每一座山峰都很秀美、挺拔，但祁山并不算太大，只是因为诸葛亮的北伐而名声远扬。据当地一部县志记载，"祁"的意思是宏大，祁山虽然算不上雄伟，但在周围群山之中也独显其高大，因此称祁山。另一部县志说，远眺祁山，山势逶迤，起伏的山峰就像一面风中飘动的旌旗，所以称旗山，旗帜的旗，叫着叫着就变成了现在的祁山。

　　史书中说的祁山有广义和狭义之分，广义泛指上面讲的祁山地区，狭义是祁山中的祁山堡，三国时人们在这里筑城，极其坚固，其具体位置在今甘肃省礼县祁山乡。诸葛亮之所以把北伐首战目标定在祁山，是因为它独特的地理位置。祁山往西北可通曹魏的凉州、雍州腹地，往南以及西南方向可通达蜀汉的汉中以及益州的咽喉阴平，祁山"扼蜀陇咽喉，控攻守要冲"，在当时这是一处兵家必争之地。凉州以及雍州的陇西地区是曹魏的西部屏障，由于历史原因，曹魏在这里的控制相对薄弱，攻取的难度最小，如果能占领这些地方，就可以居高临下向东直取关中，诸葛亮认为这是攻取曹魏比较保险的做法。

还有一点，这一带虽然地广人稀，但也有精华所在，就是它的陇右地区，这里人口相对集中，河水丰沛，灌溉便利，自古便是粮食的重要产区，蜀汉国力有限，得到陇右可以增强国力，在与曹魏的对抗中增加胜算。这里还盛产好马，对于以步兵为主的蜀军来说，更是宝贵资源。出于这些考虑，所以诸葛亮北伐便与"祁山"这个名字紧紧联系在了一起，"出祁山"就成了诸葛亮北伐的代名词，但说到具体的北伐路线，诸葛亮五次北伐中只有两次是真正到达了祁山，即第一次和第四次，第三次北伐中也涉及祁山地区，所以严格来说的话，称"三出祁山"较为合适。

诸葛亮派马谡守街亭的理由

魏文帝曹丕死了，魏明帝曹叡继位，曹魏政权首次实现最高领导人的更迭。诸葛亮在隆中对策中提到，曹魏内部出现问题或发生重大变化时正是北伐中原的好机会，这时诸葛亮征南中刚刚结束，理应好好修整一段时间，但诸葛亮抓紧时间进行北伐的筹备。蜀汉建兴五年（227），诸葛亮向后主刘禅上《出师表》，之后率蜀军主力来到汉中，次年春天，诸葛亮从汉中开始了第一次北伐。

魏明帝听说诸葛亮兵出祁山，感到问题很严重，于是御驾亲征，来到长安。负责镇守长安的曹真不敢怠慢，先命左将军张郃率五万人马驰援陇右，给他的最重要任务是务必截住诸葛亮的主力，不要使其攻入关中。张郃率兵而来，由关中直奔陇右。陇右也称陇西，就是陇山以西，指的是以现在的甘肃天水为中心的一大片区域，从关中到这里来有几条路可走，如关陇大道、陇坻道、鸡头道、瓦亭道等，但只有关陇大道路况较好，适合大规模行军，张郃带的人马不仅人数较多，而且因为是驰援，所以应该以骑兵为主，关陇大道几乎是唯一选择。关陇大道是由关中通往陇西的最重要道路，其主路的大体走向是：由今天的陇县过固关镇，翻越陇坂，到达今张家川县马鹿乡东北的老爷岭，沿此经马鹿、闫家店、张川镇、龙山镇等到达陇城镇，再西行到秦安县。在这条大路上，街亭是一处重要的军事要塞，一般认为这个地方在今天甘肃省天水市秦安县陇城镇附近。

诸葛亮当时的指挥所设在祁山堡，即今甘肃省礼县祁山乡，这里距街亭的直线距离有数百里，中间河谷纵横交错，交通极为不便。但是，不去守街亭的话，魏军就会绕到蜀军的西边，从而形成东、北、西三面环围之势。问题是派谁率兵去阻击呢？《三国志》记载，"时有宿将魏延、吴壹等，论者皆言以为宜令为先锋"，魏延、吴壹都是军中宿将，魏延是镇北将军，吴壹是讨逆将军，在军中威望都很高，由他们执行阻击任务更有把握。但诸葛亮却出人意料地把这项任务交给了参军马谡。

这的确有点匪夷所思，如果说马谡比魏延、吴壹等人更有带兵的经验，胜算更大，那还好说，但此前马谡当过郡太守，当过参谋，却从未单独带过兵。是不是现在人手紧张，魏延、吴壹有更重要的任务脱不开身，只好派马谡去呢？好像也说不通，因为眼下没有比阻击张郃更重要的事了，即使有，魏延、吴壹之外还有其他久经战阵的将领，可以派他们去。但诸葛亮"违众拔谡"，后世认为这是诸葛亮一生中最严重的用人失误，一个明显没有带兵经验的参谋人员，关键时刻突然交给他一支大军去完成一项极为重要的任务，这只能说是冒险。

而且，丞相参军是个较为超脱的职务，不好说对应什么"级别"，马谡要带兵，应先从校尉、中郎将干起较为稳妥，直接让他指挥几个裨将、偏将级的将领，很难服众。推测起来，诸葛亮之所以选马谡，是根据他之前对马谡的了解，诸葛亮认为马谡是很有头脑、很有见地的人，尤其是平定南中时马谡提出的心战方针非常高明睿智。街亭远在百里之外，大家都没到过那里，关于街亭的情况只是听说，究竟街亭能不能守，适不适合阻击魏军，都需要临场判断，带兵的主将不仅要勇敢更要有头脑，在这方面马谡更胜一筹。还有一种可能，那就是马谡主动求战。从南中献策事件可以看出马谡是个进取心很强的人，他渴望建功立业，实现自己的抱负，所以他会主动要求执行这项艰巨任务。甚至马谡已经向诸葛亮谈了他此去街亭后的具体计划，以马谡的机敏和才干，他一定说服了诸葛亮，让诸葛亮觉得他是执行这项任务的不二人选。

马谡不听嘱托带兵上山并非出于弱智

1

马谡带着一支人马以急行军的速度赶到街亭，因为他们离得相对较近，所以先于魏军赶到。马谡立即命人抢占有利位置，做好伏击准备。来之前，诸葛亮交给马谡的任务是一定要占据街亭要塞，堵住敌人，不让他们通过，把敌人拖在这里就算胜利。可马谡到了街亭，看完地形，决定对诸葛亮的部署进行修改。据《三国志》等书的记载，马谡决定舍弃下面的要塞，上山扎营。街亭在山谷中，两侧的山都很高大，其中一侧被称为南山，顶部平缓，向下三面皆陡峭,马谡决定把人马拉到南山上，待敌人前来攻打，居高临下，把敌人打败。

随同马谡一起来的副将王平不同意，认为上山不利，王平"连规谏谡"，但"谡不能用"。于是马谡指挥蜀军上了南山，不久张郃率领的大军就到了。张郃一辈子都在打仗，马谡还是个小朋友的时候他已是河北名将了，作战经验十分丰富，他看到蜀军不占大道上的要塞反而上了山，立即猜出了蜀军的意图，于是下令不急于攻山，而是"绝其汲道"，也就是断了山上取水的通路。山上有上万名蜀军将士，还有大量马匹，离不开水，时间短了还能忍忍，时间一长就麻烦了。马谡这才吃惊地发现，原来水道是他的软肋，眼看不能久拖，马谡只好硬着头皮下令从山上向下面出击。结果蜀军大败，"众尽星散"，只有王平带回去一千多人,蜀军战损率高达百分之九十。

以上是史书记载的街亭之战全过程,仅凭这些记载不免会产生许多疑问:马谡为何固执地认为上山更好?王平从哪些方面看出来上山不利,有没有告诉马谡?马谡虽然没有带兵的经验,但也是一位出色的参谋,如此显而易见的事他为何看不出来?蜀军毕竟也有上万人马,何以败得如此迅速和彻底?

2

要解开这些困惑,恐怕只能结合街亭实际的地理状况以及当时双方主将的心态去猜想了。街亭是一处古战场,此势十分险要,两边的山很高,魏军舍中间的大道便无法通过,尤其他们的骑兵,不走山谷中间的大路便无路可走。一直以来,街亭都是一处军事要塞,这是因为秦陇大道行至此处,鬼斧神工地出现了一道地质断层,从现在实地考察看,西边比东边高出十多米,成为一处断崖,街亭要塞就是以此为依托修成的。蜀军占据这个要塞,正好居高临下地堵住了由东向西而来的魏军,魏军要想过,必须向上攻,类似于攻城。没有大炮、没有炸药,那时的将领们最头疼的就是攻城,别说守三五天,守上三五个月都不成问题。既然如此,为什么马谡还要上山呢?

推测一下,情况也许是这样的:马谡到了街亭,也看到了那处要塞,但让他失望的是,这处要塞年久失修,已经残破不全,敌人来攻,很多地方都可以轻松下手,也就是说,原来固若金汤的街亭要塞现已不复存在。这样推测的理由是,街亭所在的天水郡一直是曹魏控制区,街亭要塞的作用是防范由东而来的敌人,对西面之敌却没有任何作用,如果天水郡、陇右一带有人造反,他们会想起街亭,用它来抵挡曹魏的大军,反之则毫无意义。曹魏控制街亭后当然不会下力气整修这处工事,而且为防范今后陇右出现不测时有人据险作乱,刻意对其破坏都是有可能的。

对马谡和蜀军来说这是一个极为严重的新情况,现在去修整工事,时间来不及了,张郃的大军马上就到,在这种情况下马谡才想到了上山。王平反对,理由可能是山上固然很好但并不利于防守,因为山上没有水源,上万人马齐聚山顶，假如敌人不急于求战，来个困而不打，山上的人就惨了。假如王平提出了这样的看法，马谡还会坚持吗？也许会，因为在马谡看来，张郃为什么不急于求战呢？如果他真的不战，在这里慢慢耗着，那不是更省事了？此行的任务就是拖住魏军，不管用什么办法，只要拖住一段时间就算完成任务。所以在马谡看来，心急火燎地从东面赶来的魏军一定会发了疯地攻山，到那时他们依托居高临下的地形，只要用弓箭、连弩去招呼敌人就行了。

至水源的问题，马谡可能认为也是个问题，但不是大问题，这与他的生活经历有关。马谡是荆州人，后来长期生活在益州，都属南方，整天发愁的是如何防洪防涝，在马谡的脑子里还没有因为缺水而带来麻烦的经历。王平是魏军降将，早年随魏军作战，主要跟北方人打交道，知道水的重要性。

3

马谡带着蜀军上了山，山上的水道被魏军破坏了，但这时蜀军仍不至于立即溃败。一天不喝水有点儿难受，但不会马上死人，马谡还有反击的机会，虽不说能完全战胜魏军，但不至于败得那么快、损失那么惨。二十一年前，曹操率一支孤军深入乌桓人的腹地白狼山，遇数倍于己的乌桓主力，曹操一点儿都没犹豫，立即指挥人马上了山。蒙古草原上突起的这座白狼山上有水源吗？应该没有，但那一仗曹军仍然大胜。

所以，上不上山不是关键，水源很重要，但也不是最关键的地方，更不是对蜀军的最后一击。蜀军立即溃败，应该还有别的原因，这个原因就是，马谡在军中缺乏足够的威望，从王平这些将领到普遍士卒，马谡与他们还没有建立起足够的亲和力和默契度，本来大家就不愿意上山，水道被断后，众人对马谡肯定充满了指责和埋怨。敌众我寡，劣势情况下心又不齐，这一仗没法打了。

那么，如果诸葛亮派别人去守街亭，比如派经验丰富并在军中素有威望的魏延去，能不能守住街亭呢？应该说，也不大可能守得住，这主要是由双方总体实力决定的。史书记载，张郃带来的人马是五万，且以骑兵为主，这是一个不小的数字，而诸葛亮能派去守街亭的人马有多少，史书没有明确记载，可以推测一下，这个数字不会少于两千人，因为战败后随王平逃回来的人马就有一千多，但这个数字也不会太多。受总人口数量的限制，蜀汉平时常备军人数约在十万左右，为北伐可能会适当增加征兵强度，使全国总兵力达到十五万左右，其中3/4集中在汉中，其余还要分守在全国各处，这是朝廷能调动的部队，各郡县的地方武装不算，但那些武装也无法派去北伐。

诸葛亮历次北伐出动的兵力也就在十万左右，即使有这些人马，但也不能全部派到战场上，因为士兵当时有轮休制，平时4/5在岗，1/5轮休，这就是《太平御览》所引述《诸葛亮别传》里所说"亮有士十万，十二更下，在者八万"。诸葛亮第一次北伐来陇右，留一部分人马给赵云、邓芝守汉中，同时让他们担负由褒斜道佯攻的任务，这一部分不能少于一万人吧，加以其他不能动的人马，诸葛亮能带来打仗的顶多八万人。

当时，陇右战场铺得很开，除诸葛亮所在的西县大本营要守备外，各处也都有战事，归附的天水等三个郡也要去守，诸葛亮能交给马谡的人马肯定不会也有五万人，推测起来，一万人左右较合理，这只是对手的1/5。小说和戏剧里说诸葛亮给马谡的人马是十万人，这肯定是不对的，诸葛亮要是有十万预备队在那里就不用去守街亭了，可以把张郃放进来慢慢打。

在街亭，无论派谁去守都必须面对一个现实，那就是蜀军人马的数量处于劣势，这是无法改变的现实。同时，蜀军之前从来没到过街亭，对这里的情况一无所知，更无法在这里提前构筑阻击工事，大家只知道街亭是个军事要塞，诸葛亮关于街亭的信息也是间接得来的，等蜀军到了街亭，才发现自己在地势方面的优势其实并不存在，如此一来兵力不足的问题就无法弥补，失败就是自然的事。马谡的失误只是上山以后没有保护好水道，但即便有水喝，蜀军被打败也是迟早的事。

4

以上是就战场形势进行的分析，其实从整个战役形势来分析，对蜀军也不利，因为魏军的增援部队除张郃外，后续人马还会源源不断地开到，双方实力对比的差距会越拉越大，打败仗已不可避免。既然如此，诸葛亮为何还要兵出陇右呢？这主要是因为，到达陇右后虽然进展较为顺利，但仍然有一些情况诸葛亮没有料到，打乱了原先的部署。诸葛亮此次北伐的目标就是取陇右，而不是取长安，更不是取洛阳，诸葛亮原本认为"安从坦道，可以平取陇右，十全必克而无虞"，但蜀军很快在这里遇到了麻烦，"十全必克"并未如期达成，原因是蜀军进入陇右以后曹魏军民拼死反抗，拖延了将陇右完全占领的时间，诸葛亮原计划抢占陇右，在这里站住脚跟，再去跟增援的魏军打对峙战。

有人会说，诸葛亮出祁山后，陇西郡、南安郡、天水郡不是望风而降了吗？史书确实是这样记载的，但这三个郡其实也充满了反抗，而且曹魏的雍州、凉州还有十多个郡，他们并没有望风而降，不仅没有，而且反抗得十分激烈。曹魏雍州刺史郭淮、凉州刺史徐邈以及陇西郡太守游楚等人在援军未到达前都组织了反攻，成效还很明显，其中游楚立下了大功，事后被封侯，受到魏明帝亲自召见。正是郭淮等人的反击，让诸葛亮迅速占领陇右地区进而攻占凉州的计划未能达成。陷入僵持阶段，蜀军就被动了，一是粮草问题不好解决，二是曹魏的援军会源源不断地开到。从这个意义上说，其实在决定去守街亭的时候，蜀军就已经失败了。

诸葛亮没有给司马懿上演过"空城计"

街亭丢失后，诸葛亮决定撤退，撤退的时间还是有的，张郃虽然突破了街亭防线，但也算一支孤军，所以进入陇右后张郃小心翼翼，生怕中了埋伏，这给诸葛亮部署撤退留下了时间。诸葛亮安排好各路人马的撤退路线，自己从容地撤出了西县。离开时，还随队带走了西县的一千多户人家，把他们迁到汉中。这就是诸葛亮"失街亭"后撤退的情况,传说中诸葛亮在西县摆下"空城计"吓退曹魏主帅司马懿的事并没有发生过,因为司马懿此时是曹魏南线战场的总指挥,没有参加陇右会战,他驻扎在宛县,距此有两千多里。

即使司马懿真的能来,十万大军围住西县县城,诸葛亮有可能摆出空城计吗?那也是不可能的,如果坚持认为可能,那就是没见过真正的古代城池是什么样。当时的县城,规模都非常小,一般只有四座城门,城中的主要街道也只有两条,也就是连接四门的街道,站在任意一处城墙上都可以把城内情况一览无余。一座这样的县城,不用十万,只用一万人马就能把它合围,城里即使有伏兵,也藏不了多少,外面的人肯定先围住再说。面对敌人数万之众,诸葛亮只能快跑,不可能坐在城头上从容弹琴。

不过,关于"空城计"的传说也并非是《三国演义》或者民间故事杜撰出来的,在史书上也有一定踪迹。晋朝史学家王隐撰写的《蜀记》里讲到,晋朝初年扶风王司马骏镇守关中,他手下有几位中下级官员在一起议论诸葛亮的功过,大家对诸葛亮多持讥评,认为他托身蜀汉不当,"力小谋大"。这时,一个叫郭冲的人站出来为诸葛亮鸣不平,说了诸葛亮的五件事,把这几位官员说得哑口无言,司马骏听说后十分感慨,称赞郭冲说得对。

"郭冲五事"中的第三件就是关于"空城计"的,按照郭冲的说法,诸葛亮屯兵于阳平关期间,派魏延率主力东进,他只留一万人守城,司马懿这时率二十万大军前来,和魏延率领的主力错道而行,蜀军因此没有发现,等诸葛亮知道情况时,敌人距此只有六十里了。侦察兵向司马懿汇报说诸葛亮在城中兵少力弱,诸葛亮也知道司马懿马上就要到,想去通知魏延,但魏延离这里已远,即使回军也来不及了。城中将士皆失色,诸葛亮却神色坦然,镇定自若,下令军中偃旗息鼓,不准随便走出营帐,又下令大开城门,并派人洒扫街道。司马懿知道诸葛亮一向持重,而今却摆出如此虚弱无力的样子来,很是奇怪,怀疑诸葛亮有伏兵,于是率领人马向北上了山。第二天吃饭时,诸葛亮对左右拍手大笑道:"司马懿必然认定我装出胆怯,一定会有伏兵,所以遁山而走。"侦察兵回来报告,确实如诸葛亮所说。司马懿后来也知道了这件事,后悔不已。

郭冲说的这件事本身倒是漏洞百出,比如说司马懿与诸葛亮交战于阳平关就查无实据,司马懿一次领兵二十万也不太可能。司马骏是司马懿的儿子,郭冲作为司马骏的下属,胆敢当面非议他老子,可能性也不大。不过,郭冲说的这件事细节逼真,过程翔实,又不由得人不相信,或许这件事有其他来历,只是把时间、地点和当事人弄错了。

诸葛亮斩马谡不是找人"背黑锅"

诸葛亮回到汉中后,立即着手检讨此战失败的原因,追究有关人员的责任。这时大家才发现街亭惨败的第一责任人马谡却找不着了。街亭之败后,只有王平等人收集了一千多人马回来,却找不到马谡的影子,原来他潜逃了。马谡深知这个祸闯大了,又悔又怕,没敢回去见诸葛亮。不过后来马谡还是回来了,至于是自己跑回来的还是被抓回来的,史书没有说。诸葛亮命令把马谡下狱审查,根据街亭失败的前后情况,决定把马谡处死。

马谡的哥哥马良是诸葛亮青年时代就相识的挚交,情同手足。马良为国尽忠后,诸葛亮视马谡为自己的亲弟弟,感情很深。加上马谡确实有才华,很得诸葛亮的欣赏。但人情归人情,事情归事情,感情不能替代国法军规,一向执法严明的诸葛亮不会徇任何私情。马谡也知道罪责深重,临死前给诸葛亮写信道:"明公待我如子,我视明公如父,愿您能体察舜杀了鲧却能起用禹的大义,使我二人平生之交不因此事而亏损,我虽死了,也无恨于黄泉!"昔时洪水滔天,舜命鲧治水,但无功,舜杀鲧于羽郊,禹是鲧的儿子,舜后又命禹治水。马谡说此典故,一来说明街亭之败,罪不容赦,但不是自己刻意为之,就像鲧治水无功,是天命使然;二来借此向诸葛亮托付后事,希望诸葛亮能一如既往善待其家人。

这时蒋琬由成都来汉中，劝诸葛亮："当年晋楚相急，楚王杀了成得臣，可以想见晋王是多么高兴。现在天下未定，却杀才智之士，岂不可惜？"春秋时楚国和晋国在城濮会战，楚军大败，大家都来向晋文公道贺，晋文公忧心地说楚军主帅成得臣还在，我们的灾难恐怕还没结束。不久，楚王因成得臣打了败仗而斩之，晋文公如释重负，喜不自胜，比打了胜仗还高兴。诸葛亮听闻流下了眼泪，对蒋琬说："孙武之所以能决胜于天下，在于他用法严明。所以昔日扬干乱法，魏绛杀其仆人。现在天下分裂，兵争正起，如果不讲法纪，拿什么讨伐贼人呢？"晋国另一位国君晋悼公在位时，他的弟弟扬干犯法，大夫魏绛处斩了扬干的仆人，晋悼公认为魏绛做得好，命魏绛主持晋国军队。诸葛亮欲效法魏绛以严明法纪，还是把马谡杀了，蜀军将士听说马谡被杀，无不为之流泪，史书上说"十万之众为之垂涕"。诸葛亮亲自为马谡祭奠，后来待马谡的遗孤如自己亲生孩子一样。

就诸葛亮杀马谡一事，历来有不同的看法。有的史学家认为，蜀国居于偏僻之地，优秀人才本来就少，现在杀俊才，只能退收庸才，虽说是明法，却害了人才，还要成就大业，该多么难？按照这种看法，马谡是个人才，而且罪不当死。的确，胜败乃兵家常事，如果说临场指挥有误，那也是将在外军令有所不受。打了败仗就要杀头，诸葛亮的处罚似乎有点过分。有人甚至认为，诸葛亮之所以把马谡杀了，其实是在为自己开脱，黑锅都由马谡一人背。其实，马谡的罪责是够杀头的，杀他的理由不仅是兵败误事，更主要的是兵败之后他潜逃，那就非杀不可了。

除了马谡，参加街亭战役的几位将领也受到了处罚，其中张休、李盛与马谡一同被杀，另一位将领黄袭被夺去了兵权。没有被追责的只有王平，因为他曾力谏马谡，兵败后又能组织有效撤退，减少损失，所以不仅没有受罚，而且由裨将军进位为讨逆将军，封亭侯。马谡手下有一位姓陈的参军，也因为此事受到处罚，被诸葛亮处以髡刑，即剃去头发的一种刑罚。此人有一个儿子，特别好学，后来拜蜀中大学者谯周为师，他就是《三国志》的作者陈寿。后世有人认为，陈寿的父亲因马谡之累受罚，诸葛亮死后，陈寿又被诸葛亮的儿子诸葛瞻所轻视，这些都影响到他著史的忠实性，在《三国志》里陈寿对诸葛亮和他儿子诸葛瞻的某些评价就不太客观。对陈寿的这种批评有点过于严厉,陈寿对诸葛亮是极为推崇的,诸葛亮的第一部文集就是陈寿编著的,诸葛亮的许多作品因而得以保存下来。在《三国志》里陈寿对诸葛亮有大量的赞颂,并不存在有意诋毁。

诸葛亮为什么格外器重姜维?

诸葛亮第一次北伐,给人的印象是打了大败仗,又是"失街亭",又是"空城计",回来还"斩马谡",不仅如此,诸葛亮回到汉中后还上表后主,主动承担责任,认为之所以发生了马谡在街亭违抗军令的错误,都是自己用人不当造成的,诸葛亮为此"请自贬三等,以督厥咎"。连诸葛亮都认为这一仗是彻彻底底的败仗,但当时蜀汉官员们却不是这么看的,诸葛亮回到汉中时,有些人不认为首次出兵北伐打了败仗,他们觉得此战中陇西等郡应时而降,又围天水、拔冀城,俘获姜维,最后还遣数千人还蜀,是一场胜仗,所以"人皆贺亮"。

其实并不奇怪,当时打仗基本上有两个目标,一个是抢地盘,另一个是抢人口。战乱以来,人口锐减,人实在是宝贵的资源,不仅打仗需要人,在后方发展生产也需要人,在大家看来,一次俘获了数千人回汉中是个不小的胜利。这里还提到了姜维,无疑也是第一次北伐的胜利成果之一。姜维是天水郡人,本是曹魏天水郡的一名官吏,诸葛亮攻占天水郡期间姜维投降了诸葛亮。姜维这时二十七岁,当年诸葛亮在隆中初次见到刘备也正好是这个年龄。诸葛亮跟姜维交谈后大为惊异,认为他是不可多得的人才,从此悉心培养。

诸葛亮在写给成都的留府长史张裔、参军蒋琬的信中,对姜维做了专门评价:"姜伯约忠勤时事,思虑精密,考其所有,永南、季常诸人不如也。其人,凉州上士也。"永南是李邵，曾担任诸葛亮的丞相西曹掾，季常即马谡的大哥马良，他们都是蜀汉的一流人才，但在诸葛亮眼中姜维比他们都强，是不可多得的人才。诸葛亮任命姜维为丞相府仓曹掾，主管府库仓房等，但很快便升其为奉义将军，并奏请后主，封姜维为当阳亭侯。奉义将军属高级将领，品秩与九卿相当，又封侯爵，姜维之前在曹魏只是郡里面的一名从事，大概相当于郡政府里的一名处长，过来后很快升至"省军级"，一向用人讲求法度的诸葛亮在姜维身上一再破例。还不止于此，诸葛亮不久便派姜维回了成都，对于他的工作诸葛亮也进行了细心安排，他再次给张裔、蒋琬写信："可以把虎步监的兵士五六千人交给他带领，姜伯约很有军事才干，他胆略过人，又深通兵法，心存汉室，才能超过众人，等他全面掌握了军事本领后，就让他进宫朝见主上。"

这一系反常的安排给人留下了想象的空间，有人认为诸葛亮早就在物色和培养军事上的接班人，之前看中的人是马谡，不过就在这次北伐中马谡出了事，兵败街亭，诸葛亮于是属意于姜维，所以不惜从各方面刻意培养。姜维后来确实成为蜀汉军事方面的统帅，但如果说诸葛亮初次见面就打定主意选他为接班人，那倒有点夸张。应该说，姜维身上有很多诸葛亮欣赏的地方，正如诸葛亮在写给张裔、蒋琬的信中所说，姜维精通军事，是一流的人才，又忠心汉室，与诸葛亮一贯追求的政治理想相符，选这样的人继承自己的事业，诸葛亮放心。还有一点，那就是姜维出身陇右地区，对陇右的情况比较熟悉，在地方上也有一定影响，在诸葛亮看来，与曹魏的战争将是一场持久战，占领陇右、徐图东进是既定作战方针，所以诸葛亮才会多次兵出祁山，姜维的背景有利于未来的军事斗争。

此外，由于历史原因，蜀汉官员历来分为若干派别，有的是随刘备、诸葛亮一同入蜀的旧人，有的是益州本地出身的人，益州人士中也分益州土生土长的人和刘焉、刘璋父子所带来的人，尽管诸葛亮一向注重团结和包容，用人上广蓄并收，但这种固有的区别一时难以改变。姜维是蜀汉政坛的新人，与蜀中各方面人士素无瓜葛，这是他的不足，但换个角度看又是他的优势，如果说诸葛亮重用姜维有平衡各方面力量的考虑，也是可以理解的。

上述这些原因决定了诸葛亮对姜维的重视，不过要说初次接触诸葛亮就把姜维当成了自己的接班人，却不符合诸葛亮的做事风格，诸葛亮对姜维的了解和考察应该是一个很长的过程，通过考察，诸葛亮才逐渐坚定了对姜维的认识，从而大胆使用，一步步破格提拔。

魏延的"子午谷计划"可行吗？

所谓"子午谷计划"，是魏延在诸葛亮第一次北伐前就已经提出来的，是一个由汉中直接攻取长安的作战方案。魏延的建议是："曹魏在长安的守将是夏侯楙，是曹家的女婿，此人怯而无谋。现在给我五千精兵，再派五千人专门负责运粮食，由褒中出发，沿秦岭向东，走子午道北行，不用十天就可以到达长安。夏侯楙听说我突然杀到，必然乘船而逃。夏侯楙一走，长安只剩下御史、京兆尹这些官员，长安附近有横门邸阁的粮仓，加上百姓手中的散粮，足可以供人马食用，曹魏关外人马聚合好杀到长安，最少得二十天，而丞相您率领大军从斜谷出来，绝对能赶到，这样就可以一举拿下咸阳以西的地盘！"魏延的这个计划简单地说就是两路出击，一路走子午道，一路走褒斜道，只不过从褒斜道开始佯攻，主攻方向放在子午道，出其不意地拿下长安，之后两路大军会合，占领曹魏的整个关中地区。

这个作战计划很有名，在后世得到很多人的支持，支持者认为诸葛亮如果采纳了魏延的这个作战方案，北伐的结果可能改写。这些人认为，魏延久居汉中，对当地情况十分了解，在蜀、魏军力不对等的状况下，弱小的一方应出奇制胜，魏延的计划正可以达到这样的目的。但也有反对者，他们认为"子午谷计划"过于冒险，其要点是出其不意，但上万人、十多天的军事行动不让敌人察觉是不可能的，曹魏一定会在沿途派出很多侦察兵，一旦知晓蜀军动向，一方面会在山中依托险要地势进行袭扰和阻击，另一方面会调集重兵把守午口（子午谷南口），使蜀军不得入关中。即使费尽千难万险，做出重大牺牲后杀到长安城下，面对这个千年古都能否立即得手，希望也很渺茫。所以，魏延的子午谷计划不是出奇制胜，而是纯粹的军事冒险。

虽然反对意见也很充分，但总的来说，支持这项计划的一方反而占据了上风，这是因为诸葛亮没有采取魏延的作战计划，而他的北伐也没有取得最后的成功，所以有人认为假如采纳了魏延的计划，没准就成功了。当然，这个逻辑其实有些问题，北伐没有成功不一定全由进攻路线的选择所造成，而即使诸葛亮最终选择的路线有问题，也不能说明走子午谷就一定正确。

兵法有奇正之分，《孙子兵法》说："凡战者，以正合，以奇胜。"常规战法为正，出奇不意为奇，二者必须结合起来，脱离常规战法的基础，一味出奇则未必制胜。说魏延的计划是冒险，因为这项计划的核心是长途奔袭，仅以五千能战之兵去攻长安，虽是奇兵，但缺少常规战法作为基础就会成为孤军。夏侯楙虽然不是名将，但也不会看到区区几千人就弃城而逃，一旦夏侯楙不逃，魏延的计划就输掉了一大半。在冷兵器时代，兵家怕的不是野战，不是守城，而是攻城，即使一座孤城，久攻不下的战例也不胜枚举，魏延想率五千人攻进长安，几乎等于靠买彩票发财。正所谓勇则勇矣、智则未必，诸葛亮认为魏延的计划将致蜀军孤悬于外，作为蜀汉的丞相，他不能去赌，所以没有采纳。

但也有人不认可这样的说法，理由是，后来司马昭伐蜀，钟会率军走的就是子午谷，结果把汉中占领了，之后灭掉了蜀汉。这个说法是讹传，因为钟会攻蜀走的并不是子午谷，《三国志》说"会统十余万众，分从斜谷、骆谷入"，说明他走的是秦岭山中三条栈道中的另外两条。不过，钟会即使此时走子午谷，问题也不是太大，原因很简单，钟会不是去搞偷袭的，他打的是正面战，人马远优于汉中驻守的蜀军，他不怕你提前侦知，也不怕杀出子午谷后兵力不足。所以，并非走子午谷就一定会失败，诸葛亮反对"子午谷计划"，反对的不是出兵子午谷而是"奇兵偷袭"这种战法，在当时的情况下，这连冒险都算不上，其实就是去送死。

诸葛亮率十万大军为何攻不下陈仓？

蜀汉建兴六年（228）冬天，诸葛亮第二次率兵北伐，这一次没有再出祁山，原因有三：一是蜀军在陇西新败，再去那里大家心理上多少会有些障碍；二是陇西各郡降而复叛，被曹魏再次收复后，亲蜀汉的势力尽被清洗，再去不会得到像之前那样的欢迎；三是此次必须抓住战机，趁魏军被其他战场拖住的机会发起突然进攻，出陇西过于迟缓。这次诸葛亮选择了出大散关直插陈仓的路线，陈仓即今陕西宝鸡，驻守在这里的是魏将郝昭。当时蜀军约十万人，守城的部队才一千多人，在两次劝降无果的情况下，诸葛亮下令总攻，但用尽了各种办法，花了二十多天也没有把陈仓攻下，魏军增援部队赶到，诸葛亮只得撤军。

十万人打不下一个小小的县城，有人认为陈仓之败缘于指挥有误，如曾国藩说："孙仲谋之攻合肥，受创于张辽；诸葛武侯之攻陈仓，受创于郝昭；皆初气过锐，渐就衰竭之故。"也有人看法较客观一些，如元人胡三省说："攻则不足，守则有余。尚论其才，则全城却敌者，其才非优于攻者也，客主之势异耳，故曰用兵之术，攻城最下。"

如果再给诸葛亮一些时间，能不能攻克陈仓呢？当然是可以的，说坚固的城池难以被攻破，是相对于时间而言的，有足够的时间，城池坚固这个因素在攻防利弊转换中就会被淡化，重新回归到双方整体实力的对决。但这只是战术层面的推演，在战略层面上单纯的攻防战其实没有太大的意义，必须放到整个战局中去考察。《三国志》记载，三万增援的魏军在张郃率领下驰援陈仓，诸葛亮没等敌人的援军到达就回师了，撤得比较从容，安排也很周密，在回师路上还将追击而来的魏将王双斩杀。

当时蜀军有十万人，三万敌军增援似乎可以一战，诸葛亮却选择了退兵，退得很干脆，这就有了一个疑问，似乎诸葛亮过于谨慎了，或者这件事还另有隐情。不过当我们看到诸葛亮写给哥哥诸葛瑾的一封信时，似乎能找到这些疑问的答案，这封信容易被大家忽视，因为《三国志》等史书没有收录，它保存在《水经注》里,诸葛亮在信中说:"有绥阳小谷,虽山崖绝重,溪水纵横,难用行军。昔逻候往来,要道通人。今使前军斫治此道,以向陈仓,足以扳连贼势,使不得分兵东行者也。"意思是:有一个叫绥阳的山谷,山崖险要,溪水纵横,行军困难。以前侦察兵在这一带往来,走的都是险要的小道。现在我命令先头部队砍伐树木,修建道路,以便通往陈仓,足以牵制敌人,让他们不能分兵去进攻孙吴。

诸葛亮写这封信的时间是陈仓攻城战打响前,信的内容至少可以说明几点:一是在大战即将拉开帷幕的时候,诸葛亮还在与远在孙吴的哥哥通信,保持着信息上的沟通;二是此次北伐诸葛亮也做了大量准备工作,派出侦察人员前往陈仓一带做过侦察;三是信中特意讲到蜀军的行动可以起到牵制魏军的效果,让他们不能分兵攻打孙吴。尤其是第三点,透露出蜀军此次军事行动的目的就是配合孙吴,所以大战将至的紧张时刻诸葛亮还有精力给哥哥写家书,因为这不是普通的家书,而是通过哥哥向盟军通报情况的重要信函。刘备死后吴蜀重新交好,双方在军事上多有配合,孙权在诸葛亮第一次北伐期间也出兵牵制了曹魏,这种配合应该是双方面的,既有孙吴配合蜀汉,也应该有蜀汉配合孙吴。孙权、陆逊当时正在策划一场大战,通过诈降的办法引诱魏军东线战场总指挥曹休上当,这就是著名的石亭之战,因为高度机密事先不大可能通报蜀汉,但战事一开,为保证胜算,孙权必然会立即通报蜀汉,请这边出兵攻打曹魏的西线,以减轻孙吴的压力。诸葛亮接到孙吴方面的请求后立即行动,在西线战场发起进攻,不仅牵制了西线战场魏军总指挥曹真不敢乱动,而且调动原属荆州战场的张郃率部回援。

从战术层面看,陈仓失利,诸葛亮二次北伐无功而返;但从战略层面看,它调动了魏军主力,配合了盟友的行动,实现了主要预定目标,所以诸葛亮也没有恋战,迅速回防。第二次北伐也并不是大败而归,如果真是那样,一向严于律己的诸葛亮一定会再次做出反省或自罚,而这一次并没有。

司马懿"借刀杀张郃"的疑案分析

1

诸葛亮第一、二次北伐都没有具体进展，到了第二年，也就是蜀汉建兴七年（229），诸葛亮又进行了第三次北伐，先是攻取了汉中西部的武都、阴平两郡，将其占领，留兵据守，自己率部回师，魏军为报复，分三路大军进攻汉中，诸葛亮指挥蜀军加强防守，打退了魏军的进攻，之后诸葛亮又派魏延、吴懿等西入羌中，再次大破魏军。这次北伐取得了胜利。其后蜀军在汉中休整了两年，于建兴九年（231）再次出动，诸葛亮率蜀军主力又一次兵出祁山，这时魏军西线战场的统帅换了人。

诸葛亮第三次北伐后，曹魏西线战场的总指挥曹真去世了，魏明帝不得已将司马懿由中线战场的宛县调到西线战场，以大将军的身份负责抗击诸葛亮的北伐。建兴九年（231），蜀军第四次北伐开始后，诸葛亮兵出祁山，司马懿率兵来拒，司马懿的作战方针是"拒而不战"，用拖的办法将蜀军打退，这一招很厉害，因为蜀军长途作战，后勤保障压力很大。这一年夏秋之交，双方仍对垒于祁山附近，都无法进退。这时下起了连阴雨，诸葛亮对军粮的担心更加重了，结果怕什么就来什么，负责留守汉中的李严派参军狐忠、督军成藩突然来到祁山前线，向诸葛亮报告说，由于阴雨连绵，粮食无法供应，李严已报告后主，后主诏令诸葛亮回师。诸葛亮尽管对此心有疑虑，但军粮供应不上已成事实，除了退兵没有任何办法。

诸葛亮下令撤军，司马懿下达了追缉令，身为车骑将军的张郃当即提出反对，理由是："兵法说，围城一定要给个出口，撤退的敌人不要追击。"张郃说的话司马懿当然也很熟悉，它出自《孙子兵法》。《孙子兵法》说过七条基本的作战原则：占据高地、背倚丘陵之敌不要正面仰攻；假装败逃之敌不要跟踪追击；对敌人的精锐部队不要强攻；敌人派出来的诱饵，不要贪食；对正向本土撤退的部队不要去阻截；被包围的敌军，要预留缺口；对陷入绝境的敌人，不要过分逼迫。但是司马懿不听，坚持派兵去追，而且点名由张郃率队。元人胡三省看到这里评论说："司马懿从内心里其实很怕诸葛亮，而张郃跟诸葛亮打过仗且打败过他，张郃名震关外，所以司马懿不听他的。"现在，敌人主动撤军，相当于全国武装部队总司令的大将军司马懿对相当于全国武装部队副总司令的车骑将军张郃下达了死命令，让后者亲自带队追击敌人，必须无条件立即执行。

2

张郃无奈，作为一名职业军人，他可以不懂政治，不懂权术，不懂阳谋也不懂阴谋，但他懂得服从命令，于是领兵追击。追到木门道，果然中了蜀军的埋伏。木门道，俗称峡门，位于现在的甘肃省天水市秦州区西南数十公里的木门村附近，是一条古道经过的地方，东西两面雄山壁立千仞，中间一线空谷，宛若门户，称其为峡谷也没错。在这条峡谷之中，有一条稠泥河自北向南流入汉水，峡谷有一段五十多米的极窄处，可谓"一夫当关，万夫莫开"。在这样的地方设埋伏，不用动刀动棍，只需要弓弩招呼就行。弓弩，那是蜀军的强项。

蜀军在高处设伏，看见张郃率兵追来，弓弩齐射，《魏略》说"弓弩乱发，矢中郃髀"，《三国志》说"飞矢中郃右膝"，《汉表传》说，诸葛亮见张郃追过来，让蜀军停下来，把路边一棵大树削了皮，上面题写"张郃死此树下"，然而命蜀军两侧设伏，"以数千强弩备之"。一名弓弩手一秒钟扣动两次扳击是绰绰有余的，也就是说，每一秒钟会有万余支弩箭飞向拥挤的魏军，魏军将士没有被射成刺猬已算运气好。张郃追到此处，看到树上写的字，如飞蝗一般的箭雨也到了，结果被射死。

上面这些记载在细节上有些出入，但这些都不重要，重要的是一代名将张郃就这样死了。在张郃之死这件事上，司马懿历来受到人们的怀疑，不少人认为是他借蜀军之手除掉了张郃。之所以这么说，是因为司马懿下达的那道追缉令很突兀，存在不少疑点：首先，这道命令与司马懿一贯的应敌指导思想不符，司马懿在与诸葛亮的历次交锋中——包括后来的五丈原之战，执行的都是"消极进攻，积极防守"的方针，因为他抓住了蜀军远师来攻、后勤困难的弱点，这一招很奏效，也屡试不爽；其次，这道命令与兵法的基本常识不符，正如张郃所说"归师勿追"，这是兵法上的一条原则。有人说，错了，不是说"宜将胜勇追穷寇"吗？但那是"穷寇"，是被打败的，而蜀军是主动撤退的，不是"穷寇"。以诸葛亮的缜密，撤退方案里肯定有阻击敌人追击的安排，陇右地势复杂，可打埋伏的地方很多，比如木门道。最后，这道命令与一般的指挥体制不符，如果司马懿非要去冒个险，派一般的将军就行了，派张郃亲自去有些不妥，因为张郃此时任车骑将军，相当于曹魏的全国武装部队副总司令，让他带队执行这样一个冒险任务，除非别有用心，否则不太妥当。

除此之外，张郃战死时的情形也很可疑，按照史书上的说法，无论箭射中的是张郃的膝盖还是髀骨，都不是咽喉、命门、眼睛、胸口那样的要害，一般来说不会一箭致命。所以，后世有人说论说张郃受伤后的情景充满诡异，有许多东西解释不清，有一部史书评论说"郃中右膝，焉得死，似非实录"，隐含的意思是，张郃其实是被自己人干掉的。

3

所有疑点连起来都指向了司马懿，虽然没有铁的证据说司马懿借刀杀人，但司马懿确实摆脱不了这个嫌疑。那么，司马懿为什么要对张郃下"死手"呢？这是因为，张郃一直不服司马懿，并且对司马懿的威胁很大。

司马懿原来一直负责中线战场的指挥，到西线战场负责指挥以来，张郃多次反对他，二人意见不一致。而张郃久居西部，对敌人更了解，在西线魏军中的威望也特别高，著名的街亭之战要论功的话，跟当时的曹真和现在的司马懿都没有半毛钱关系，完全是张郃一人打的。张郃不仅在自己阵营里很有威望，就连对手也很害怕。张郃还深得魏明帝的信赖，曹真死后魏明帝虽然用司马懿去主持西线战事，但多少有些无奈，因为魏明帝对司马懿的信任程度并不高，一边用一边防范，所以在任命司马懿为大将军的同时又提拔张郃为车骑将军，用张郃牵制司马懿，这个用意很明显。

不服自己，又威胁着自己的地位，这是司马懿向张郃下手的原因。但问题是，张郃毕竟是车骑将军，是仅次于司马懿的魏军"二把手"，司马懿借刀杀人，就不怕这么做的后果吗？司马懿难道不担心因为此事引起魏明帝更大的猜疑，从而对自己不利吗？司马懿肯定考虑过这些，但他之所以果断地向张郃下达了追击的命令，肯定也已经把这些事都想明白了。放在曹魏鼎盛的时期，即使司马懿已经像今天这么得势，但也一定不敢做，因为那时曹魏名将如云。即使放在几年前，司马懿也不大敢，因为当时还有曹真和曹休两位重量级人物在。但现在司马懿敢，"诸夏侯曹"只剩下一位早就靠边站又行将入土的曹洪，所谓的"五子良将"也只剩下眼前这位张郃。

魏文帝登基以来，曹魏"将运"不佳，名将纷纷陨落，凋谢的速度有些快。生老病死，表面上看都是自然的规律，但背后隐含的则是曹魏用人体制上的落后和迟缓，在新生代的培养方面，曹魏的步伐太慢了。司马懿表面低调、隐忍，实际上他无时无刻不在机警地观察着形势并伺机而动，抓住机会、奋力一击是他的拿手好戏，木门道就是他实现自保、自固的一次最佳机会，他抓住了。

张郃死后的次年，曹洪也死了，"诸夏侯曹""五子良将"全部退出历史舞台，司马懿成为曹魏军界唯一的耀眼明星，要对付诸葛亮，离了司马懿谁来都不行。所以，张郃之死损失最大的无疑是魏明帝，他明知道里面有文章却不敢去追究。同时，魏明帝对司马懿的依赖就像严重失眠的人与安眠药的关系一样：明知有副作用，但离不了。早知现在，何必当初呢？魏明帝当初提拔张郃为车骑将军，为什么不让他独当一面？一个战区里同时挤进大将军、车骑将军，这样的人事安排能不出问题吗？但现在，说什么都晚了。

诸葛亮弹劾李严不是推卸失利责任

第四次北伐再次失利，诸葛亮回到汉中后，最想弄清楚的当然是李严说的事，为此他一回来就派人去请李严，出人意料的是李严却没有请来，因为李严已请病假离开了汉中。原来，李严一直有事瞒着诸葛亮，他担心诸葛亮回来后查问，心中不安，听说诸葛亮马上就到了，就假称有病去了沮漳，听说诸葛亮快到沮漳了，他又去了江阳。后来，还是李严的参军狐忠反复相劝，李严才重新回到汉中。

让诸葛亮意想不到的是，李严回来后对撤军一事装作毫不知情。李严一副惊讶的样子，故意说："军粮饶足，何以便归？"诸葛亮很纳闷，于是让人回成都调阅了李严这段时间上给后主的所有奏章，他惊讶地发现，在李严给后主的报告里，竟然写着"军伪退，欲以诱贼与战"。诸葛亮这才明白了真相，由于办事不力，加上确实遇到了连阴雨，李严负责筹办的军粮出了问题，但他为了掩饰过失，推卸责任，一方面向后主报告，假称诸葛亮正在实施一次假撤兵，另一方面打着后主的旗号到前线，让诸葛亮退兵。事情的原委查清楚了，诸葛亮出具了李严前后所写的信件以及向后主所上的奏章，前后矛盾之处暴露无遗，李严无法抵赖，"辞穷情竭，首谢罪负"。

事情虽然查清楚了，但是让诸葛亮大为震动。李严不仅误事，而且欺瞒皇上和上司，使第四次北伐在一片大好形势下前功尽弃，这让诸葛亮很痛心。更让诸葛亮痛心的是，同为托孤重臣，诸葛亮平时特别注意与李严处好关系，尽量给予包容甚至忍让，但李严不理解他的苦衷，一而再，再而三地挑战他的底线。首次北伐时诸葛亮就想抽调李严所属人马来汉中，但李严却不理会，反而写信劝自己加九锡，又提出设巴州，他来当巴州刺史。后来曹真进攻汉中，实在因为汉中的兵力有限，只得再请李严增兵，李严又提出新条件，得到一定的满足后才愿意来。就拿此次军粮事件来说，下雨是一个方面，李严没有尽心尽力也是原因之一。以李严的能力，如果他想办，即使有困难他也能办好，正因为平时有情绪，有牢骚，总觉得自己是托孤大臣，没有得到相应的实权，心有不满，影响到工作。

诸葛亮决定不再忍让，他要弹劾李严。为此，诸葛亮向后主郑重上表，回顾了近年来李严的种种不端行为，然后说李严来到汉中后，自己把各种事务都交给了他，群臣都怪他对李严太宠爱了，而自己之所以那么做，是因为北伐大业正在进行，很多事情还没有头绪，与其批评李严的短处，不如发挥他的长处和优点。但李严不能理解，竟然犯下了这种不能宽恕的错误。诸葛亮在这份弹劾表里最后说道："如果这件事不去解决，将会造成更严重的后果。这也怪我平时不够敏感，不能及时发现问题。不再多说了，多说更增加了他的罪责。"

在这份由诸葛亮领衔，携二十多位重臣所上的弹劾表中，历数了李严的罪行，请求后主解除李严所担任的一切职务，夺去俸禄，收回节传、印绶、符策，削去都乡侯的爵位。后主诏准，罢免李严的官位，让他以一个老百姓的身份到梓潼郡居住。李严被罢免是蜀汉立国以来的一件大案，一个托孤重臣弹劾罢免了另一位托孤重臣，放在其他任何朝代，一定会成为野史和演义热衷描绘的对象，指不定会挖出什么所谓的黑幕、权斗出来，但诸葛亮处理的这件事，后世几乎没有非议。原因是诸葛亮完全从原则出发，一心为公，事情的处理公正透明，就连当事人也不能说出来什么。同时，诸葛亮也没有投鼠忌器，因为李严也是托孤大臣就不敢秉公处理。

李严被罢免，却不恨诸葛亮，他知道最后能理解他的人只有诸葛亮，所以被罢免后心里还一直怀着希望，期待诸葛亮哪一天能重新让他复出。后来诸葛亮死了，李严听到消息深感激愤，他知道以后不可能有人还能理解他，不久也得病死了。晋代史学家习凿齿就此有一段评论说得很好："水很平，所以人们拿它作为标尺；镜子里的人很丑，但人看了不会发怒。水和镜子之所以能穷物尽态而人们却无怨，因为它们是无私的。水和镜子因为无私，所以能避免别人的诽谤，大人君子心怀好善之心，有宽宥之德，法行于不可不用，刑加于犯罪之人，赐给爵位不因为关系好，诛杀犯罪不因为自己被触犯，天下哪有不服的？从这件事可以看出，诸葛亮是善于执法的人，自秦汉以来都不曾有过。"

木牛流马到底是什么东西？

前面所讲诸葛亮进行的四次北伐都进展不大，除第三次北伐有明显收获外，其余三次北伐可以算得上无功而返，其中很大一个问题，就是后勤保障方面出了问题。为此，诸葛亮也想了一些办法，他发明了著名的木牛流马，用来运输军粮。除了这项"黑科技"，与诸葛亮有关的发明创造还有诸葛弩、八阵图等，它们都是提升蜀军战斗力的重要手段。

都知道"木牛流马"是诸葛亮发明的，它们其实是两种不同的东西，名字虽然有些怪异，但不是传说，史书有明确记载。《三国志》记载，诸葛亮第四次北伐兵出祁山就用木牛运送粮食，《诸葛亮集》中还载有木牛流马的制作方法，即《作木牛流马法》。根据《作木牛流马法》提供的信息，木牛大概是这样的：腹部是方形的，头部是弯曲的，每天行程较短，"宜可大用，不可小使"。单独行驶，每天能走数十里，结队行驶，每天能走二十里。每一木牛能载一个人吃一年的粮食，每天走二十里，不会觉得疲劳。

《作木牛流马法》中对流马的样子没有太多描绘，却记载了它各种部件的尺寸，而且十分精确。根据推测，其形制小于木牛，盛粮食的工具是两个可拆卸的"方囊"，每个木箱可以盛米两斛三斗。《三国志》中记载涉及木牛流马的地方有六处，都说它们是一种运输粮食的工具。根据《作木牛流马法》可以推断出木牛和流马的载重量。木牛的载重量是一个人吃一年的粮食，据《居延汉简释文》，汉代每人每月的平均口粮是大石一石八斗，一年即二十一石六斗，一石是一斛，约合如今三十市斤，汉代一人一年的平均口粮大约是六百五十斤左右，木牛的这个载重量，无论是肩挑还是背扛，一个人都无法负重，甚至是用牛马驮运也没有办法承受这么大的重量。与木牛相比，流马的载重量就小得多，一次可以载粮食四斛六斗，按照上面的计算方法，约合如今一百四十斤，是木牛的四分之一到五分之一，但是它更为精巧，行动速度也更快。这样就大致有印象了，木牛和流马都是由人力驱动来运送粮食的工具，木牛比流马大得多，承载的重量也大得多，但是运行的速度慢，适合运送大批物资，运送少量的东西不够划算，可以用流马。

尽管《作木牛流马法》详细介绍了木牛的形状和流马各种部件的尺寸，但由于全部是文字描述，没有图样，所以无法据此复原。历代以至现在，有不少人声称按照诸葛亮留下来的文献造出了木牛和流马，但无一例外都加进了大量个人的理解和改造，所以造出来的东西五花八门。有人提出，《作木牛流马法》之所以没有图样，其实为的是保密，目的就是让大家看着不难但却造不出来。

在后世的研究中，宋人陈师道的见解影响最大，他在《后山丛谈》中首次提出木牛流马是蜀地的一种小推车，这种车子可以载八石重的东西，前部的形状如牛头；还有一种大车，要四个人来推，可以承载十石重的东西，陈师道认为这就是诸葛亮发明的木牛流马。独轮车是宋代以后的叫法，在汉代称为鹿车或辘车，在诸葛亮之前这种车子已经存在且广泛使用了，《三国志》《后汉书》《华阳国志》《晋书》等史书里多次提到它，而说木牛流马只是独轮车，似乎有点儿简单，至少够不上诸葛亮专门搞出来的一项发明。

根据近代以来学者的大量研究，比较一致的看法是，木牛流马是一种人力推动的四轮车，木牛体量较大，流马算是它的简装版，之所以有了木牛后再推出流马，是因为有些地方道路不好，木牛运行不方便，于是进行了简化。既然是一种车子，为什么起了个木牛流马的名字呢？现在流行的网络词汇里把"有没有"称为"有木有"，推测一下，古人会不会也这么用过，"木牛"即"没牛"，也就是不用牛也能拉着跑。别笑，这不是臆想，查了一下20世纪60年代出版的《中国古代农业机械发明史》，里面就持这样的观点。

"流马"呢？按照同样的思路推测，可能得名于它特有的方囊，这是一个了不起的发明，类似于今天的集装箱，算是微型集装箱，属于模块化的设计思路，它们尺寸大小都一样，可以拆卸，路好时推着走，推不动了拆下来挑着走，到前面找一个空车，把方囊安上就可以走。由于方囊连着方囊，像是流动的马，所以叫流马。现在想复原木牛流马的人，千万不要被牛和马的外形所迷惑，非要做出像牛像马的东西，它们其实是就是大小不同的四轮人力推车。

制作大批量的木牛流马也是一项浩大工程，唐人杜佑在《通典》中记载，诸葛亮"集督运廖立、杜睿、胡忠等景谷县西南二十五里白马山，推己意作森牛流马"。《元和郡县志》在讲景谷县时也有这个说法，只是它记载的不是白马山，而是木马山，山的名字即因为制造木牛流马而得来。除了这个说法，宋代有一本叫《事物纪原》的书，认为蜀汉时江州一带民间流行用江州车子，就是诸葛亮发明的木牛流马，之所以叫江州车子，因为木牛流马是诸葛亮在江州制造的。其实，诸葛亮最早使用木牛是在第四次北伐时，后来出褒斜道用兵又使用了流马，按照这个时间去推测，大批量制造木牛流马的地点，应该在汉中一带更为合理，因为这里不缺木材，造好后可以马上投入使用，减少了木牛流马本身的运输成本。

诸葛弩和八阵图是传说还是真有其事？

考古人员在街亭古战场所在地附近曾发现过一把铸有"蜀"字的弩机，后被称为"诸葛连弩"，这是诸葛亮革新兵器的一项重要发明。除了考古发现，史籍也有记载，《魏氏春秋》记载诸葛亮"又损益连弩，谓之元戎，以铁为矢，矢长八寸，一弩十矢俱发"。之前制弩沿用秦汉工艺，弩机以青铜制成，一弩一矢，经过诸葛亮的改造，箭矢改用铁制，增加了杀伤力，尤其是一弩十矢的设计，使单发变成了连发。

十支箭是否一次性射出？对这个问题还有不同理解。明代著作《天工开物》对诸葛连弩的制作有详细描述，根据它的记载，诸葛连弩的工作原理如下：弩机上刻直槽，有一个函，里面装十支矢，另安装一个机木，在手板弦的上面，发去一矢，槽中又落下一矢，则再扳木上弦而发。如果是这样的原理，那就是诸葛亮在原有的弩机上增加了一个箭槽，这一装置可以放入十支矢，扣动一次扳机就发出一矢,箭槽中就掉下一矢,这样反复扣动扳机,实现连续发射。

即便不是十矢齐射,这种手动变半自动的方法也极大地提高了发射频率。弓弩是对付敌人骑兵的利器,弓弩要提高杀伤力,除增加射程和力度之外,更要提高速度,面对敌人的骑兵,射击速度是致胜关键,无论是手拉的弓箭还是弩机,一次一发,弓弩手再怎么训练速度也难以提高,改成一弩十发后,速度增加了数倍。魏军里也有连发的弓弩,但它达不到一次连发十矢,《北书堂钞》里有魏明帝写的一首诗,内称"长戟十万队,幽冀百石弩,发机若雷讯,一发连四五",可见它的发射效率只是诸葛连弩的一半。千万不要小看这种速度上的提高,因为这才是敌人骑兵的噩梦,可以想象,面对铺天盖地如蝗虫般扑来的飞矢,再厉害的骑兵也会胆寒,蜀军以步兵战骑兵,靠的就是这种武器。

为进一步提高弩的效率,诸葛亮还主持做了进一步改进,一种方法是通过在箭头上涂毒药来提高杀伤力。明人所著《武备志》中提到,诸葛连弩虽然很轻,但铁镞上涂有毒药,这种毒药可以毒杀老虎,人马见血立毙,持这种弩就连懦夫、妇女也可以守城。另一种方法是增加瞄准器,1964年在成都附近出土过一把诸葛连弩,弩机上有一个装置叫望山,是瞄准用的,这在当时也是一项了不起的创新,可以大大提高射击的准确性。诸葛亮训练了不少专业的弓弩手,把他们按照一定比例配属到部队中,临战专门负责阻击敌人的进攻,效果非常明显。这种弓弩兵的配备数量有时是惊人的,据《华阳国志》记载,有一次诸葛亮从涪陵一地就征召了三千人,全部训练成连弩士。

上面说的是诸葛弩,再说八阵图。杜甫有一首诗非常有名:"功盖三分国,名成八阵图。江流石不转,遗恨失吞吴。"这首诗的题目就是《八阵图》,说是的诸葛亮发明了八阵图,是他最重要的成就之一。八阵图在民间又演化成"八卦阵",与《易经》中的八卦相关联,都认为是诸葛亮的发明。

"八卦阵"是一个民间的说法,但八阵图在史书中确有记载,蜀地缺少好马,蜀军以步兵为主,要与以骑兵为主的魏军对抗就必须弥补这个缺陷,为此诸葛亮亲自钻研了阵法,《三国志》说他制作了八阵图,用阵法提高蜀军的战斗力。那么,八阵图是怎样的一种阵法呢?八阵图虽然记录于正史中,但缺少对它详细情况的记载,所以历来有不少争论。但综合来说,类似于八阵图这样的练兵、作战的阵法是存在的，它不仅用于两军对垒，还应用于行军、宿营、训练等各个方面，也许它的基本阵形为八个方阵，或者纵横各八行，因此叫八阵图。在敌众我寡的情况下，可以通过严密的阵法和各兵种间的配合提高战斗力，这是八阵图的基本指导思想。

现在虽然已不知八阵图的具体内容，但它绝不是传说，除《三国志》提到外，《水经注》中也记载着定军山下有诸葛亮所布八阵图的遗迹："沔水东迳武侯垒南，又东迳沔阳县故城内，南对定军山，山东名高平，是亮宿营处，营东即八阵图。"《水经注》成书于诸葛亮身故二百多年之后，它的记载有一定可信度。沔水即汉水，此处八阵图应该是诸葛亮在汉中练兵讲武的一处遗迹，但这不是最有名的八阵图，《水经注》里还记载白帝城下有一处八阵图，遗迹由许多石块组成，石块成八行，行间距为两丈。

也有另外一种意见认为八阵非实指，而是某种阵法的总称，这种说法看起来也有道理。《孙膑兵法》中就有"八阵篇"，讲的是如何根据敌情配备兵力，而非一种具体的阵法。《孙膑兵法》曾失传很久，1972年在山东银雀山西汉墓被挖掘后中才得以重见天日，但在诸葛亮时代这部兵书是存在的，喜欢读兵家著作的诸葛亮一定重点看过这部著作，对"八阵篇"也有过深入的学习和思考，他后来所研创的八阵图应该是对布阵方法的汇编。

魏延为何没有参加"五丈原会议"？

第四次北伐后，诸葛亮在汉中进行了较长时间的修整，准备了将近三年后，诸葛亮决定再一次北伐，这是诸葛亮第五次，也是最后一次北伐，时间是蜀汉建兴十二年（234）的二月。诸葛亮率蜀军主力由秦岭山中的褒斜道进入关中，司马懿率魏军阻击，诸葛亮看到无法快速进抵长安，于是率军上了五丈原，与魏军对峙。到这一年八月，蜀军仍看不到获胜的希望，诸葛亮积劳成疾，病逝于军中，蜀军随后撤退，在此过程中发生了所谓魏延谋反事件。

魏延是不是天生有"反骨"，诸葛亮一去世他就造了反？回答这个问题之前，先回顾一下诸葛亮在五丈原去世后的情况。蜀汉建兴建兴十二年（234）八月，诸葛亮病逝于五丈原，临终前召开了一次会议来安排后事，这次会议很重要，它至少要解决两个问题：一是解决蜀汉北伐军下一步的行动方略问题，是继续对峙于五丈原还是撤退；二是解决北伐军的领导权问题，诸葛亮死后谁来指挥这支军队。关于魏延是否参加了这次事关蜀汉前途命运的"五丈原会议"，史书留下了两种截然不同的记载。

按理说如此重要的会议魏延肯定是要参加的，因为此时他在蜀汉北伐军里的地位仅次于诸葛亮，诸葛亮要交代后事，按道理交代给他才对。来看看魏延担任的有哪些职务。当年刘备"钦点"魏延留守汉中，拜他为镇北将军，诸葛亮北伐到汉中后魏延的职务有了一些变化，诸葛亮让他"领丞相司马、凉州刺史"，魏延担任的镇北将军一职品秩介于三公与九卿之间，等于蜀汉的北部战区司令，相当于上将军衔。所以，诸葛亮如果要临终交代后事，尤其要指定临时接班人，理应交给魏延，魏延再忙也一定要参加这次"五丈原会议"。但是，史书关于这件事的记载却有不同的说法。先看《三国志》的记载："秋，亮病困，密与长史杨仪、司马费祎、护军姜维等作身殁之后退军节度，令延断后，姜维次之；若延或不从命，军便自发。亮适卒，秘不发丧，仪令祎往揣延意指。"再看《魏略》的记载："诸葛亮病，谓延等云：'我之死后，但谨自守，慎勿复来也。'令延摄行己事，密持丧去。延遂匿之，行至褒口，乃发丧。"

根据《三国志》的说法，魏延没有参加这次会议，而且是诸葛亮有意安排的，诸葛亮已经不信任魏延了，把他排斥在外。根据《魏略》的说法，魏延参加了这次会议，并被诸葛亮指定为自己的临时接班人，蜀军此后的撤退行动都是由魏延直接指挥的。这是一个严重的分歧，哪一种说法可信呢？不妨再看看它们对后续情况的记载。综合一下《三国志》的记载，诸葛亮去世后，按照事先的安排，先秘不发丧，杨仪让费祎前往魏延的营寨试探反应，魏延果然不同意撤军。魏延说："丞相虽然死了，我还在。丞相府的官员护送还葬，我来率领众军击破敌人，怎么能因为一个人的死废掉天下大事呢？再说我魏延是什么人，应当接受杨仪的指挥，做一个断后将军吗？"魏延把费祎留下来，重新制订计划，明确哪些留下来哪些走，逼着费祎和自己共同签署，向下面的众将领宣布。费祎感到事情不妙，哄魏延说："我现在就去向杨长史解释，杨长史是个文官，过去很少参与军事，他一定不会违背您的命令。"魏延相信了，放费祎走。费祎一出营门，便急驰而去，魏延觉得不对劲，想去追赶，已经来不及了。

  魏延又派人观察杨仪那边的动静，观察的人报告说杨仪等人正按丞相生前的部署按步骤进行撤军。魏延大怒，抢在杨仪等人之前率本部向南撤军，通过栈道后把栈道烧了。杨仪、费祎、姜维等人率其他蜀军也沿褒斜道退军，栈道被魏延烧毁，他们只得重新开辟道路，好不容易赶到褒斜道南口，魏延已将此地占领。杨仪命王平前去应战，王平到南口，斥责魏延的手下说："丞相刚刚去世，尸骨未寒，你们怎敢如此？"自己人不打自己人，魏延手下都知道魏延理亏，于是不战而散。堂堂征西大将军，最后只得单骑跟几个儿子一起逃往南郑，杨仪派马岱前往追拿。马岱把魏延父子斩首，将魏延的首级交给杨仪，杨仪站起来一脚踏上，骂道："庸奴！复能作恶不？"于是夷魏延三族。一开始，魏延和杨仪都不断派人向成都汇报情况，"各相表叛逆，一日之中，羽檄交至"，后主刘禅不知道信谁，就问侍中董允和丞相长史蒋琬，蒋琬、董允都为杨仪担保，对魏延表示怀疑。后主也拿不定了主意，命蒋琬率一部禁军北上接应。蒋琬刚出发，走了几十里，杨仪的报告就来了，说魏延已死，蒋琬便领兵回到成都。

  上面只是一个说法，还有不同的说法，记载在《魏略》里。《魏略》说，魏延奉命代理丞相职务后指挥撤退，魏延按照命令先保密，到了褒口才发丧。杨仪见魏延代理丞相指挥部队，担心被他所害，于是扬言说魏延将率众投降曹魏，带人来攻魏延。魏延根本无心投敌，所以并不应战，结果被追上杀了。按照《三国志》的说法，魏延是故意违命，并公开造反的，失败被杀是活该。按照《魏略》的说法，魏延没打算谋反，是被人陷害的。一般来说，《三国志》的可信度要高于《魏略》，《魏略》是曹魏郎中鱼豢私撰的，政治上"亲魏"，立场有问题，替魏延说话也许别有用心。但问题不能完全这么看，如果完全按照《三国志》的记载，那么诸葛亮临终前的安排就是一次冒险，除非已经掌握了魏延谋反的确切证据，否则是不能这么对待魏延的。诸葛亮不可能人为地挑起蜀汉的内斗，这不符合他的政治操守和做事原则。

仔细考察一下，《三国志》关于"五丈原会议"前后情况的详细记载只有魏延传一处，其他与之相关人员的传记，包括诸葛亮、杨仪、费祎、王平以及马岱，均说得很简单，都没有提到诸葛亮是如何做临终安排的。现在已不太清楚《三国志》魏延传里的记载来自何处，最大的可能也许是蜀汉留下来的档案。蜀汉不置史官，原始档案恐怕多是诏书、奏折和书信，魏延失败，反对或仇视他的蒋琬、费祎、杨仪等人先后掌权或用事，必然会对那些所谓的原始档案进行全面清理和修改，《三国志》的作者陈寿还能看到什么，可想而知。

陈寿看不到，《魏略》的作者鱼豢当然也看不到，所以《魏略》的记载可信度也不高，这就使得五丈原的那一夜成了永久之谜。当然也可以做一个合理的分析，对当时发生的事进行一个还原。首先可以肯定的是，魏延并无造反的打算，否则他不会输得那么惨，他事先如果就有了造反的计划，只需秘密联络司马懿就行了，两军离得那么近，魏延又是前线指挥官，投敌是件轻松的事。诸葛亮也不会突然犯起糊涂，如果他料定魏延会反，无论如何也会设法阻止，将其消灭在萌芽状态，而不是坐等其发生。所以关于魏延有可能违命的那一席话不大可能出自诸葛亮之口，是有人事后捏造，又被陈寿拿去做了素材。但魏延没能参加最后的"五丈原会议"也完全是有可能的，魏延当时率军驻扎在渭河边，诸葛亮在五丈原上，前线军情紧急，魏延无法离开，或者诸葛亮病情恶化得太快，魏延由塬下往回赶已来不及，这两种可能性都存在，应该是他不能参会的主要原因。

魏延没能与诸葛亮见最后一面，接下来的事有两种可能：一种是诸葛亮确实把大事交代给了魏延，也做了详细安排，但他死后杨仪、费祎等人因与魏延的矛盾很深，就联合起来违背了诸葛亮的临终遗嘱，借故秘密发丧，其实是对魏延封锁消息，以便突然发起攻击，置其于死地；另一种可能是，诸葛亮病情发展得确实很快，很多事已来不及作细致交代，史书记载诸葛亮临终前饭量下降得很快，心情"忧患"，还出现过"欧血"，根据这些情况判断他可能得了消化道溃疡或肿瘤，也可能是肝硬化或肝癌，这些病随时都可能恶化。可以想象一下，某天晚上诸葛亮突然大口吐血，立即陷入昏迷，无法正常思维和交流，剩下的事自然由杨仪、费祎等人说了算，最终把魏延逼上了绝路。

我总的看法是，因为各种原因，魏延参加诸葛亮临终前召开的"五丈原会议"可能性较小，但这不能说明诸葛亮在生前会认定魏延要谋反，魏延更无此心，魏延是被人算计的，是被一步步逼上绝境的。

司马懿是不是很忌惮诸葛亮？

有一个说法，说司马懿十分忌惮诸葛亮，一直到诸葛亮去世了司马懿仍不敢相信，更不敢下令追击。还有一个"死诸葛走生仲达"的故事，不是小说里杜撰的，而记载在"二十四史"之一的《晋书》里，除了《晋书》，《汉晋春秋》对这件事也有记载，内容如下："杨仪等整军而出，百姓奔告宣王，宣王追焉。姜维令仪反旗鸣鼓，若将向宣王者，宣王乃退，不敢逼。于是仪结陈而去，入谷然后发丧。宣王之退也，百姓为之谚曰：'死诸葛走生仲达。'或以告宣王，宣王曰：'吾能料生，不便料死也。'"

诸葛亮病逝于五丈原，由于事发突然，蜀军又秘而不发，所以曹魏那边一开始浑然不知。首先发现蜀军有异样的是五丈原附近的百姓，他们看到大批蜀军离开军营撤走，赶紧报告司马懿，司马懿这才下令追击。蜀军早有准备，负责断后的姜维命令蜀军突然反过头来，挥舞旗帜，鸣响战鼓，做出进攻的架势。司马懿吃不准，担心这是诸葛亮施的计，便退回，不敢再追。于是百姓中流传了"死诸葛走生仲达"的谚语，但司马懿听了并不生气，自我解嘲道："吾能料生，不便料死也。"过了一天,魏军才占领了蜀汉丢弃的营垒,司马懿亲自过去察看,特意看了看蜀军留下来的营垒以及诸葛亮生前生活的地方。看完,司马懿不禁叹道:"天下奇才也!"那么,司马懿是不是真的不敢追击呢?事实倒与"死诸葛走生仲达"这句话给大家造成的印象不太一样,司马懿下令追击了,而且追得挺远。

魏军在五丈原上的蜀军营寨里还发现来不及带走或销毁的文书档案,以及大量粮食。当时大家都认为诸葛亮已死,辛毗认为不一定,也许是诸葛亮的一计,司马懿不同意这样的说法:"军事家所看中的是军事文书、兵马粮草,现在这些都不要了,哪里有人肯把五脏拿出来以求生的道理?"据《晋书》记载,司马懿随后下令追击,褒斜道不好走,关中生长着很多蒺藜,司马懿命两千人穿着软木平底的木屐背着蒺藜在前面开道,路不好的地方就把蒺藜铺上,人马再前行。

魏军一直追到赤岸,再往前就要到褒口了,这时传来蜀军内讧的消息,司马懿想乘隙进攻汉中,但魏明帝的诏书传来,让他撤军。魏明帝为什么要撤军呢?因为他还没有做好全面攻击汉中的准备,当时辽东的公孙渊势力不断坐大,魏明帝派人前去清剿,吃了败仗,相对于蜀汉,北面的问题也很严重。快追出褒斜道的司马懿也担心中埋伏,蜀军虽然撤退,但并没有大败。他们的拿手好戏是设伏,其弓弩兵的厉害魏军早就尝过,司马懿不想当第二个张郃,所以就回师了。

司马懿没有被诸葛亮吓倒,而是果断追击了,对于《晋书》里的这个记载,有人认为不太可信,因为《晋书》处处回护司马氏,把司马懿几乎塑造成了一个"高大全"。司马懿在诸葛亮面前一向畏战,有人认为他这是出于自身政治上的考虑,司马懿不希望诸葛亮和蜀汉早早就被消灭掉。司马懿是曹操的大将军、太尉,是魏军的一号人物,但魏明帝对他并不完全信任,对司马懿来说,蜀汉的继续存在显然对进一步巩固自身势力更为有利。不过这样去看司马懿有些偏颇,司马懿在诸葛亮面前不主动出战,并非完全出于一己之私,而是从战略战术层面的慎重考虑,因为这种做法更稳妥。

诸葛亮北伐,最大的问题是后勤补给,最头疼的是运粮,几次北伐失利都出在这个问题上,所以诸葛亮的战略是求速战速决,司马懿看出了这一点,用拖的办法将蜀军拖垮,这是不是怯战,也不是完全出于心机,而是一位成熟统帅的正确选择。在确认诸葛亮去世后,司马懿看到这是一次机会,果断下令追击,但曹魏的辽东方向此时出了问题,魏明帝正指望司马懿去平辽东之乱,所以命他不要再追,《晋书》的相关记载并没有问题。

诸葛亮北伐不是为保住权力地位

在三国争霸中,魏强蜀弱的确是实情,但诸葛亮仍执意进行北伐,对于其中的原因,过去也有一些揣测,有人认为这是诸葛亮为保住自身权力而刻意为之的。刘备托孤时后主刘禅尚未成年,但几年后刘禅就年满二十岁了,有人说诸葛亮为了不还政于后主,故意发动北伐,以保住自己的权力地位。这种看法是狭隘的,它不符合诸葛亮的高尚政治品格和一生的言行。那么,诸葛亮在明知不可为的情况下为何还要执意北伐呢?分析起来,原因大致有以下几个方面:

一是为了完成先帝"遗愿"。刘备对诸葛亮有知遇之恩,诸葛亮对刘备十分敬重,刘备托孤给诸葛亮,诸葛亮感到身上的责任重大,诸葛亮曾对刘备做出过兴复汉室、还于旧都的规划,这其实也是一种承诺,他必须竭力去完成。

二是为了配合孙吴的军事行动。刘备死后孙刘联盟重新得到修复,并达到一个新高度。双方的联盟不仅是一种形式,而且有具体协定和联动机制,双方曾签订过一份《绝盟好议》,其中规定:"汉国和吴国将戮力同心,同讨魏贼,救危恤难,共同分担灾祸,共同分享胜利,绝对没有二心。如果有人危害汉国,吴国讨伐它;如果有人危害吴国,汉国讨伐它。"诸葛亮北伐前给孙权写封信,孙权就马上出兵配合,那么当孙权在东线出兵曹魏时,诸葛亮也要从西线予以配合,最典型的例子就是前面说的陈仓之战,其实主要是为了配合孙吴。

三是为了抢占曹魏地盘以缩小双方差距。以往对诸葛亮北伐可能有一种误解，认为诸葛亮北伐就是要举全国之力与曹魏进行大决战，一战定胜负，其实不然，诸葛亮每次北伐的目标基本都是抢占曹魏的地盘，以达到此长彼消的目标。抢占武都郡、阴平郡就是这种战略思想的成果，只有这样才能逐步缩小与曹魏的差距，以达到量变换质变、时间换空间的目标，站在这个角度看北伐战略并无不妥。

四是为了抓住机遇战胜对手。诸葛亮五次北伐成效都不大，这是后世一些人质疑他北伐决策的重要原因，但详细地分析每一次北伐行动，其实也都有获胜的契机，并非完全无法战胜敌人，只是蜀汉的国运看起来不怎么好，出现了马谡失街亭、李严误事等事件，而曹魏方面出了个司马懿，一路稳扎稳打，没有留下破绽，蜀汉这才没有机会。

正是由于这种理想、信念上的执着，加上诸葛亮为之能做到"鞠躬尽瘁，死而后已"，所以他历代以来都受到人们的推崇和肯定，这是人们评价诸葛亮的主流观点。他在人们心目中是一位才兼将相、文武兼备、执法严明、品德高尚的名臣，是帝王心中的理想人臣典范。他具备治国治军的突出才能，又有济世爱民、谦虚谨慎、廉洁奉公的品格，为后世树立了榜样。诸葛亮的忠贞、济世、敬业、至公、廉洁、谦虚等都被帝王、将相以及普通百姓称颂，人们从不同的角度称赞他，他也成为帝王心目中理想的人臣、人臣治国理政的榜样和普通人平时学习的楷模。

第十篇 三国归晋

曹爽为何斗不过司马懿？

诸葛亮去世后，曹魏外部威胁大为降低，但魏明帝并没有一鼓作气灭掉蜀汉进而统一天下，这很大程度上是因为魏明帝跟他的父亲魏文帝曹丕一样寿命都不长，曹丕活到四十岁，曹叡只活了三十六岁。曹魏景初三年（239）正月，曹叡驾崩于洛阳，临终将年仅八岁的养子曹芳托付给曹真的长子曹爽和司马懿。曹芳继位后，曹爽担任大将军，司马懿担任太尉，二人共同辅政，一开始关系处得还可以，但后来曹爽在亲信的怂恿下不断打压司马懿。面对曹爽等人的步步紧逼，司马懿决定反击。他一面对外韬光养晦，一面让儿子司马师"阴养死士三千"，为最后的摊牌做准备。曹魏嘉平元年（249）正月，司马懿趁少帝曹芳离开洛阳去祭扫曹叡高平陵，曹爽以及他的兄弟中领军曹羲、武卫将军曹训等都将从行的机会，与儿子司马师、司马昭一起，在老臣蒋济、高柔、王观等人帮助下谋划政变，准备一举铲除曹爽一党，这就是高平陵政变。

司马懿父子发动政变前，曹魏政权被曹爽及其同伙所掌握，司马懿虽然担任了一个名义上的太傅，论地位在三公之上，但这是明升暗降，司马懿平时以养病为名待在家里，很少公开活动。司马懿有几个可靠的帮手，主要是他的儿子司马师、司马昭和弟弟司马孚。但司马昭仅仅是一个闲职的议郎，司马孚仅仅是一名度支尚书，他们没有兵权和实权，司马师曾担任过中护军一职，这个职务与中领军一起掌管禁军，尤其是禁军的中垒、中坚两营，但曹爽对司马师早有防范，命自己的二弟曹羲担任了中领军，又撤销了中垒、中坚两营，将两营的士兵交由曹羲直接统领。曹爽还让另一个弟弟曹训担任武卫将军，统领禁军的武卫营，另外一个弟弟曹彦担任散骑常侍，表弟夏侯玄接替司马师担任中护军，负责军队武官的选拔。在政务方面，曹爽培养何晏、邓飏、李胜、丁谧等人为心腹，全部担任要职。丁谧、何晏、邓飏担任尚书，控制了尚书台，其中何晏担任选曹尚书，负责天下行政官员的选拔，还任命李胜为河南尹、毕轨为司隶校尉，控制京城内外。

司马懿要跟曹爽斗，必须靠实力说话，后来的政变之所以成功，按照史书的说法，是司马师"阴养死士三千"起了决定性作用。问题是，在曹爽一伙人戒备森严的首都洛阳，要做到这一点简直是奇迹：从政治上说，曹爽一伙军政大权在握，对司马氏一家戒心十足，事关司马氏父子的任何风吹草动都在监视之中，如何"阴养"；从军事上说，三千人不是小数目，如何组织、如何联络、如何训练都是难题；从经济上说，养这么多人，平时的花费一定也十分惊人。既然这么难，司马师又是如何做到的呢？关于这一点，史书仅一笔带过，什么样的死士、在哪里养、怎么养都不得而知。不过，可以推测的是，司马师如果真的做到了"阴养死士三千"，只靠自己的力量远远不行，必须有帮手，帮手还必须是重要人物，且人数少了也不行，这从高平陵政变过程可以推知。

高平陵政变中，除了司马懿、司马师、司马昭、司马孚外，还至少有三位重要人物直接参与行动，他们是高柔、王观、蒋济：高柔带人去曹爽的大将军营，出示皇太后诏书，之后以代理大将军的身份临时接管军权；王观带人去武卫将军营，同样出示皇太后的诏书，之后以代理中领军的身份坐镇那里，防止禁军和北军五营反攻；蒋济与司马懿一起率兵出城，占领洛水之上的浮桥，迎击曹爽一伙人的反扑。上面这三个人的加入才保证了政变的成功，他们都是带着人行动的，分别带了多少人史书上没有说，但一定在"死士三千"之中。高柔时任司徒，是三公之一的文臣，他在曹魏当过二十多年的廷尉，廷尉是司法系统的最高负责人；王观时任少府，管理宫廷事务，之前他担任河南尹多年，是洛阳本地的父母官；蒋济时任太尉，之前的职务是领军将军、中护军，统率洛阳的禁卫部队。从上面这三个人的履历可以看出，他们简直是发动政变的最佳组合，因为他们曾在多年里掌管过洛阳的司法、行政和驻军。司马懿邀请他们参加政变，如此重大的事件显然不可能临时知会一声就成，而是他们几个人事先长期密谋筹划的结果，司马懿之所以选择他们作为政变骨干力量，看中的正是他们的资历和影响，这场政变是经过深思熟虑的。

所谓"死士三千"，应该包括蒋济、高柔、王观等人掌握的可靠力量，虽然司马师担任中护军，有掌握军队的便利，但因为他是曹爽等人重点监视的对象，所以在"死士三千"中，从数量上说蒋济、高柔、王观等人所掌握的恐怕还会更多些。那么，为什么《晋书》只提司马师"养死士三千"而不提剩下的那些人呢？这主要是为了突出司马氏父子在政变中的功绩。《晋书》是唐太宗让人编撰的，李世民的父亲李渊起兵前是晋王，所以唐朝崇晋，《晋书》始终大力维护司马氏父子的形象。当然，还有一点很重要，在政变中起到关键性作用的蒋济，政变后看到司马懿诛杀曹爽等几族人，有些后悔，愤懑而死，《晋书》需要淡化他在政变中所起的作用。

曹爽为何轻信司马懿不杀他？

司马懿父子是在洛阳城里发动的政变，由于组织周密，出手果断，所以行动很成功，他们迅速控制了洛阳，但这并不意味着政变已经成功了，因为少帝曹芳、大将军曹爽以及曹爽的几个兄弟、众多心腹都在高平陵。对曹爽来说，天子在手，谁反对自己就是造反，谁支持自己就是勤王之师，这是他的政治优势，是司马懿所不具备的。

曹爽的"智囊"桓范看到这一点，他设法逃出了洛阳城，见到曹爽后马上献上一个计划：曹爽以大将军身份护送少帝车驾去许昌，那里距此处不远，是曹魏五都之一，也是曹氏的大本营，拥戴曹家的人很多。站住脚，召集各路人马以平叛的名义讨伐司马懿。应该说桓范的主意不错，洛阳虽为司马懿控制，但各地的人马并不都听令于司马懿，有些州郡还控制在曹氏和夏侯氏手里，其他更多的地方是在观察，看哪一方占优就会支持哪一方。如果真按桓范的计划实施，尽管不敢保证一定能取胜，但双方应该各有五成的把握，值得一试。

事已至此，曹爽按理说应该拼死一搏，但他犹豫不决。这时，司马懿派人来做曹爽的工作，一通连哄带吓，曹爽居然相信司马懿不会杀他，于是主动回到了洛阳，被司马懿来了个一网打尽。曹爽轻信司马懿，有自身的原因，史书上说曹爽是个"驽马恋栈豆"的人，缺乏政治智慧和胆识，关键时刻下不了决心。除此之外，还有更主要的方面，那就是司马懿有着高超的政治斗争手腕，关键时刻，他一连给曹爽上演了"攻心三部曲"，将曹爽彻底击垮。

第一步，给曹爽吃定心丸。曹爽听到政变消息，当时就吓傻了，不知道怎么办，同行的许允、陈泰等人劝他回洛阳，说回去不会有事，曹爽一听，仿佛看到了一线希望，于是派许允、陈泰回洛阳面见司马懿，表示愿意认罪。在洛水河边，司马懿见到了许允、陈泰，听他们二人如此一说，进一步看出了曹爽内心的虚弱。司马懿让许允、陈泰再回曹爽那里，向他保证不会要他的性命，只要曹爽不再掌权，荣华富贵仍可尽享。为了让曹爽相信，司马懿特意让深为曹爽信赖的一个叫高阳的侍中一同前往，传达司马懿的意思。许允、陈泰、高阳把话捎到，曹爽大喜，一线光明变成了一片光明，对司马懿已经有了七分信任。

第二步，给曹爽立字据。口头传达毕竟信用不足，司马懿为打消曹爽等人的顾虑，又让蒋济给曹爽写信。蒋济在信中说，司马懿只想罢曹爽的官，只要他交出权力，可保他们兄弟的爵位以及富贵。如此一来，蒋济等于做了保证人，如果失信，三朝老臣蒋济首先将名誉扫地。这样，曹爽对司马懿已经有了九分的信任，觉得司马懿也不能不顾忌曹家在天下的号召力，不至于把事情做绝。

第三步，给曹爽发下誓言。毕竟只有九分信任，还会有变数，这时司马懿又使出最后一招，给曹爽又派出一个人，正是这个人的到来，把曹爽心中的九分变成了十分。这个人的名字叫尹大目，应该是个绰号，可能他的眼睛大。这个"大眼哥"时任殿中校尉，是禁卫军中的中级武官，什么来由不详，但他是曹爽平日最信任的人，没有之一。曹爽一贯认为谁都可以骗他，但这个"大眼哥"永远不会骗他。司马懿知道"大眼哥"与曹爽的关系,所以也让他捎话来了。据"大眼哥"说,司马太傅对他当面说,绝不会为难曹爽,对曹爽只免官而已,并且"大眼哥"说,在他亲眼见证下,司马懿"以洛水为誓"。这一下,曹爽完全信了。应该不是"大眼哥"说谎,也不是被司马懿策反了,而是司马懿确实那样说过,确实对着洛水发了誓,唯其如此,说的人和听的人才会那么深信不疑。

上面这套"攻心三部曲",是司马懿针对曹爽的性格特点"量身定制"的,曹爽根本躲不掉,只得乖乖束手就擒。

司马懿政变成功后不称帝并非虚伪

司马懿一生事曹氏三代,多次立下大功,晚年发动了高平陵之变,取得成功,掌握了天下实权。当时,曹魏在朝野两方面均已逐渐失去人心,以司马懿的实力和影响,在当时就称帝确实没什么不可以。但司马懿没那么做,政变成功后他仍然奉少帝曹芳为皇帝,只接受太尉的职务,当曹芳提出给他加九锡时,司马懿"固让",最后还是司马懿的孙子司马炎登上帝位,完成了皇权禅代。司马懿的这种情况与曹操非常相似,他们生前都多次拒绝称帝。除了他们还有诸葛亮,李严也曾劝诸葛亮加九锡,隐含的意思也是称帝,但同样被诸葛亮拒绝。这里面当然有政治上的考虑,对于司马懿、曹操来说,称帝有利也有弊,如果过早称帝,容易成为政治对手斗争的靶子,就像曹操说的,是被放在火炉上烤。

此外,更重要的一点是司马懿、曹操这些人早年所受的教育决定了他们对汉室有一定感情,内心里对代汉自立其实是排斥的。汉武帝罢黜百家、独尊儒术,汉代实行的是在儒教基础上的"以礼治国",政治上强调正统和忠义,伦理上强调孝与仁，忠、孝、礼、义这些观念经过反复不断地教育早已入心入脑。汉末皇权跌宕，天子几次遭遇不测，但朝廷始终存在，所谓"大而不倒"，与这种深厚的思想基础不无关系。司马懿、曹操、诸葛亮不称帝，内外部形势判断固然是其中原因之一，但主要原因恐怕还是出于他们的内心，他们年轻时都受过汉代的儒学教育，深受其影响。司马懿年轻时曾专注经学教育，"博学洽闻，伏膺儒教"；曹操上过太学，举过孝廉，对经学也有较深的研究，因为通《尚书》被征为议郎，有很深的儒学教育背景；诸葛亮出身汉代名门，"躬耕陇亩""每自比于管仲、乐毅"。到司马懿时，虽然经历了汉魏禅代，坐在天子宝座上的不再是汉室皇帝，但曹魏的皇帝对他来说也是一样的，他灵魂深处的忠君观念不允许自己成为一代逆臣。

那么，刘备、孙权以及曹丕这些人为什么没有受这种思想观念的束缚呢？刘备也上过卢植的私学，接受过经学教育，但他的生活状况和早年经历与上述诸人不同，刘备大体生活在社会中下层，黄巾起义前他未担任过朝廷的官职，在感情上对汉室朝廷要淡得多。即便如此，刘备对称帝也持保守态度，曹丕称帝后蜀汉面临"该打什么旗帜"的现实问题，群下数百人上表劝刘备称帝，但刘备断然拒绝，后来诸葛亮阐明，只有把汉室的大旗在益州重新打起来才能解决当下的政治危机，刘备才勉强接受，但表明自己不是称帝，而是"继皇帝位"。

孙权更不一样，他算是"富二代"，十几岁就加入哥哥领导的征战阵营中，在尊正统还是崇实力方面他更相信后者。刘备死后孙权的手下也纷纷劝他称帝，孙权没有答应，理由是"汉家堙替，不能存救，亦何心而竞乎"，大家没有放弃，弄出许多所谓天命符瑞，再次劝孙权，孙权仍未答应，不过说出了自己的心里话："过去因为刘备称雄于西边，所以我命陆逊率兵防备他。而北边的曹魏有可能帮助我，我担心其挟天子以令天下，如果不接受封拜，就会促使他们对我下手，到时候西边、北边的敌人一齐来，会使我两面受敌，所以我努力克制，接受封王。"孙权最后说"低屈之趣，诸君似未之尽，今故以此相解耳"，意思是，我俯首称臣的本意，诸君可能还不理解，所以今天向你们来解释解释。同样是拒绝，孙权的想法与上一代人已经有了很大不同。

至于曹丕，他出生时天下已经乱了，他是在曹操亲自教导下完成的学业，曹操不会再教他汉代的礼教、儒术那一套，曹丕对汉室的感情自然更淡，思想上、行动上受到的束缚也更少了。

"暨艳事件"的幕后推手是孙权

相对于魏、蜀两国，孙吴后期发生的重大事件较少，在诸葛亮五次北伐期间，孙吴方面虽然也与曹魏有过多场交战，如著名的有石亭之山、洞口之战等，但总体而言天下的主战场一直在西线，也就是关中、汉中、陇右方向。孙权称帝后，内部方面的事务反倒占据了孙权的主要精力，孙吴内部先后发生了"暨艳事件""校事事件"和"南鲁之争"等几件大事，每一件都掀起了不小波澜，对孙吴政权也都是不小的冲击。

暨艳字子休，史书上说他"性狷介，好为清议"，也就是个性耿直、刚正不阿，喜欢以儒家的伦理道德为依据品评人物。暨艳在孙吴名臣张温的引荐下进入了尚书台，担任了选曹尚书。这个职务论品秩不高，但权力很大，负责官员的选拔、考核，相当于孙吴的组织部部长。暨艳上任后，发现人事管理方面存在着一些严重的问题。孙权靠江东豪门世族打天下，他一向重情谊，忘人过，记人恩，对世族子弟广加延用，每每给以高官重位，一些世族子弟能力平平，靠着父祖辈的影响力而青云直上，从而堵塞了有能力但没有背景的寒门子弟的晋升之阶。

汉末两晋门阀制度盛行，孙吴人事方面存在的这些问题只是门阀制度的一个缩影，这是政治体制使然，要打破它还需要相当长的时间。但暨艳不想等，他既然身为组织部部长，改革人事制度、完善官员考核是他的分内职责，为此他大刀阔斧地干了起来，改革的重点是郎官的选拔和考核。郎官是朝廷中下级官员的骨干，汉朝时最多达五千人，分议郎、中郎、侍郎、郎中四等，由五官将署、左中郎将署、右中郎将署三个部门统管，故也称为三署郎，他们以在天子身边守卫门户、出充车骑为主责，除议郎外均须执戟宿卫殿门，轮流当值。郎官品秩不高，但在天子身边工作，号称"天子门生"，经常有出任地方长吏的机会，被人视为出仕的重要途径。又因为朝廷各要害部门的往来流转实际上由他们把持，为办事方便，人们不得不贿以行货，汉朝人称这些郎官为"山郎"。

放眼孙吴朝廷上下，庸庸碌碌的郎官比比皆是，大多不符合任职要求，史书上说"郎署混浊淆杂，多非其人"。暨艳在自己的副手、选曹郎徐彪等人支持下，开始了大规模的官员考核，根据考核结果重新确定郎官人选，他制定的标准十分严格，被考核者压力很大。考核结果出来了，只有十分之一的人合格，可继续留在原位。对于考核不合格的，暨艳一律给予降职，有的被连降好几级，史书上说"贬高就下，降损数等"。在考核中发现有问题的人，则全部贬为军吏，很多人遭到了这种处分，以至于朝廷设置了专门的营府来管理他们。

暨艳倡导的人事制度改革力度空前，措施相当严厉，自然触动了不少人的切身利益，推出这种改革，显然不是六百石官员能决定的。有人认为张温是暨艳等人的后台，这其实并不可能，张温不是尚书令，而且孙权也不是很喜欢他，史书上甚至说，张温已招致孙权的不满，孙权一直在找机会收拾他。而且，张温即便是暨艳的上司尚书令，也无法独自推出如此重大的举措，这是一场涉及成百上千人仕途的改革，就是丞相恐怕也难以有这么大的魄力。如果说暨艳、徐彪等人有后台，这个后台只能是孙权本人。这种推测是合理的，孙权虽然重用世族子弟，但他也知道什么人能用，什么人不能用，他肯定不希望朝堂上下充斥着碌碌庸人，来一场改革，肃清朝堂，整顿吏治，这正是孙权所需要的。但孙权是一个重情义的人，让他直接出面与世族们交锋，他拉不下这个脸，这些人大都随他们父子兄弟征战多年，一辈接一辈出生入死，用血汗换来了今日的荣耀，把他们的子弟扫地出门，孙权张不开这个嘴。

但是在江山社稷和人情面前孙权最终选择了前者，他暗中支持暨艳等人搞改革，希望自己不出面也能达到目的，大家要埋怨只能怨暨艳等人。接下来发生的事却让孙权很吃惊，随着大批官员被贬斥，世族们开始反击，他们争相指责暨艳、徐彪等人主持考核没有出于公心，只讲私人感情。客观地说，任何一场有实质内容的改革都会触及一些人的利益，而改革的过程中因为改革者自身的不足也会出现一些问题，暨艳等人在对官员考核中，揭发了一些人的隐私和短处，以炫耀自己的弹劾之功，陆逊的弟弟陆瑁曾给暨艳写信让他不要这么做，但暨艳不听。

对暨艳改革的反抗之声一浪高过一浪，其中充满了埋怨和愤慨，一些很有杀伤力的传言也在滋长，远远超出了暨艳、徐彪等人的掌控能力，连后台老板孙权也大吃一惊。为了安抚众人，孙权下令对暨艳、徐彪进行审查。孙吴黄武三年（224），暨艳、徐彪在狱中自杀。于是这成了一桩历史悬案，真实背景至今仍扑朔迷离。暨艳、徐彪也许因激起众怒而恐惧，在绝望中自杀，也许，另有隐情。如果孙权真是暨艳等人的幕后主使，在民怨已起的情况下，他们被罢官、审查显然不能解决全部问题，在审查中，如果暨艳等人交代了一切，说了一些不该说的话，那孙权就太尴尬了。所以暨艳、徐彪必须死，这间接证明了孙权才是这场改革的真正主角。

孙权纵容校事弄权的真实意图

孙权亲自在背后推动的暨艳改革失败了，他不甘心，后来又推动了一轮新的改革。这一次手段更为严厉，改革的主角名叫吕壹，《三国志》里没有他的传，他在孙吴政坛本来只是个小人物，职务也不高，是中书郎。汉以前大权集中于尚书台，相当于朝廷的秘书局，尚书台之外还有一个中书台并存，中书台设中书令，管一些来往文书，与尚书令品秩相当，但权力小得多。曹丕在位时提高了中书台的职权，设中书监，逐渐取代尚书台，成为朝廷新的秘书局，是新的权力核心。中书监下面有一个部门叫通事部，负责人就是中书郎，相当于朝廷秘书局下面的秘书处处长。孙吴建国，没有设中书监，却设了中书郎，任用的就是吕壹。中书郎的全称是中书典校郎，又称典校事、校郎、校事，在这些名称中校事的名气最大，提起它，大家想到的往往是特务。

吕壹，就是孙权身边的高级秘书，也是孙吴的特务头子。暨艳失败后，孙权开始重用吕壹，给了他非常大的特权。中书郎本来的职责是典校各官府以及州郡的文书，孙权还让他刺探臣民的言行，举罪纠奸，这一下吕壹手中的权力大了。要对文武百官和臣民进行监视，人手少了不行，吕壹手下一下子增加了很多人，孙权视吕壹等人为心腹爪牙，对他们有求必应，要人给人，要钱给钱。吕壹等人也很卖力，通过监视百官士民发现不少线索，尤其是大臣们的把柄，问题一经落实，就会被治罪。暨艳事件后，世族们自以为取得了胜利，这时才发现高兴得实在太早，孙权这一招很厉害，把大家治得服服帖帖。可是问题随之而来，开始吕壹等人还比较小心谨慎，时间一长，手中的特权不断增加，孙权又越来越信任，这些人便骄傲起来，也不再约束自己的行为。为了多出成绩，以便到孙权那里邀功，吕壹等人抓住小问题不放，夸大事实，把小案办成大案，史书上说"摘抉细微，吹毛求疵，重案深诬"。更有甚者，他们为了取得案件突破，经常搞刑讯逼供，不管地位高低，一到他们手里就大刑伺候。

吕壹等人的行为激起了大臣们的反感，太子孙登带头反对。他向孙权进谏，认为吕壹等人生性严苛、手段残忍，要求废止。孙登连谏多次，孙权都不接受。丞相有匡扶天子过失的职责，顾雍不敢沉默，也向孙权进谏，孙权仍然不听。不仅如此，顾雍还受到了孙权的严厉批评。太子和丞相都碰了钉子，"大臣由是莫敢言"。大家看明白了，吕壹的后台老板是皇上，反对吕壹就是跟皇上过不去，之前世族们让暨艳搞的人事制度改革失败，皇上心里一直耿耿于怀。没有人敢公开反对，吕壹等人更加嚣张，他们的手越伸越长，看谁不顺眼就收拾谁，不少无辜者受到了冤枉。吕壹手下人违法，被建安郡太守郑胄所杀，吕壹非常愤恨，于是中伤郑胄，孙权立刻把郑胄抓起来要严办。吕壹指控前江夏郡太守刁嘉诽谤朝廷，孙权大怒，把刁嘉逮捕审讯，被传讯作证的人迫于校事的淫威，都说刁嘉确实说过那些话，只有侍中是仪坚持正义，说没有听到。

吕壹等人不仅把手伸向太守、侍中这些"省部级"高官，孙权的女婿、身居左将军高位的朱据也不能幸免。朱据手下有个叫王遂的人，冒领了三万钱公款，吕壹怀疑朱据是背后主使，钱最终到了朱据那里，于是逮捕朱据手下的一名主管，严刑逼供，这个主管禁不住酷刑，被打死了。朱据哀怜他死得冤，找了一口好棺材为他安葬。这进一步引起了吕壹等人的怀疑，他们认为这正是朱据贪污公款的铁证，上报孙权，孙权多次当面严厉质问朱据，朱据无法证明自己的清白，从家里搬出来睡到草垛上等候处罚。据史书记载，被吕壹诬告过的重臣除顾雍、朱据外，还有陆逊、诸葛瑾等人，看到这些重臣们被校事打压，群臣不敢出声，激怒了骠骑将军步骘。步骘以骠骑将军的身份在西陵负责长江上游防务，西陵即夷陵，位于长江中上游的分界处，孙吴改的名。经过深入思考，步骘向孙权上了一篇长疏，痛陈校事四宗罪：一是轻忽人命，已招来举国称怨；二是政令有失，导致阴阳失和，近期连续发生两次地震，天地示变，人主当警醒；三是离间股肱之臣，有损社稷；四是校事之设，造成吏多民烦，成为弊政。

步骘的上疏让孙权冷静了不少，孙吴的武将，陆逊为首，诸葛瑾为次，以下就是步骘、朱据，这些人如果都陷于校事之争，将来谁为自己打仗？朱据的案子这时还没有结论，朱据每天还睡在草垛上待罪。典军吏刘助发现了案情的真相，把吕壹陷害朱据的过程秘密报告了孙权。自己的女婿遭到如此下场，孙权震惊之余陷入深刻反思："朱据见枉，况吏民乎？"于是孙权下令，赏赐刘助一百万钱，逮捕吕壹，严加审问。案件审结，有关部门报告，拟对吕壹执行焚如、车裂之刑。焚如是王莽首创，即用火把人活活烧死，车裂是传统酷刑，俗称五马分尸，看来吕壹这些年真把大家祸害得不浅，大家觉得不用这些刑法不足以解气。可能孙权觉得太血腥，毕竟吕壹为自己卖命，没有批准这么做，将吕壹处斩。孙权纵容校事弄权，在他自己看来大概是属于某种形式的改革，这种改革的核心是加强对官员的监督，以巩固权力基础，但校事手里的权力一旦失去约束，就变成了权力的失控和滥用，孙权不得不叫停这场改革。

孙权晚年亲自挑起了"南鲁之争"

除了两场内部改革以失败而告终,孙权晚年还有一件重要事情没有处理好,那就是选择接班人问题。孙权的长子名叫孙登,孙权称帝后立他为太子,本来一切按部就班,但孙吴赤乌四年(241),年仅三十三岁的太子孙登患病去世了。孙权有七个儿子,长子即孙登,次子孙虑早于孙登而死。孙登临终前向孙权上疏,希望立三弟孙和为太子,孙权答应了,于孙登死后的次年下诏立孙和为太子,为了纪念立这次立储事件,孙权还专门下令把吴郡的禾兴县改名为嘉兴县,即今浙江省嘉兴市。本来挺好,孙和是孙权当时在世儿子中最年长的,没有犯"废长立幼"的大忌,孙权发现孙和身上虽然有许多普通人的优点,比如善良、好学、待人诚恳、能体谅别人等,但作为孙吴未来的皇帝,有些缺少帝王的霸气,驾驭不了群臣,基于这些考虑,孙和被立为太子后不久,孙权突然下诏封孙和的弟弟孙霸为鲁王,并对他"宠爱崇特"。这向外界释放了一个信号:孙权可能改立孙霸为太子。

与袁绍当年面临的情况一样,孙吴的大臣们很快分成的两个阵营,一方支持太子孙和,一方支持鲁王孙霸,太子一般居东宫,孙吴的东宫又称南宫,所以这场斗争被称为"南鲁之争"。经过鲁王一党的不懈努力,孙和最终失宠,孙霸胜出,但这时孙权更为忧虑。孙权曾对侄孙孙峻说:"子弟不和,臣下分成两派,将重蹈袁氏之败,被天下人耻笑。太子只能立一个人,怎能不引起争斗?"孙权犹豫了一年多,下令将太子孙和软禁于宫中,后来将他废黜,但孙权对鲁王一党也失去了好感和信任。孙吴赤乌十三年(250),孙权下诏立年龄最小的儿子孙亮为太子,孙亮年仅七岁,孙权将前太子孙和贬为平民,将鲁王孙霸赐死,孙霸身边亲近的人全部被诛杀。

这时孙权已经六十多岁,身体、精力都衰老得很快,得考虑后事了。新太子年幼,只能像曹魏和蜀汉那样来一次托孤了。孙权跟大家商议可向谁托付后事,朝中文武一致认为非诸葛瑾的儿子诸葛恪莫属。诸葛恪虽然从小就孙权被喜欢,孙权也对他进行了刻意栽培，但孙权认为诸葛恪有刚愎自用的毛病，心中犹豫。不过，孙权没有其他更合适的人选，犹豫了一年多，最后还是托孤给了诸葛恪，正如孙权所担心的那样，诸葛恪的才能远不及他的叔父诸葛亮，这是一次失败的托孤。孙权死后孙吴内部接连发生了数起内斗，一再伤了孙吴的元气，孙吴后期其实只能勉强自保，根本谈不上进取中原、统一天下了。从选择接班人到托孤，孙权都未能处理好，孙吴在这方面教训是惨重的。从袁绍到刘表再到孙权，都在这方面吃过大亏，曹操也险些犯同样的错误，后来及时纠正了，但也付出了沉重的代价。相对而言，在选拔接班人的问题上刘备处理得比较好，自始至终明确长子刘禅的接班人地位，又在临终前挑选了一位称职的托孤大臣，最大程度上保证了内部的稳定。

姜维为何没能挽救蜀汉的国运？

诸葛亮死后姜维逐渐成为蜀汉军事方面的负责人，他后来担任蜀汉大将军一职，是蜀军最高统帅。从238年到262年，二十四年间姜维共主持过十一次北伐：（1）蜀汉后主延熙元年（238），姜维和蒋琬兵出陇右，在南安郡与魏军相持不下；（2）延熙七年（244），曹爽征汉中，姜维和费祎出兵兴势，与王平一起大败曹爽；（3）延熙十年（247），姜维兵出陇西，与魏将郭淮、夏侯霸战于洮西；（4）延熙十二年（249），姜维再出陇西，以廖化为先锋，与曹魏多名将领在陇西展开会战，双方互有胜负；（5）延熙十三年（250），姜维以羌人和胡人为辅助，与魏将郭淮战于洮西，双方打成平手；（6）延熙十六年（253），姜维出兵包围南安，粮尽而退；（7）延熙十七年（254），姜维出兵陇西的狄道，斩魏将徐质；（8）延熙十八年（255），姜维率夏侯霸等兵出狄道，在洮西大破魏将王经，后魏将陈泰派兵前来解围；（9）延熙十九年（256），姜维再次出兵陇西，蜀将胡济进兵迟缓，蜀军被魏将邓艾击破于段谷；（10）延熙二十年（257），曹魏发生诸葛诞之叛，姜维趁机出兵秦川，魏军坚守不战，至次年蜀兵撤退；（11）景耀五年（262），姜维出兵与魏将邓艾战于侯和，蜀军为邓艾所破，撤往沓中。以上十一次北伐，具体战绩是：大胜两次，小胜三次，相拒不克四次，小败一次，大败一次。

从战绩上看姜维北伐的胜率超过了诸葛亮，但具体分析其有以下特点：一是北伐路线更偏，诸葛亮北伐将重点放在取陇右、出祁山，已经属迂回之策了，但仍然两次出秦岭栈道直取关中，而姜维北伐几乎只取陇右、屯沓中。二是各场战役规模普遍偏小，诸葛亮北伐出则十万，曹魏也不敢大意，集中精兵强将来拒，双方是综合国力大较量。而姜维北伐的规模大部分都较小，中间虽然也有个别大仗，但总体而言属局部攻防战，自己赢也赢不了多少，对手输也输不了多少。三是缺乏孙吴的配合，诸葛亮北伐，孙权一般都会在东线予以配合，让曹魏更加紧张，姜维北伐期间，孙吴忙于内政和内乱，也真心无力去配合，你打你的，我打我的，成效大打折扣。

所以，仅从战绩看似乎姜维北伐胜多败少，但这说明不了什么问题。曹魏在西线战场向来坚持防御作战的原则，能拖就拖、能避就避，不注重一城一地的得失，更看重大局，这个办法虽然使魏军打了更多的败仗，但却以较小代价维持住了西线战场的总体格局，盘点下来，蜀汉在西线战场并没有太多实质性进展。究其根源，一方面是姜维缺乏诸葛亮的权威，内部对北伐意见也不统一，无法有效集蜀汉全国之力去北伐；另一方面，蜀汉后期国力不断下降，与曹魏的悬殊越拉越大。

诸葛亮死后，姜维"还成都，为右监军辅汉将军，统诸军，进封平襄侯"，到了延熙元年（238），姜维才"随大将军蒋琬住汉中"，但"琬既迁大司马，以维为司马，数率偏军西入"。这个时候军事上还是蒋琬说了算，姜维只是助手。蒋琬死后费祎为大将军，他对姜维提出的北伐并不热心，姜维难有太大作为。姜维"每欲兴军大举"，费祎"常裁制不从，与其兵不过万人"。这就是姜维面临的主要问题：上面没有人支持，孤掌难鸣。

诸葛亮在世时，魏蜀之间呈"蜀攻魏守"的态势，诸葛亮去世后曹魏慢慢改变了策略，也发起过主动进攻，邓艾主持西线战事后，双方呈对攻状态。进入对攻后，双方比的就是综合国力了，在这方面蜀汉显然差得远，姜维后来虽以大将军身份主持全国军事，但面对综合实力强大的对手，他也难有太大作为。除此之外，姜维还面临内部的掣肘。后主刘禅亲政后重用宦官，姜维劝阻，后主不听，姜维感到了害怕。这是因为蜀汉内部政治生态已今非昔比，姜维在蜀汉没有根基，蜀汉本土势力越来越壮大，在某种意义上，姜维这个大将军其实空有其名。

蜀汉大臣们为何多为投降派？

曹魏景元四年（263），掌握着曹魏政权的司马昭决心发动对蜀汉的全面进攻，希望一举灭掉蜀汉，继而再灭孙吴，结束三国鼎立的局面。这是关键一仗，魏军分三路发起进攻，蜀汉没有准备，措手不及，之后邓艾率奇兵从阴平道越过剑阁天险突袭江油关，直接打到成都平原腹地，成都城内一片惊慌。

当时姜维还在剑阁与钟会的大军对峙，仓促之间难以回师救援，结果成都暴露在魏军攻击之下。有人认为，邓艾率少数人马奇袭阴平道是军事冒险，因为他即使偷越阴平道成功，但姜维如能迅速率军回援的话，邓艾未必能在成都得手。其实，邓艾的这一招是非常高明的，不是简单的军事冒险，事先是经过周密盘算的，《三国志》记载，邓艾事先向司马昭报告了自己的设想："今贼摧折，宜遂乘之，从阴平由邪径经汉德阳亭趣涪，出剑阁西百里，去成都三百余里，奇兵冲其腹心。剑阁之守必还赴涪，则会方轨而进；剑阁之军不还，则应涪之兵寡矣。

军志有之曰：'攻其无备，出其不意。'今掩其空虚，破之必矣。"也就是说，姜维回救与不回救，这两种可能邓艾都已经想到了，如果姜维回救，钟会在剑阁就可能得手，结果是一样的。当然，如果诸葛亮还在，以他的智慧以及对蜀军绝对的控制力，也有破解此两难境遇的可能，比如死守涪城、成都，从剑阁分一部分人马回救，另一部人马利用剑阁天险死守，只要上下一心地快速解决邓艾所部，仍能转危为安。但是，现在的姜维不是昔日的诸葛武侯，姜维的威望和控制能力均不够，而他去守剑阁，也是刚刚从沓中赶到的，加上信息传递需要相当长时间，即使有一线战机也会被错过。

而最根本的问题在于，成都的蜀汉大臣中，大部分人都主张投降。亡国之君不好当，刘禅倒不愿意投降，他想逃往南方，大臣谯周说："南方是远夷之地，一向不愿意顺从，多次反叛，是诸葛丞相以兵威相逼，他们才愿意服从。以现在的情况，去了那里对外需要抵御强敌，对内朝廷需要大量供需，只能加倍地从夷人那里索取，到时候他们必然会反叛。"刘禅听完默然无语，只得承认谯周说得有理，不过他担心邓艾率领的魏军已经杀跟前，要是不愿意接受投降怎么办？谯周认为不会，他的理由是："现在对曹魏来说，除我们以外孙吴也未臣服，在这种情况下他们一定会接受投降，并且以礼相待。如果陛下降魏，魏不裂土以封陛下，谯周愿只身前往洛阳为陛下去争！"

以谯周为代表，蜀汉的大臣多数是投降派，这并不奇怪。刘备、诸葛亮、关羽、张飞这些人陆续故去，蜀中政治格局已经发生了改变，当权的虽然先后有蒋琬等"外来户"，但益州本土派的力量无疑越来越强大。在三国，几乎所有的本土派都排斥战争，袁绍手下的沮授、田丰，曹操手下的陈宫，刘表手下的蒯越、蔡瑁，他们想得最多的只是自身利益。他们都是"地头蛇"，谁来称王对他们来说都一样，官照当，钱照拿，相反，不断发动对外战争只会给他们增加负担。他们已经够烦的了，要让他们在危难关头作拼死抵抗，那是不可能的。以谯周等人为代表的益州本土派厌恶战争，希望投降。邓艾突然"神兵天降"，对他们来说其实是天大的福音，可以说，这一天他们已经盼望了很久，他们一定会跑到刘禅面前吓唬他，刘禅即便想打下去，手里也没有什么人了。在这种情况下，即使姜维第一时间获知信息回兵来救，即使剑阁短时间内不被敌人攻破，蜀汉也没有希望了。

对后主刘禅"乐不思蜀"的两种解读

　　邓艾率魏军杀到离成都不远的地方,刘禅派侍中张绍等人奉玺绶向邓艾请降,邓艾大喜,当场表示接纳,刘禅另派太仆卿蒋显赴剑阁向姜维宣布赦书,要他就地向钟会投降。邓艾随后到达成都城外,刘禅率领太子、诸王以及群臣等六十多人,绑住自己、抬着棺材出城拜见。邓艾手执魏帝颁发的符节,上前为刘禅解开绑绳,又令人焚烧了棺材,接受投降。邓艾宣布,承曹魏皇帝的旨意拜刘禅为代理骠骑将军,刘禅的太子刘璿被任命为奉车都尉,刘禅的其他儿子被任命为驸马都尉,原蜀汉百官也各拜了新官职。四十二年前由刘备一手创建的蜀汉政权就样灭亡了。根据刘禅投降时向邓艾所献的士民籍簿,蜀汉灭亡时的人口共二十八万户、九十四万口,甲士共十万零两千人,官吏四万人。

　　刘禅投降后,司马昭命令其前往洛阳居住,封其为安乐县公。刘禅只得离开成都前往洛阳,过起了被软禁的生活。一次,司马昭设宴,刘禅在座,司马昭故意让人演奏蜀乐,在座的蜀汉旧臣们皆掩面而泣,然而刘禅却显得怡然自得,毫不伤悲,司马昭故意问他:"安乐公思念蜀国不?"刘禅回答说:"这里如此快乐,不想蜀国了!"陪同刘禅来洛阳的蜀汉旧臣郤正听说后,求见刘禅说:"陛下,司马昭若再问这样的话,您就闭目沉思片刻,说'先人的坟墓还在陇地、蜀地,我没有一天不想念'。"司马昭又设酒宴,果然再提同样的问题,刘禅按郤正教他的说了,司马昭惊讶地说:"这些话怎么有点像郤正说的?"刘禅也惊讶地说:"你怎么知道的?"听到这话,司马昭及左右大笑起来。

　　有一句话叫"扶不起的刘阿斗",是说刘禅不思进取,当了皇帝只会整天玩乐,即使有诸葛亮这样的名臣辅佐也无济于事,最终江山落入了他人手中。其实刘禅并非愚不可及,他的智商一点儿都不低,诸葛亮曾评价他"天资仁敏,爱德下士",《三国志》说他也曾是一位"循理之君",也许这些有美誉之嫌,但有一个事实是,刘禅从十七岁登基到五十八岁降魏下台,在位时间长达四十一年,是三国时期在位时间最长的皇帝。有人说这得益于诸葛亮的辅佐,但诸葛亮去世后刘禅仍在位二十九年，在那个十分动荡的时代，如果愚不可及或荒淫无道，是很难这么长时间坐住江山的。

但考之于史书，刘禅的政绩似乎乏善可陈，对于其中的原因，裴松之在为《三国志》作注时曾有过分析，认为"国不置史，注记无官，是以行事多遗，灾异靡书"，也就是蜀汉没有设置史官，以至于有很多事都没有记下来。刘禅给后世留下了"扶不起"的印象，原因主要有两个：一是他后期宠信宦官，逐渐荒废了朝政，导致蜀汉的灭亡；二是他被迫居住洛阳期间，说了那番"乐不思蜀"的话，被人耻笑。

对于前者，蜀汉的灭亡主要原因在于实力的对比，当时曹魏的力量比蜀汉和孙吴加在一起还要大得多，灭掉蜀汉是迟早的事，刘禅宠信宦官是原因之一，但即使没有黄皓这样的人，即使诸葛亮、蒋琬等人仍在，蜀汉想逆袭曹魏，概率也不高，所以清代学者方苞评论说"蜀之亡，会汉祚之当终耳，岂后主有必亡之道哉"，意思是蜀汉灭亡是大势所趋，并不是刘禅一人造成的。

对于后者，可以做不同的解读，一种看法是刘禅确实是个扶不起的阿斗，让人又哀又恨，哀其结局不幸，又恨其不争；另一种看法是，被迫迁往洛阳的刘禅形同被软禁，没有自由不说还受到猜疑，随时都有生存危机，他说的那番话其实很高明，因为只有装得如此老实忠恳且平庸无能才能打消司马氏的怀疑，从而保全余生，这不是刘禅愚昧，反而是他的智慧。

晋武帝泰始七年（271），刘禅在洛阳去世，晋朝谥封其为思公。不管怎么样，刘禅都是三国历史上的一个重要人物，也是一个性格和经历都很复杂的人，不是用"扶不起的阿斗"就能全面概括的。

三国开创者们各有什么优长与不足？

蜀汉灭亡后，司马昭的威势达到顶峰。曹魏景元五年（264）五月，少帝曹奂封司马昭为晋王。次年二月太行山发行地震，人们议论纷纷，认为曹魏的气数这一回算是到头了，但这时司马昭也感到身体不行了，开始安排接班事宜。五月，司马昭立二十九岁的长子司马炎为王太子，三个月后，司马昭在洛阳病逝，司马炎立即继晋王位。第二年，司马炎逼迫曹魏少帝曹奂禅让，建立新朝，定国号为晋，这就是晋朝，但此时孙吴政权还在。孙吴天纪三年（279）冬，晋朝六路大军进攻江东，吴各地的守军节节败退，很多地方不战而降。第二年三月，晋朝大将王濬率舟船抵达孙吴的都城建业，孙吴皇帝孙皓无力反抗，让人绑上自己的双手，又抬上一口棺材到晋军营门前投降。至此，孙吴政权也灭亡了，魏、蜀、吴三国皆归于晋朝，三国时代结束。魏蜀吴三国都没能实现天下统一，他们的开创者各有什么长处和不足呢？

先说曹操，他长于军事和外交，短于政治。曹操的军事才能很突出，被誉为当世的孙膑、吴起，他一生征战三十多年，"机变无方，略不世出"，尽管他打过不少败仗，但以胜仗居多，也打过一些苦仗、漂亮的仗，除官渡之战外，潼关之战也是他最经典的战例。曹操善于出奇兵，经常身先士卒，是将才也是帅才，本身也是一流的谋士，其在军事上的综合成就，三国时代无人能比。曹操在外交方面做得也还可以，这源于他心胸较为开阔，能兼容并收，除了用武力消灭群雄外，也注意用和平手段解决问题，在处理关中、辽东、泰山、汉中等边缘地带方面，他采取了柔性的、更为灵活的手法，成为军事手段的补充。当然，曹操在这方面的成就逊色于军事成就。

曹操在政治方面却显得有些被动，始终没能处理好与士大夫集团的关系，这一方面缘于他的出身，尽管他努力撇清与家庭的关系，但毕竟不如世族出身的袁绍、士人出身的刘表、宗亲出身的刘焉等人能占到政治上的便宜。另一方面，曹操"奉天子以令不臣"，这既有有利的一面，但也有不利之处，那就是与汉室之间的关系难以处理，容易遭受诟病，所以曹操在政治上一直很被动。

再说刘备，他长于政治、军事，短于外交。刘备最大的长处就是会打"政治牌"，很早的时候就很重仁义，注重推崇汉室。在滞留许县期间，尽管政治环境极为恶劣，但刘备仍不愿意阿谀曹操，而是秘密参加了董承等人谋划的政变，虽然没成功，但表明他是站在汉室一边的。刘备占领成都后仍尊汉室为正统，称王汉中时不忘遥向汉献帝上表，以明臣下之心。刘备听说汉献帝遇害，在众人反复催促之下才称帝，但定国号为汉，称继位而非登基，表明自己是以刘氏宗亲的身份延续汉祚，这些政治手段比曹操强硬称魏公、魏王来得高明。

刘备也是出色的军事家，虽然他一生打的败仗更多，但那都是情势使然，是势不如人的情况下的结果，不能反映他真实的军事水平。刘备军事生涯的顶峰是汉中之战，先是一战夺汉中，后来老对手曹操亲自率兵来救，刘备打得不慌不忙，信心十足，迫使曹操不得不撤军。刘备的军事才能是相对而言的，综合起来较曹操当然差得远，较自己在政治方面的成就也显逊色，尤其最后的夷陵之战，更是刘备军事上的严重败笔。

刘备最大的问题是在外交上，赤壁之战前迫于形势他不得不联合孙权，后在诸葛亮的竭力维护下，孙刘联盟得以保持，但刘备对此似乎并没有足够重视，先在益州问题上多次与孙权发生冲突，引起孙权不快。后任命轻视孙权的关羽坐镇荆州，关羽以武力与孙权对抗，刘备不仅不制止，反而由成都前至公安为关羽撑腰，矛盾虽暂时化解，却加深了双方心中的矛盾鸿沟，终于造成后来的荆州事件。关羽被杀后刘备不顾一切地复仇，孙刘联盟彻底瓦解，若不是后来诸葛亮及时对联盟进行百般修复，蜀汉的外交环境将一塌糊涂。

最后说孙权，他长于外交、政治，短于军事。孙权是三人中最会运用外交手段的人，前期羽翼未丰，他接受曹操以朝廷名义任命的官职，悄悄发展壮大自己，赤壁之战中联合刘备打败了曹操，从刘备手中夺取荆州后仍然向北方称臣，并劝曹操称帝，曹丕继位后多次欲以武力解决孙权，但孙权及时向曹丕称臣、表决心，化解了几次危机。夷陵之战，孙权大败刘备，但他却让人意想不到地突然派使臣又与蜀汉和好，这种对外交时机的精准把握让人叹服。

孙权在政治方面做得也还可以，这里主要指他驾驭江东文武、处理与大族关系方面，孙策生前以武力席卷江东，由于杀伐过猛，造成江东大族、旧官僚、地方势力的强烈反弹，所以孙策之死既是意外事件，也在洞悉时势者的意料之中，这就是激烈矛盾酿出的恶果。孙权接手后，一改孙策重军事不重政治的做法，采取许多措施笼络各方势力，把大家统一在一起，形成一个坚强团结的整体，这是孙吴力量不断壮大的根本。当然，孙权晚年与江东大族发生了矛盾，在废立太子一事上，这些矛盾得以爆发，为孙吴政权的短命埋下了祸根。

孙权在军事方面比较差，这里指的是他个人的军事才能，孙吴不缺顶尖的将领，周瑜、吕蒙、陆逊等人都很出色，孙权能驾驭他们去打胜仗也是一种能力和智慧。但是，孙权亲自上战场指挥，战绩就很一般了，他早年曾以优势兵力攻陈登，被陈登连败两次，可见孙权并不具备军事天赋。孙权后来被张辽大败于逍遥津，惨状不忍描述，成为他军事生涯的耻辱。

当然，以上分析是从宏观层面去说的，长与短也是相对而言的，说曹操短于政治，并非说他在政治上毫无作为，说刘备短于外交、孙权短于军事，也不是说他们在这些方面都不行。这三个人都很优秀，某些方面做得稍差一些，就显得在这些方面不那么不优秀了。

"合久必分、分久必合"的历史逻辑

《三国演义》开篇就说："话说天下大势，分久必合，合久必分。周末七国纷争，并入于秦。及秦灭之后，楚、汉纷争，又并入于汉。汉朝自高祖斩白蛇而起义，一统天下，后来光武中兴，传至献帝，遂分为三国。""分久必合，合久必分"出于此处，《三国演义》虽然是小说，但它所揭示出的这个中国古代历史发展规律却有一定道理。这里讲了"分"与"合",但有侧重,开篇讲的是"分",汉末,天下动荡,由统一变成了分裂。从黄巾大起义到三国归晋,时间差不多是一百年,一百年的动荡与分裂,最终仍然实现了"合"。以"分"为开始,以"合"为结束,更加强调的其实是"合",这与中国人自古以来就有的"大一统"思想是一脉相承的。

中国古代是一个传统的农耕国家,由于幅员辽阔,地域特点和气候具有多样性,因而形成了不同的经济特色和物产,各地之间相互依存、共同发展的内在需求度很高,所以中国人自古以来就崇尚"大一统"的国家观念,认为天下是一个不容分割的整体。孔子亲自编订的《诗经》中有"普天之下,莫非王土;率土之滨,莫非王臣"的诗句,孟子强调天下"定于一",荀子提出"四海之内若一家",这些思想都强调了统一的重要性。

中国古代的政治家们还发现,统一的中原王朝可以最大化节约行政成本,也可以最有效地保持社会稳定,所以一直为建立统一的王朝而努力。孔子等先秦思想家们提出"大一统"观念的时候,中国正陷入事实上的大分裂时期,春秋战国长达五百多年的诸侯争霸带来的是无穷无尽的战争和巨大的经济损失,战国后期,李斯提出"灭诸侯,成帝业,为天下一统",秦国通过不断的兼并战争,最终统一了中国。由于分裂的时间太久,需要做的事情太多,而秦朝的国祚又太短,所以秦国只完成了"大统一",而没有实现真正意义上的"大一统"。汉朝取代秦朝,首先从思想上对"大一统"的理论体系进行了再造和提升,董仲舒提出"大一统者,天地之常经,古今之通谊",强调"唯天子受命于天,天下受命于天子",在此基础上构建起一整套严密的政治结构,将整个天下统一在这套体系中。

汉朝以后,儒家思想由一种学派成为治国思想的核心,两汉四百多年里一直持续不断地实施以儒家思想为主体的经学教育,"大一统"观念在此过程中深深地扎根于人们的思想意识中。但是,东汉末年宦官、外戚轮番掌权,政治黑暗,酿成了严重的社会危机,导致群雄争霸。汉献帝建安二十五年(220),曹丕以禅让的方式建立曹魏政权,东汉终结,但此时国家并未统一,刘备、孙权不久后也分别建立了各自的政权,出现三国鼎立的局面,"大一统"的实践遭遇挫折。

然而，无论曹魏还是蜀汉、孙吴，他们都认为自己才是"正统"，他们承认分裂的现实，但不接受分裂的结果，所以都在为再次统一天下而不懈努力。从曹操到曹叡，曹魏祖孙三代一次次南征北讨，目的都是为了统一。刘备在成都建立蜀汉政权，但他强调不是再造一个新王朝，而是对刘汉王朝的延续，强调"汉贼不两立、王业不偏安"，在国力相对弱小的情况下，诸葛亮和姜维先后十余次北伐。孙权也深感"九州幅裂，普天无统，民神痛怨，靡所戾止"的局面，不断寻找机会主动出击，最终的目标也是实现统一。

也就是说，无论蜀汉、孙吴、曹魏还是取代了曹魏的西晋政权，虽承认国家被分裂的事实，但都不接受分裂的现状。受客观条件所限，蜀汉和孙吴联手消灭曹魏的目标未能达成，但他们都之为做出了巨大努力，蜀汉方面的诸葛亮五伐中原，他的继任者姜维更是十一次北伐，孙吴方面也一次次由襄阳、合肥方向出击，在配合蜀汉北伐的同时试图在统一之战中寻求突破。

回顾汉末三国的历史，令人印象最深刻的不是那些斗智斗勇的故事，而是战乱中的人们心中那种坚定不移的家国情怀，在最容易产生分裂的年代，统一反而成为时代最强的声音，这种"分久必合"的坚定信念成为当时许多人奋斗牺牲的精神支柱。

怎样评价三国归晋的历史意义？

在三国这个分裂的时期，统一反而成为时代的强音，这是历史发展的大趋势。谁能把握历史潮流，谁就是最终的胜出者，在这方面曹魏无疑有着最大的优势。如果以孙权称帝时的229年为时间点观察天下格局，在地图上所呈现的魏、蜀、吴三个政权的疆域面积或许相差不算太大，曹魏占据着北方，长江以南及广大西南地区是孙吴和蜀汉的地盘，但从经济总量、人口、军队数量等主要指标看，三方的差距其实非常明显。按照东汉末年的行政区划，全国共十三个州，孙吴占据的主要是扬州、荆州各一部以及交州，蜀汉则基本局限于益州，简单计算的话，十三个州中曹魏实际掌握着接近十个州，孙吴和蜀汉相加仅有三个州多一点儿。这种综合实力的比较从人口统计情况也可以看出来，蜀汉和孙吴亡国时人口分别为一百零八万和二百四十万，而同时期曹魏的人口为五百三十七万，天下总体是"一强对二弱"的格局，强者很强，弱者比一般人印象中的还要弱一些。

但曹魏未能完成统一大业，有人归其原因于赤壁之战，认为这场战役中所出现的偶然性导致了天下的三分。这一点前面专门说过，这其实夸大了赤壁之战的影响，赤壁之战的直接后果仅是"三分荆州"而已，曹魏的实力并没有受到重创，无论曹操还是他的继任者，都有机会再次发动统一之战，而曹魏最终没有实现统一。其中的原因，前面也说过，对曹魏来说，既有战略性的原因，也有战术方面的短板和不足。

到了三国后期，吴蜀两国经过长期战争消耗，国力下降很快，曹魏在北方大范围屯田，经济状况相对较好，实现统一的条件更充分了，但曹魏依然没能完成统一。魏文帝曹丕和魏明帝曹叡虽然没有曹操那样的雄才大略，但也不算昏庸无能，他们都有一定的政治抱负，在完成统一天下的事业中也做了许多努力，他们在位期间，曹魏在三国中的相对优势没有减弱。诸葛亮当年在隆中对策中将"会当有变时"作为北伐胜利的前提条件之一，但曹丕和曹叡都没有给对手这样的机会，这也是诸葛亮北伐未能成功的重要原因。

魏明帝传位于年仅八岁的养子曹芳，大将军曹爽、太尉司马懿共同辅政。曹爽是个"德薄位尊"的人，能力平平，仅因为宗室的身份而骤然掌握大权，为防范司马懿，曹爽身边聚集了一帮亲信党羽，在他们的怂恿下，曹爽"专擅朝政，兄弟并掌禁兵，多树亲党，屡改制度"，将司马懿逐渐架空。曹爽以为大权已经稳固，于是和同党们奢华享乐，胡作非为，令曹魏政权大失官心和民心。在这种情况下，司马懿父子奋起一击，将曹爽一伙诛灭。政变时，曹魏的许多官员发现城里有异动，预感到发生了大事，也都猜出了大概，但绝大多数人都闭门不出，静观其变，这反映出官员们希望曹爽等人下台的普遍心愿。司马懿的孙子司马炎最终按照"汉魏禅代"的模式又搞了一次禅让，曹魏被晋朝取代。

　　曹爽等人专权期间，曹魏内部失和，政治混乱，国力不断下降，期间也曾出兵伐蜀，但一场大雨就让其不了了之，反映出曹魏军队战斗力的衰减。虽然"一强对二弱"的总体格局未变，但强弱之间的差距如果逐渐减小的话，就会达到一种"恐怖平衡"，意味着谁都无法消灭对方。如果真是那样的话，三国分裂的局面可能不止数十年而会更长，也许会提前出现南北朝那样的大分裂时期。后赵皇帝石勒评介司马懿父子"欺他孤儿寡妇，狐媚以取天下也"，这个评价非常不公平，司马懿父子发动政变，无论其出于怎样的动机，从结果看其实产生了为北方政权"止损"的作用，制止了"恐怖平衡"的出现，最终使国家很快实现了统一，这才是三国归晋的历史意义所在。